KB058289

성취 습관

THE ACHIEVEMENT HABIT

| 스탠퍼드 대표 교육 '디 스쿨'의 핵심 |

성취 습관

• 버나드 로스 지음 | 신예경 옮김 •

알키

바라기만 하지 말고, 바로 실행하라. 그리고
당신 인생의 지휘자가 돼라!

한국 독자들에게

이 책에 실린 대부분의 아이디어는 '디자인 싱킹Design thinking'에 뿌리를 두고 있다. 디자인 싱킹이라는 용어는 한국 독자들에게 특별히 설명할 필요가 있을 것 같다. 이 개념에 정확히 들어맞는 한국 용어가 존재하지 않기 때문이다. 따라서 영어 표현을 그대로 음역한 디자인 싱킹을 사용하는 것이 하나의 관례가 되었다. 그 배경을 여기서 잠시 소개하고자 한다.

디자인Design에 해당하는 한국어, 그중에서도 공학 분야에서 사용하는 용어들은 우리가 원하는 바를 제대로 전달하지 못한다. 싱킹Thinking도 이와 마찬가지인데, 여기에는 '생각Thoughts'과 '발상Ideas'에서

부터 '비판적 사고Critical thinking'와 유사한 뜻에 이르기까지 다양한 의미가 함축되어 있다. 따라서 디자인과 싱킹에 해당하는 한국어 표현을 사용한다면 한국 독자들은 그 개념을 '창조적 사고Creative thinking'나 심지어 '디자인 철학Design philosophy'이라는 뜻으로 이해할 가능성이 크다. 그런데 이 표현들은 디자인 싱킹과 결코 동의어가 아니다. 그렇다면 디자인 싱킹이란 과연 무엇일까?

디자인 싱킹은 인간의 욕구를 찾아내고, 과거엔 주로 전문적인 상품 디자이너들이 주로 사용하던 도구와 사고방식을 이용하여 새로운 해결책을 창조하는 하나의 방법이다. 디자인이라는 단어를 단독으로 사용할 경우 영어를 모국어로 사용하는 사람들은 대부분 사물의 모양과 표면 처리, 색상을 선택해 특별한 매력을 불어넣은, 즉 전문가들이 미학적으로 창조한 물질에 대해 생각한다. 그러나 디자인 싱킹은 미관에 주의를 기울여 제품을 개발하는 것뿐 아니라 그 이상의 의미를 담는다. 전문 디자이너들이 주로 지니고 있던 사고방식과 관련된 하나의 방법론이라고 할 수 있다. 그렇다고 해서 특별한 기교에 의존하는 것은 아니다. 대다수의 디자인 싱커들은 스케치와 모형 제작 같은 전통적인 디자인 기술을 가지고 있지 않다. 대신 우리는 타인에게 공감하고, 직관적으로 인식하며, 패턴을 이해하고, 정서적으로 의미 있는 기능적 아이디어를 구성할 줄 아는 능력을 중시한다. 디자인 싱킹은 언제나 사용자 중심으로 생각하기, 실천으로 배우기, 실수를 통해 배우기 그리고 시행자들 간에 긴밀히 협력하기를 기반으로 한다.

드넓은 바다에 커다란 빙산이 떠다닐 경우, 수면 위로 보이는 부분은 아주 작은 일부분에 불과하다. 그 빙산의 대부분은 우리 눈에 보이지 않는다. 현실에서 벌어지는 문제와 상황도 대체로 이와 마찬가지다. 겉으로 보이는 부분은 우리가 이성적, 분석적 사고를 통해 얻은 결과다. 이에 비해, 보이지 않는 부분에 대해서는 이를 포괄하는 측정 기준이나 모형 혹은 충분한 데이터가 없기 때문에 알지 못한다. 이를 보기 위해서는 직관과 영감, 감정이 필요하다. 이런 것들이 합쳐져 예전에는 눈으로 보지 못하던 것을 의식할 수 있는 일종의 '수중 음파 탐지기'가 만들어지는 것이다.

현재 가장 뛰어난 수중 음파 탐지 시스템 중 하나가 디자인 싱킹이다. 이를 이용해 우리는 비즈니스, 사회 그리고 개인과 관련된 광범위한 도전들을 새롭고 창의적인 방식으로 다루고 있다. 디자인 싱킹은 조직 내에 창의적 문화를 육성할 뿐 아니라 혁신을 지속하고 새로운 모험에 착수하는 데 필요한 내적 체계를 구축하도록 돕는다. 디자인 싱커들은 공적인 단체들뿐 아니라 사적인 단체들의 혁신과 성장을 돕기 위해 그들 나름의 사고를 활용해왔다. 그리고 회사의 기존 운영방식이나 새로운 방식이 미래에 어떻게 보일지 미리 상상함으로써 목표를 실행할 수 있도록 도왔다.

디자인 싱킹은 제품 개발도 포함하지만 이와 동시에 이 영역을 넘어선다. 디자인 싱킹은 기업의 설립을 위해 활용되었고, 세계 도처의 기업들이 새로운 브랜드를 만들고, 새로운 제품과 서비스, 공간, 대화형Interactive 경험을 출시하는 데도 이용됐다. 뿐만 아니라 의료, 교육, 재정, 마케팅, 제조, 개인의 행복 그리고 공공 서비스와 개인 서비스 부문에도 적용되어 왔다. 당신이 획기적인 혁신을 이루거나 창의적인 도약을 해야 할 때 이 방법이 새로운 통찰력을 발견하도록 도와줄 것이다. 이 시도가 최고의 성공을 거둘 경우, 디자인 싱킹은 새롭고 놀라운 접근법과 해결책 들을 만들어낸다.

대규모에서 소규모에 이르는 다양한 조직 외에도 디자인 싱킹은 개인에게도 적용할 수 있다. 디자인 싱킹은 가정과 직장에서 만족스러운 생활에 방해가 되는 상황과 습관을 해결할 수 있는 도구를 제공한다. 또 의사소통과 생활의 기술을 개선하고, 원치 않는 문제들을 제거하는 데 유용하고 간단한 방법들을 만들어낸다. 뿐만 아니라 연령과 상관없이 개인이 의미 있는 생활을 영위하며 자신의 역량을 강화하는 데 소중한 통찰력을 제공하기도 한다.

이 책에서 내가 제공하는 도구들은 교수로서 학생들을 가르치는 교단에서, 공학도이자 연구원이자 컨설턴트이자 사업가로 일하는 직장에서, 그리고 남편이자 아버지 역할을 하는 가정에서 그 실효성을 이미 입증한 것들이다. 특히 이 책은 내가 스탠퍼드 대학교에서 40년 이상 가르친 강의 내용이 기반이 되었다. 수년간 나를 거쳐 간 제자들은 지난날을 되돌아보며 이 강의에서 배운 내용이야말로 자신들이 평생 배워온 그 어떤 가르침보다 소중했다고 고백했다. 더욱이 그들은 이 강의가 개인생활과 직업적 경력 모두에 크게 도움이 되었다는 것을 내게 알리기 위해 애썼다.

이 책을 집필하기 시작했을 무렵, 책을 출간해본 경험이 있는 한 친구가 타깃 독자를 파악하는 것이 중요하다고 내게 조언해주었다. 그녀는 나를 볼 때마다 항상 똑같은 질문을 던졌다. "이 책은 누구를 위한 것이지?" 내가 친구에게 제시할 수 있는 단 하나의 솔직한 대답은 "모든 사람을 위한 책"이라는 것뿐이었다. 그녀는 나의 출판 담당자가 이 대답을 좋아하지 않을 거라고 경고했다. 그리고 그 책이 비즈니스, 심리, 교육, 자기계발 가운데 어느 분야에 속하는지 출판 담당자에게 반드시 알려주어야 한다는 경고도 덧붙였다. 나는 "그 분야에 모두 속하는 책"이라고 대답했다.

시간이 흐르면서 나의 대답이 옳았다는 것이 입증됐다. 이 책의 영어판이 세상에 선을 보인 뒤, 전 세계에서 각계각층의 다양한 연령대의 독자들이 내게 이메일을 보내 《성취 습관The Achievement Habit》을 집필한 것에 대해 감사를 표했다. 그리고 이 책이 직장생활과 개인생활, 이 양쪽의 문제를 해결하는 데 대단히 유용할 뿐만 아니라, 이 책에 제시된 새로운 관점들이 매우 귀중하다고 이야기했다. 어떤 독자들은 이 책이 자신의 사업에 굉장히 유용하다고 생각했다. 여기에는 규모를 막론한 모든 기업과 스타트업이 포함된다. 은퇴한 사람들은 이 책이 자신이 당면한 쟁점들에 무척 유용하며 이 개념을 좀 더 일찍 알았더라면 좋았을 것이라고 적었다. 고등학생과 대학생 들은 이 책이 개인적인 실존적 문제들을 다루는 데 어떻게 도움이 되었는지 알려왔다. 그리고 나는 자녀에게 주려고 이 책을 추가로 구입했다는 수많은 부모들과 부모에게 선물하기 위해 이 책을 따로 구입했다는 수많은 자녀들 덕분에 특히 흐뭇했다.

나는 정말로 운이 좋은 사람이어서 그동안 한국은 물론 미국에 거주하는 한국인들과도 기분 좋은 인연을 맺어왔다. 그리고 영광스럽게도 수차례 초청을 받아 한국에서 대학생과 직장인 들을 대상으로 한 강연을 열기도 했다. 스탠퍼드 대학교에서 수많은 한국 학생들을 가르쳐보았으며, 나의 워크숍에 참여한 한국 교수들을 몇 명 만나기도 했다. 게다가 정말 운 좋게도 한국 기업들을 비롯해 그곳에서 일하는 임원 및 공학자 들과 긴밀히 협력해왔다. 그리고 한국의 수많은 정치, 교육, 비즈니스 분야의 리더들이 나를 만나기 위해 스탠퍼드 디 스쿨을 방문했다. 그럴 때마다 나는 그들이 하나같이 나의 작업에 지대한 관심을 갖고 있다는 느낌을 받았다. 그러므로 자연히, 이 책이 한국어로 발간된다는 소식에 얼마나 기쁜지 모르겠다. 그리고 번역된 책을 통해 훨씬 더 많은 한국 독자들을 만날 수 있다는 사실에 몹시 가슴이 뛴다.

버나드 로스

노란 눈의 고양이

패디가 낸 아이디어가 강의실에서 가장 대담한 것은 아니었다.

누구나 그를 처음 만났을 때 그가 군대에 복무한 경력이 있다는 것을 짐작할 수 있을 것이다. 냉정하고 다소 위협적으로 보이는 그의 태도에서 이러한 사실이 분명히 드러난다. 패디는 여덟 살 때부터 열여덟 살 때까지 북아일랜드의 기숙학교에 다녔고, 그 뒤로 왕립 해병대Royal Marines에 입대해 10년 동안 복무했다.

민간인으로 살아가는 것이 두려웠던 그는 군대를 떠나며 재빨리 대기업 직장과 '엄격한 일정'이라는 안전망을 찾아냈다. 저널리스트가 된 후로는 세계 곳곳을 돌아다니면서 BBC와 CNBC 같은 곳에 일자리를 구했다. 나중에 그는 내게 이렇게 말했다. "저는 조직생활이 잘 맞는 사람인가 봐요."

패디를 처음 만났을 때, 그는 경력이 있는 저널리스트가 받을 수 있는 1년짜리 장학금으로 스탠퍼드 대학교에 다니고 있었다. 그는 '사회 속의 디자이너The Designer in Society'라는 나의 강의를 수강했는데, 학생들이 자신의 인생을 검토하고 그 주도권을 잡을 수 있게 권장하는 내용이었다. 나는 52년 동안 스탠퍼드 대학교에서 공대 교수로 지내왔다. 그러는 동안 언젠가 자기 회사를 차리겠다는 꿈을 갖고 있으면서도 이를 실현하기 위해 한 발자국도 크게 내딛어보지 못하고, 결국 실리콘밸리의 거대 회사에 취직해버리는 공학도들을 수없이 만났다. 자신의 인생에서 정말로 원하는 바를 끝까지 완수해내는 사람은 소수에 불과했다. 나는 이러한 현실을 바꾸기 위해 무언가를 하고 싶었다. 재능과 좋은 아이디어가 있다는 것은 성취 도식 중 일부분에 불과하다. 이보다 더 힘든 다음 단계는 '행동'이다. 즉, 자기 인생에서 계획한 것에 책임을 지는 것이다.

1969년, 나는 학생들에게 인생의 목표를 달성하는 방법에 대한 사고방식을 바꾸길 권장하면서, 그 일환으로 '사회 속의 디자이너' 강의를 개설했다. 학생들이 목표 달성 가능성에 대해 생각만 하는 것이 아니라 실제로 행동을 개시하도록 만들기 위해서였다.[1] 나는 강의를 진행하면서, 요즘에 '디자인 싱킹(이 개념은 중요하기 때문에 나중에 조금 더 자세히 설명하겠다)'이라고 불리는 원칙들과 대부분의 사람들이 스스로 만든 벽을 뚫고 앞으로 나아가는 데 유용하다고 생각하는 일련의 아이디어와 훈련법을 활용했다.

이 강의의 핵심은 스스로 선택하는 학기말 프로젝트다. 한 학기 동안 학생들은 예전부터 하고 싶었으나 지금까지 실행하지 못한 일을 완수하거나 현재 맞닥뜨린 삶의 문제를 해결해야 한다. 나는 학생들이 선택한 사안에 관해 함께 논의는 하지만, 어디까지나 이는 학생 자신의 프로젝트이며 그들이 나를 위해서가 아니라 자신을 위해서 이 일을 해야 한다고 강조한다. 궁극적으로, 어느 프로젝트에 착수할지는 학생들이 결정한다. 나는 그 프로젝트들이 얼마나 적합하고 훌륭한지에 대해서는 판단하지 않으며, 학생들이 착수한 프로젝트를 실행하고 있는지만 평가할 뿐 다른 부분에 대해서는 점수를 매기지 않는다. 목표를 끝까지 해내면 합격이고 완수하지 못하면 학점을 받지 못한다.

학생들이 이 수업에서 얻을 수 있는 중요한 교훈 중 하나는, 자신에게 정직해지는 것이다. 마음 깊은 곳에서 우러나오는 정직함 말이다. 자의식이 높아질수록 우리는 점점 더 행복해진다. 자신의 동기와 정체성을 더 잘 이해함으로써 더욱 만족스럽고 충실해지도록 삶을 디자인하는 방법을 알아낼 수 있기 때문이다.

패디는 이 문제에 깊이 파고들었다. 그는 그동안 자신이 참여한 모든 조직에서 성공을 거두긴 했지만 진정으로 행복한 적이 한 번도 없었다는 것을 깨달았다. 그럴 수밖에 없었던 이유 중 하나는, 그가 몸담았던 거대 언론 기관이나 당국과의 관계에서 커다란 갈등을 겪었기 때문이다. 그는 자신이 잘 아는 분야이기에 언론계의 일을 추구해왔지만, 보다 많은 개인적인 만족감을 얻고 싶어서 분개하고 저항하기도 했다. 일단 이러한 사실을 깨닫고 인정하자 그는 이 깨달음을 활용할 수 있게 됐다.

프로젝트를 위해 패디는 자신만의 라디오 프로그램을 제작하기로 결심했다. 그는 다른 사람들의 아이디어와 비교할 때 자신의 아이디어가 그들 못지않게 좋은지 확신할 수 없었다. 표면적으로는 한층 더 흥미롭거나(어느 학생은 비행기에서 뛰어내릴 계획을 세웠다!), 창의적이거나(어느 학생은 로켓을 만드는 계획을 세웠다), 거창해 보이는(어떤 학생은 철인 3종 경기에 처음으로 출전하기 위해 몸을 강철 기계처럼 변화시키려 했다) 프로젝트를 진행하는 학생들이 있었기 때문이다.

라디오 프로그램을 제작하는 프로젝트는 패디에게 중요한 일이었다. 어째서 자신이 그 일에 그토록 매력을 느꼈는지 알아내기까지는 상당한 시간이 걸렸다. 라디오 기자로 활동해본 경험은 있었지만 프로듀서를 맡은 적은 한 번도 없었던 패디는 태어나서 처음으로 누군가의 감독이나 관리를 받지 않고 자신만의 아이디어를 바탕으로 무언가를 만들어낼 참이었다. 사실 그의 입장에서 이 프로젝트는 무척이나 과감한 선택이었기에, 독립해서 사업을 시작하는 것과 맞먹을 정도였다.

현재 나는 세계에서 몇 손가락 안에 꼽히는 혁신 센터인 스탠퍼드 '하소 플래트너 디자인 연구소Hasso Plattner Institute of Design'에서 강의를 하고 있다. 일반적으로 디 스쿨d.school이라고도 불린다. 나는 이곳의 창립자 중 한 명이며 아카데믹 디렉터Academic director 역할을 담당하고 있다. 내 강의는 제법 대단한 명성을 얻어 〈월 스트리트 저널*Wall Street Journal*〉이 '가장 인기 있는 대학원 프로그램'이라고 소개했고, 지금 수업에는 강의 수용 인원보다 더 많은 학생들이 수강 신청을 하고 있다.[2] 디 스쿨은 어떤 특정 학과와도 연계되어 있지 않다. 대신 다양한 분야의 교수진과 학생들이 함께 모여 창의성과 혁신성을 함양하고 공동 연구를 촉진하는 환경이다.

디 스쿨이 학생들을 위해 하는 것은, 그들의 세상을 활짝 열어 학생들이 자동적 사고Automatic thinking와 추정에 도전하고 자신을 둘러싸고 있는 엄청난 가능성을 볼 수 있게 하는 것이다. 우리는 칠판이나 포스트잇, 냅킨 등에 떠오르는 생각을 무조건 기록한다. 생각한 무언가를 시도한다. 실패한다. 다시 시도한다. 더 낫게 실패한다. 그리고 예전에는 결코 상상하지 못했던 방식으로 그 일을 제대로 해내고, 그 과정에서 자신과 다른 사람들에 대해 더 잘 이해하게 된다.

나는 수년간 나의 강좌를 수강한 수많은 사람들이 이 수업 덕분에 개인적으로나 직업적으로 커다란 성공을 거둘 수 있었다고 믿는다. 이 강의에서 가르친 개념을 기반으로 하여 나는 세계 전역에서 워크숍을 진행했다. 인생에서 성취할 수 있는 것에 대한 통제권이 자신에게 생각보다 많이 있다는 사실을 깨닫게 되면, 동기가 생기고 힘이 솟는다. 자신의 인생에서 만족스럽지 않은 부분이 있다면 얼마든지 그 상황을 변화시킬 수 있다! 정말로 해낼 수 있다.

나의 수강생들은 악기와 가구, 이동수단, 옷을 디자인해서 만들었다. 시를 쓰고, 책을 집필하며, 음악을 작곡했다. 가지각색의 항공기를 조종했을 뿐만 아니라, 항공기에서 뛰어내리기도 했고, 스탠드업 코미디를 했으며, 경주용 자동차를 몰았다. 요리와 용접, 바텐딩, 외국어, 인명 구조 방법을 배웠다. 부모, 형제자매, 친구 들과의 관계를 개선했다. 마라톤을 했고, 체중을 감량했으며, 야생에 뛰어들었다.

내가 지켜본 인상적인 프로젝트 가운데 하나는 조엘이라는 학생의 것이었다. 조엘은 오랫동안 관계가 소원했던 아버지와 결국 화해했는데, 화해한 지 2개월 후 갑자기 아버지가 대동맥류로 돌아가셨다. 30년이 지난 지금까지도 그 프로젝트를 성공시킨 것이 다행스럽고도 기쁘다.

신디라는 학생의 아버지는 항상 딸이 오토바이를 타지 못하게 했다. 젊은 시절 본인이 끔찍한 사고를 당한 적이 있었기 때문이었다. 오토바이를 타는 법을 배우고 싶었던 신디는 그 학기, 오토바이를 구입해 운전법을 배우는 것을 프로젝트로 정했다. 강의를 수강하기 시작한 지 몇 달 뒤, 그녀는 예전의 드로잉 강사들 중 한 명인 빌이 팔로 알토Palo Alto의 디자인 사무실 앞에 서 있는 것을 보았다. 빌은 신디에게 자신의 오토바이를 타고 함께 드라이브를 하지 않겠느냐고 제안했다. 신디는 근처를 한 바퀴 돌고 올 요량으로 그의 오토바이에 올라탔다. 45분 뒤, 두 사람은 바닷가에 도착했다. 그로부터 무려 28년의 세월이 흐른 지금, 두 사람은 세 명의 자녀를 낳아 함께 키우고 있다.

또 다른 여성 수강생은 물에 대한 공포를 극복하고 수영을 배웠다. 학기가 끝난 몇 달 뒤 우연히 마주친 그녀는 내 수업의 첫 번째 시도에서 동기를 부여받고 힘을 얻은 덕분에 이제는 이탈리아어를 배우고 있다고 했다. 그로부터 몇 년 뒤, 특별 교육 자격증을 취득한 그녀는 직업을 바꿨다. 이 모두가 성취 습관을 기르면서 탄력을 받고 영감을 얻은 덕분이었다.

그녀를 비롯한 여타의 학생들이 강의실에서 혹은 졸업 후 각자의 인생에서 증명한 것은, '성취를 학습하는 것이 가능하다'는 사실이다. 성취란 근육과도 같아서 일단 수축시키는 방법을 배우고 나면 인생에서 성취할 수 있는 것이 무궁무진해진다.

내가 수강생들에게 무척 자주하는 이야기 중 하나는, 원하는 일을 성취하지 못하게 방해하는 사람이 누구인지 생각해보라는 것이다. 그 사람이 부모, 배우자, 자녀, 동료, 상사, 혹은 그 밖의 누구이든지 자신의 목표를 달성하는 데 그들이 어떻게 방해하고 있는지 설명하는 그들의 말을 유심히 듣고 있다 보면, 언제나 즐거워진다. 이 지각된 장애물은 변명에 불과하다. 이 문제를 깊이 조사하면서 매번 밝혀지는 것은 그들을 방해하는 누군가가 그들 자신이라는 점이다.

때때로 외부의 방해가 실제로 존재하는 경우도 있다. 그리고 대다수의 사람은 자신에게 방해를 극복할 힘이 있다는 것을 깨닫지 못한다. 한번은 취업 지원자를 면접한 일이 있었는데, 그녀는 남자친구와 전 세계를 항해하던 중 해적을 만난 경험이 있다고 했다. 인도네시아 어느 바닷가에 배를 정박시키고 남자친구가 시내로 간 사이, 그녀는 일광욕을 즐기고 있었다. 갑자기 무슨 소리가 들리더니 중무장을 한 남자들이 배 위로 올라왔다. 그들은 그녀에게 총을 겨누고 돈을 요구했다. 연약하고 혼자인 데다 그들에게 줄 돈도 없는 형편이었지만, 그녀는 침착함을 잃지 않고 배에 있던 분유가 현금을 대신할 만큼 귀한 물건이라고 그들을 설득했다. 우유를 구하기 힘들고 아이들에게 줄 음식이 간절한 그들의 상황을 알고 있던 그녀가 부모 심정에 호소한 것이다. 해적들은 감사한 마음으로 분유를 받았고 그녀와 배는 무사할 수 있었다. 그녀의 독특한 해법과 그 명석함에 감탄한 나머지 나는 그 자리에서 바로 그녀를 채용했다.

사실 우리가 살면서 우리를 가로막을 해적과 마주칠 가능성은 거의 없다. 다만 우리가 막아야 할 것은 우리 자신이다.

이 사례를 입증하기 위해, 나는 수업시간에 강의실 앞으로 나올 지원자를 구한다. 지원자와 마주보고 서서, 나는 물병(아니면 다른 물건을)을 손에 들고 이렇게 말한다. "물병을 나에게서 뺏으려고 시도해보세요." 지원자는 물병을 힘껏 당긴다. 내가 상대적으로 늙고 약해 보이기 때문에 처음에는 약간 주저하며 당기다가 내가 손에 힘을 주고 있다는 사실을 깨닫고 나면 더 힘을 주어 당긴다. 결국 나는 학생에게 그만 당기라고 말한다.

그러고 나서, 다음 지시 사항을 주의 깊게 들으라고 요구한다. 이번에는 이렇게 말한다. "물병을 나에게서 빼앗아가세요." 그 뒤의 행동이 전과 본질적으로 다르진 않지만, 지원자는 힘을 더 주거나 물병을 이리저리 돌려보기도 한다. 때로는 전략을 바꾸기로 결심하고는 물병을 넘겨달라고 나한테 부탁하기도 한다. 나는 언제나 거절한다.

마지막으로 나는 그에게 묻는다. "동생이나 사촌동생이 있나요?"

그런 다음, 내가 동생이고 우리 둘 다 어린아이이며 주변에 부모님이 안 계시다고 상상해보라고 부탁한다. 이에 덧붙여, 상황이 아주 성가시게 돌아가고 있다는 사실을 추가시킨다. 이제 그가 나에게서 물병을 되찾아갈 때가 되었다. 그러면 나는 지시 사항을 반복한다. "물병을 나에게서 빼앗아가세요."

내가 의도한 대로 움직이는 참가자들은 내게 저항할 시간조차 주지 않고, 내 손에서 물건을 '홱' 낚아채간다. 물건을 뺏겠다는 그들의 의지에 나는 제압당하고 만다. 그들은 역동적이고 유려하게 흘러넘치는 행동 의지를 분명히 드러낸다. 이는 머뭇거리거나 별다른 움직임이 없던 이전의 시도와는 현저히 다르다. 무엇보다 좋은 건, 그들이 물건을 빼앗아갈 때 이전보다 실제로 더 적은 힘을 가하는 경우가 대부분이라는 점이다.

이 훈련은 인간이 마음먹은 바를 실행으로 옮길 때, 이를 해낼 수 있는 능력Power을 사용한다는 사실을 보여주기 위해 실시하는 것이다. 반면, 인간은 무언가를 시도할 때 물리적인 힘Force을 사용한다. 살아가면서 무언가를 완수하고 싶다면, 물리적 힘을 가하기보다 그 일에 맞는 능력을 발휘하는 편이 훨씬 좋다.

물론 실생활에서 이렇게 힘과 능력을 전환하는 것이 말처럼 쉬운 것은 아니다. 무언가를 하겠다고 마음먹었다가 이를 실천하지 않았던 경험은 누구에게나 있다. 새해 결심, 운동, 부부 간의 신의, 마감 날짜, 작업 습관 등은 그저 일부 사례에 불과하다. 힘과 능력을 전환하기 위해서는 자신의 행동을 이해할 필요가 있다. 고전적 모델과 사회적 통념에 따르면, 우리는 우선 충분히 생각한 뒤에 생각을 행동으로 옮긴다. 흥미롭게도, 이는 임상 시험에서는 유효하지 않다.

임상의들은 뇌의 다양한 영역에서 나타나는 MRI 신호의 국부적 패턴을 해독했다. 그들은 인간의 뇌가 어떤 행동의 원인이라 할 만한 실질적인 생각을 의식적으로 형성하기에 앞서, 그 행동의 운동 신호를 보낼 수 있다는 것을 밝혀냈다. 이처럼 인간은 무엇이든 행동을 하고 난 뒤, 그 행동의 이유를 만들어내는 것이다. 우리의 행동 대부분은 논리적 판단의 결과라기보다 습관의 결과다. 그렇다면 자연스럽게 이런 질문이 떠오른다. 시도와 실행, 무언가에 대해 말하는 것과 이를 실행에 옮기는 것 그리고 궁극적으로는 실패와 성공 사이의 간극을 어떻게 메울 수 있을까?

이 책에는 독자들이 각자의 삶에서 다양한 경험, 즉 진정한 가르침을 얻을 수 있는 경험을 창조하도록 돕기 위해 고안한 여러 가지 훈련과 충고, 일화가 담겨 있다. 스탠퍼드 대학교에 디 스쿨을 설립했을 때 우리는 학생들이 진짜 사람들을 상대하고, 진짜 문제들을 해결하며, 차이를 만들어내는 경험을 창조하게 만들고 싶었다. 지금까지의 결과는 상당히 만족스럽다. 학생들은 목적의식과 통제력, 본질적인 동기를 얻었다. 마법 같은 일이 벌어진 것이다. 성적은 더 이상 의미 있거나 중요한 동기요인이 아니다. 본질적인 동기가 그 자리를 인계받고 일 자체가 보상이 된다.

이 책을 읽은 뒤 독자들은 다음 사항들을 이해하게 될 것이다.

- 왜 시도만으로는 충분하지 않으며, 시도는 실행과 어떻게 다른가?
- 아무리 정당한 것이라고 해도 변명은 어째서 오히려 문제를 키우고 마는가?
- 어떻게 하면 자아상을 실행자 혹은 성취자로 바꿀 수 있을까? 또 이것이 왜 중요한가?
- 어떻게 미묘한 언어의 변화가 실존적 딜레마와 행동의 장애물을 해결하는가?
- 어떻게 하면 성과가 아니라 행동을 강화함으로써 일시적인 좌절에서 쉽게 일어설 수 있는 회복력을 기를 수 있을까?
- 어떻게 집중력을 흐트러뜨려 목표 성취를 방해하는 요인들을 무시하게끔 자신을 단련할 수 있을까?
- 어떻게 자신의 경험과 다른 사람들의 경험에서 배움을 얻을 마음의 준비를 할 수 있을까?

마음이란 우리의 생각보다 더 복잡하며, 자아와 늘 협동 작업을 펼쳐 우리가 품은 최선의 의도를 방해한다. 그것이 바로 인간이 처한 현실이다. 다만 여기서 인간의 장점은 그렇게 하기로 선택하기만 한다면 자신의 의도를 통제하는 데 유념함으로써 삶을 개선하는 습관들을 만들어낼 수 있다는 것이다.

이 책에 담긴 생각들은 디자인 싱킹의 전통에 뿌리를 두고 있다. 다른 사람들은 그 신조를 조직의 혁신과 변화에 적용해왔지만[3], 나는 개인의 변화와 능력 부여에 중점을 두기로 결정했다. 스탠퍼드의 디 스쿨은 디자인 싱킹 운동의 개척자이다. 나는 이 조직의 창립자 중 한 명으로서 교육과 산업, 정부 각계에서 디자인 싱킹 운동에 지대한 관심을 보이는 것을 지켜보아왔다.

《적응한 미국인*The Adjusted American*》은 지금은 다소 시대에 뒤떨어지지만, 대단히 훌륭한 사회학 텍스트로서 평균적인 미국인이 겪는 일상적인 신경쇠약을 설명하려고 시도했다[4]. 이 책에는 저자의 세 살짜리 아들에 관한 놀라운 이야기가 담겨 있다. 이 소년은 고양이를 단 두 마리밖에 본 적이 없었는데, 둘 다 푸른 눈을 가진 샴 고양이였다. 그러던 어느 날, 페르시안 고양이가 나타나자 소년은 좀 더 자세히 보려고 인도 위에 쪼그려 앉았다. 그러다가 느닷없이 벌떡 일어나 집안으로 달려 들어가면서 이렇게 외쳤다. "엄마! 눈이 노란 고양이를 봤어요! 고양이 눈이 노랗다니까요!"

전혀 새로운 품종의 고양이를 우연히 만난 경험은 이 소년이 가졌던 세계관의 작은 부분을 완전히 바꾸어놓았다. 이와 마찬가지로, 세상을 바라보는 고정관념 중 얼마나 많은 부분에서 우리가 현실의 제한적인 표본에 의존하고 있는지 우리 스스로는 깨닫지 못한다. 나는 이 책이 여러분의 세상 속으로, 노란 눈의 고양이를 데려가주기를 희망한다.

노란 눈의 고양이는 패디의 세상 속으로 들어왔다. 내 강의를 듣기 전까지 그는 단 한 번도 자신이 혁신적이거나 창조적인 사람이라고 생각해본 적이 없었다. 비교적 통상적인 관념으로 볼 때, 그는 성공가도를 달리고 있었다. 해군의 장교로 임관되었고 저널리스트로서의 일도 제법 잘해내고 있었다. 하지만 무언가 새로운 지평을 열어주는 개인적 성취를 스스로 이루어낸 적이 한 번도 없었다. 그저 다른 사람들이 만들어놓은 길을 걸어가며 임무를 훌륭히 완수하고 있었을 뿐이다. 내 강의를 들으며 그는 새로운 아이디어가 떠오를 때 뒤로 물러서거나 미루지 않고 바로 실행하는 법을 배웠다. 우리가 '행동 지향성Bias toward action (이 용어에 관해서는 나중에 논의하자)'이라고 부르는 이 작은 깨달음 덕분에 그의 세계관이 달라졌고 새로운 몇 가지 분야에 발을 담그게 되면서 지난 2년 동안 그 길을 걸어왔다. 패디는 〈마켓 플레이스Marketplace〉라는 라디오 프로그램을 위해 시제품을 제작한 뒤 몇 가지 새로운 제품을 생산했고, 경제학에 관한 책《인간 대 시장Man vs. Markets》을 출간했으며, 예전에 포기했던 소설을 완성했고, 개인 사업체를 설립하기 위한 준비를 시작했다.

디 스쿨을 졸업한 지 3년 뒤인 현재, 패디는 또 한 번 힘겨운 도약을 하고 있다. 고용인이라는 안정된 지위에서 벗어나 누구의 관리도 받지 않는 독립적인 광활한 공간으로 나아가려는 중이다. 그의 마음 한 구석에서는 두려움으로 인한 비명이 새어나오기도 하지만, 강의실에서 배운 교훈이 저장된 마음 한 곳에서는 한 번에 조금씩 전진하고 자신의 아이디어를 시제품으로 구현하며 디자인 싱킹 과정과 자기 자신을 신뢰하라는 격려가 흘러나오기도 한다.

당신도 그와 똑같이 할 수 있다. 책을 읽어가면서 당신은 보다 효율적인 문제해결 방안을 찾아낼 수 있을 것이고 이에 따라 자신의 삶에 더욱 만족하게 될 것이다. 이 책이 당신 안에 있는 삶을 개선시킬 수 있는 능력에 눈을 뜨도록 도와줄 것이다. 언제나 하고 싶었던 일을 마침내 실행할 수 있도록 자신감을 심어주는 한편, 잠재력을 온전히 발휘하지 못하게 방해했던 문제들을 제거하게 도울 것이다. 그리고 자신의 삶을 통제하는 경험이 당신의 현실을 변화시켜, 진정으로 원하는 것은 무엇이든 성취할 수 있도록 만들 것이다.

| 디 자 인 싱 킹 |

디자인 싱킹이란 도대체 무엇일까?

디자인 싱킹은 우리가 몇 년 동안 개발해온 전반적인 실천 훈련으로, 디자인 과제Design challenge를 해결하는 데 효율적이며 어떤 종류의 제품이나 경험에도 적용할 수 있다. 더 나은 신제품을 만드는 방법에만 국한된 것이 아니라, 물질이 아닌 대상에 관한 것이기도 하다. 가령, 인기 있는 놀이공원의 대기시간을 개선하는 법, 고속도로를 정화하는 법, 가난한 사람들에게 보다 효율적으로 음식을 제공하는 법, 온라인 데이트를 개선하는 법 등이 해당된다.

디자인 싱킹은 무정형의 개념으로, 스탠퍼드 대학교의 교수이자 세계 최고의 디자인 컨설팅기업 IDEO의 공동 창립자인 데이비드 켈리David Kelley가 만들어낸 용어다. 당시에 그는 성공적인 디자이너의 사고방식과 접근법은 다른 사람들과 다르다는 점을 설명하려고 애썼다. 디 스쿨에서는 그 점을 모두 받아들이고 조정했으며, 그 아이디어가 급격히 유행했다. 갑자기 모든 사람들이 이 새로운 개념인 디자인 싱킹, 즉 내가 적당한 이름도 붙이지 못한 채 반 세기 동안 실천해왔던 것에 대해 이야기하기 시작했다.

디자인 싱킹을 명확히 정의하기는 어렵다. 하지만 나는 그 개념의 창시자 중 한 명이므로, 그 원칙에 대해서는 정확히 설명해 줄 수 있다. 이 책의 전반에 걸쳐 이 작업을 진행할 것이다.

1. 공감하기. 이것이 첫 번째 단계다. 디자인은 원래 나 자신만을 위한 것이 아니라, 다른 사람들의 요구와 열망을 염두에 두고 하는 작업이다. 더욱 개선된 롤러코스터를 디자인하든 더 좋은 병원 대기실을 디자인하든, 그 목적은 사용자의 경험에 관심을 두면서 도와줄 방법을 찾아내는 것이다. 이 단계에서는 핵심 쟁점이 무엇인지를 배운다.
2. 문제 정의하기[5]. 해결하려는 문제 혹은 해답을 구하려는 질문의 범위를 좁힌다.
3. 아이디어 창출하기Ideate. 마음에 드는 방법이라면 무엇이든 동원해서 가능한 해결책을 만든다. 브레인스토밍, 마인드매

핑Mind Mapping, 냅킨에 스케치하기 등 효과가 있는 방법이라면 무엇이든 상관없다.

4. 시제품 만들기. 무언가를 완벽하게 해내려는 마음에, 혹은 완벽에 가깝게 해내기 위해 스트레스를 받을 게 아니라, 자신의 아이디어를 물리적인 형태로 만들거나 자신이 구현하려는 무언가를 위한 계획을 세운다.

5. 시험해보고 피드백 받기.

지금까지 디자인 싱킹의 몇 가지 원칙을 알려주었지만, 실제로는 그 구체적인 순서 그대로 실행하거나 그 순서를 따르는 경우는 무척 드물다. 어쩌면 4단계에 돌입한 뒤 다시 2단계로 돌아가거나 3단계를 몇 번이고 되풀이해야 할 수도 있다. 이러한 상황 모두 이 과정에 포함된다. 디자인 싱킹의 다른 중요한 개념 중 하나는, 실패도 이 과정의 소중한 부분이라는 점이다. 프랭클린 D. 루스벨트Franklin D. Roosevelt는 이렇게 말했다. "두려워해야 할 것은 두려움 자체뿐이다." 그리고 나는 말한다. "두려워해야 할 것은 실수에서 배우지 못하는 것뿐이다." 실패에서 무언가를 배우고 결국 해결책을 알아내기만 한다면 얼마든지 실패해도 괜찮다.

우리가 중점을 두는 또 한 가지는 '행동'이다. 너무 많이 생각하지 말고 실행하라는 것이다. 디 스쿨의 '런치패드Launchpad'라는 강의에서는 학생이 10주 뒤에 개인 사업을 시작하도록 유도한다. 10주가 지날 무렵 학생들은 수익을 창출한다. 그게 아니라면, 전통적인 경영대학원에 진학해서 실질적인 조치를 취하기 전 구상하고 계획하느라 1년을 보낼 수도 있다.

디자인 싱킹은 대단히 집단 중심적인 방법이다. 교수와 학생들 모두 철저한 협동 작업을 실천한다.

나의 작업과 이 책의 색다른 점은 디자인 싱킹을 대개 외부적으로 적용한다는 데 있다. 비즈니스나 학교에서 다른 사람들이 가진 문제의 해결책을 세우는 방향으로 적용한다. 그중에서도 나의 특별한 관심사는 디자인 싱킹을 통해 개인의 삶과 대인관계를 개선하여 그들이 가진 최고의 모습을 디자인하는 것이다. .

내가 가르치는 내용의 상당수는 이 기본 틀에 뿌리를 두고 있지만 모두 그런 것은 아니다. 이 책에는 당신이 시도해볼 만한 크고 작은 다양한 훈련법이 담겼다. 누구나 자신에게 유용한 것을 선택하고 어느 방향이든 효과가 있는 쪽으로 진행하면 된다. 때때로 나는 누군가가 이 훈련을 잘못 실행했다는 생각이 들 때도 있지만, 지나고 보면 그는 내 예상을 훌쩍 뛰어넘을 정도로 큰 성과를 거뒀다. 무엇이든 효과적인 방법이라면 진심으로 응원한다. 이러한 마음에서 이렇게 외친다. 이제 시작해보자!

contents

01장

생각
그대로인 것은
없다

THE
ACHIEVEMENT
HABIT

NOTHING
is what you
think it is

내가 하는 말을 눈으로 확인해보기 전에
어떻게 내 생각을 말할 수 있겠는가?

― 에드워드 모건 포스터 E. M. Forster 영국의 소설가

당신의 삶은 아무 의미가 없다.

당신을 가장 가까운 다리에서 뛰어내리게 하려고 이런 말을 하는 것이 아니다. 그보다는 훨씬 사색적으로 접근하기 위해 한 말이다. 우선, 우리가 사람들과 사물들, 주변 환경에서 발견하는 의미가 주관적이라는 사실을 인정하자. 여기에 본래부터 존재하는 의미라는 것은 없다. 기능적 행동과 역기능적 행동 모두 사람들이 스스로 창조한 의미를 기반으로 내린 선택에서 비롯된다. 이는 자신의 견해를 바꿀 수 있는, 다시 말해 우리를 실망시키는 견해를 수정하거나 우리에게 도움이 되는 견해를 강화시킬 능력이 우리 자신에게 있다는 뜻이

다. 당신의 인생관은 성공의 성향과 깊이 연관되어 있다. 비관적인 허풍쟁이도 성공할 수 있지만, 성공한 뒤에도 여전히 비참한 기분에 빠질 것이다. 이는 성공이 아니다. 성공이란 당신이 정말 좋아하는 것을 하는 것인 동시에 그로 인해 행복해지는 것이다.

자신의 인식과 감정, 행동을 제대로 파악하고 싶다면, 자신이 생각하는 방식을 유심히 살펴보는 것이 유용하다.

의미를 부여하는 건 당신이다
—

스탠퍼드 대학교에서 내 강의를 수강한 대학원생 마이크는, 그해 여름 버닝맨 축제Burning Man festival를 위해 악기를 디자인하는 것을 프로젝트로 삼았다. 이 축제는 해마다 노동절 직전 일주일 동안 네바다 주의 블랙 록 사막에서 개최된다. 버닝맨에서 가장 인기 있는 것은 참가자들이 만든 거대한 예술작품들과 기계, 건조물 등이다. 마이크가 내 수업에서 이 프로젝트를 실행하겠다고 생각하게 된 것은 우리 모두가 그 축제에 참석하기 때문이었다. 그는 대단히 특이한 방식으로 동력을 공급하는 소형 파이프 오르간을 만들고 싶어 했다. 작은 화력 보일러가 장착된 오르간에서 발생하는 증기가 여러 개의 파이프를 통과하면서 음악을 만들어내는 것이다.

나는 이 프로젝트가 지나치게 마음만 앞선 계획이 아닐까 우려했지만, 마이크가 대단히 의욕적으로 보였기에 그를 낙담시킬 만한 말은 하지 않았다. 다만 그가 일주일에 한 번씩 나를 찾아와 진척 상황을 보고하는 것으로 서로 합의했다.

상황은 계획대로 흘러가지 않았다. 처음에 그는 드문드문 나를 찾아와서는 이리저리 핑계를 대며 보여줄 만한 진척 사항이 딱히 없다고 했다. 나는 우리 두 사람이 이런 만남에 시간을 허비하는 것이 곧 지겨워졌다. 그래서 마냥 기다리다가 최종 결과를 볼 생각이었다.

축제 당일, 나는 미리 약속한 시간에 맞춰 버닝맨 캠프장에서 참가자에게 개별적으로 배정한 마이크의 자리를 찾았다. 나와 동행한 에이드리언과 스티브는 내가 조직한 버닝맨 그룹의 일원이자 대단히 유능한 공학도들로서 마이크의 최종 생산물에 관심이 많았다. 하지만 마이크의 프레젠테이션은 엉망진창이었다. 그의 프로젝트는 완성되지 않았고 그가 시연하는 동안 악기가 제대로 연주되지 않거나 심지어 작동하지도 않았다. 마이크는 어찌할 바를 몰라 했고, 나도 당황했으며, 에이드리언과 스티브 역시 당혹감을 감추지 못했다. 만약 그 자리에서 내가 마이크가 어떤 일자리에 적합한지 평가해야 할 입장이었다면, 양심상 그를 추천할 수 없었을 것이다.

시간을 빨리 돌려보자. 3년 뒤, 나는 에이드리언과 스티브를 대동하고 버닝맨을 다시 찾아갔다. 우리는 불타는 연꽃 소녀들Flaming Lotus Girls이라는 댄스 팀과 '어미 뱀Serpent Mother'이라는 생동감 넘치는 놀라운 조각품의 공동 공연을 구경했다. 이 금속 조각은 알을 품은 채 똬리를 튼 뱀의 골격을 형상화한 것으로 길이가 51m 남짓했다. 뱀의 척추골 맨 위에서부터 등뼈를 타고 차례로 자리한 41개의 화염

방사기에서 분출된 프로판가스 불은 공기 중에서 약 6m 길이의 불꽃을 내뿜었다. 뱀의 머리와 턱은 수압으로 작동됐다. 수천 명의 다른 참가자들과 마찬가지로 우리 세 사람은 그 자리에 얼어붙은 듯 서 있었다. 그 공연이 축제에서 단연코 가장 인상적인 프로젝트였다는 데는 이견의 여지가 없었다. 우리는 한동안 공연을 지켜보고 나서 자리를 떴다.

몇 시간 뒤에 나는 혼자 그 자리로 돌아왔다. 이 무렵, 댄서들은 모두 자리를 뜬 뒤였고 관중들도 얼마 남아 있지 않았다. 나는 어미 뱀 건조물에 가까이 다가가서 그 세부 양식을 살펴볼 수 있었다. 그러다 마음속에 잠자고 있던 기계공학자로서의 호기심이 끌어올라 움직이는 머리가 관절 부분에 어떻게 연결된 것인지가 궁금해졌다. 참석자 중 한 명에게 그 기계의 구조에 대해 물어보았다. 그는 잘 모른다고 대답하면서 이렇게 말했다. "저 쪽에 제어장치를 쥐고 있는 남자가 다 알고 있어요." 내가 올려다본 곳에는 마이크가 있었다. 나는 그에게 걸어갔고, 우리는 보자마자 부둥켜안고 이야기를 쏟아내기 시작했다.

알고 보니 그는 불타는 연꽃 소녀들이라는 조직에서 활발히 활동하면서, 조각과 동역학, 로봇 공학, 불꽃 제조술, 전자기술의 교차 지점에 자리한 메이커 문화(제작자와 사용자의 경계가 무너지면서 제작자가 아이디어를 살려 무언가를 만들어낸 뒤 이를 다른 사람들과 공유하며 피드백을 주고받는 움직임을 말한다—옮긴 이)에 더 많은 여성들을 영입하는 임무를 수행하고 있었다. 이들은 협동 작업 과정을 통해 참가자들에게 새로운 기술을 배우고 적극적인 예술가가 될 수 있는 권한을 주었다. 당연히 나는 그가 이룬 성과에 깊은 감명을 받았다.

축제가 끝나고 8시간 동안 차를 운전해 집으로 돌아오면서 나는 그동안 경험한 일에 대해 생각할 시간이 많았다. 그러면서 예전에 마이크의 수업용 프로젝트 때문에 무척이나 당혹스러웠던 일이 떠올랐고 지금 그의 새로운 모습이 정말로 자랑스러웠다. 이전의 경험을 잣대로 삼아 그의 능력에 대해 높이 평가한 것이 아니다. 물론, 누군가가 지금 그에 대해 내게 묻는다면 나는 한 치의 망설임 없이 그를 강력히 추천할 것이다. 분명히 마이크는 내가 생각했던 사람이 아니었다. 그의 사례는 나의 상상보다 훨씬 더 미묘하고 복잡한 것이 분명했다.

"제 명예가 회복되었나요?" 나중에 그는 내게 이러한 메시지를 보냈다. 나는 웃을 수밖에 없었다. 물론, 그의 명예는 회복되었다.

누군가를 제대로 알게 되기까지는 아주 오랜 시간이 걸리기도 한다. 인간은 좋은 쪽으로든 나쁜 쪽으로든 항상 변화하고 발전한다. 누구나 새로운 모습을 보여줄 수 있다. 나는 마이크가 내 강의를 듣는 동안 개인적으로 어떤 일을 겪었는지 알지 못한다. 그가 능장을 부리고 학업은 다소 뒷전이었던 전형적인 학생이었다고 짐작할 뿐이다. 당시에는 그 모습이 그에 대해 내가 아는 전부였다. 나는 그 하나의 인상을 근거로 그를 게으름뱅이로 인식했다. 그것이 내가 그에게 부과한 의미였다. 그에게 훌륭한 점이 있을 가능성에 대해 곰곰이 생각해본 적이 없었던 것이다.

내가 얻은 교훈은 분명했다. 세상에 생각 그대로인 것은 없다. 내가 세상 모든 것에 의미를 부여하고 있을 뿐이다.

내 딸은 아무 의미가 없다

—

수업시간에 나는 강의실을 돌아다니면서 수강생들에게 자신의 인생에서 무엇이든 좋으니 한 가지를 지목해보라고 요청한다. 그러고 나서 이것이 "아무 의미가 없다"고 말해볼 것을 부탁한다. 그렇게 함으로써 의미는 어떤 물체나 사람에게 내재되어 있는 게 아니라는 사실을 보여주려는 것이다. 가령, 내 차례가 되면 나는 "내 직업은 아무 의미가 없다"고 말하고, 그다음 사람은 "아내는 아무 의미가 없다"고 말한다. 그러고 나면 다음 차례의 사람들은 디 스쿨은 아무 의미가 없고, 신발은 아무 의미가 없고, 셔츠는 아무 의미가 없고, 머리카락은 아무 의미가 없고, 몸무게는 아무 의미가 없고, 자전거는 아무 의미가 없으며, 수학 실력은 아무 의미가 없다는 식으로 저마다 말한다. 사소한 일부터 누가 보기에도 대단히 중요해 보이는 일에 이르기까지 모든 것이 동일한 범주로 함께 묶인다. 즉, 세상에 본질적인 의미를 가진 것은 하나도 없다.

수강생 전원이 각자가 생각하는 항목들을 동시에 언급하기 시작해 어느 한 사람의 말에 특별히 귀를 기울이지 않은 채 모두가 한꺼번에 이야기를 하고 나면, 각자의 인생에서 의미 없는 존재들의 목록이 작성된다. 이 훈련은 엄청 시끄럽지만 또 무척 재미있다. 귀에 거슬리는 잡음과 엄청난 혼란으로 인해 자유로운 기분과 분위기가 형성되므로, 수강생들은 이 훈련이 아니었다면 애지중지했을 존재에게 아무 의미가 없다고 큰소리로 말하면서도 전혀 어색해하지 않는다.

만약 혼자 있게 된다면 당신도 이 훈련을 할 수 있다. 비록 혼자라고 해도 이 목록을 큰소리로 말하다 보면 대단히 자유로운 기분이 들 것이다.

실전 연습 1

심호흡을 몇 번 하라. 몇 분 동안 눈을 감아라. 그러고 나서 눈을 뜨고 방안을 둘러보며 한 가지 대상에서 다른 대상으로 주의를 옮겨보라. 한 가지 대상에 주목할 때마다 그것은 아무 의미가 없다고 말하라. 이를 테면, "이 의자는 아무 의미가 없다"는 식이다. 그다음 가족들과 자기 인생에서 중요한 사람들, 가장 큰 성과와 가장 소중한 소유물처럼 자신이 애지중지하는 것들을 생각하라. 그 대상을 하나씩 언급하면서 그것은 아무 의미가 없다고 말하라. 이 과정이 끝나거든 몇 분 동안 조용히 앉아 있다가 이 경험에 대해 깊이 생각해보라.

나의 동료 셰리는 "딸은 아무 의미가 없다"고 말하는 것을 힘들어했다. 물론 그녀의 딸은 의미가 있지만 셰리가 딸에게 부여하는 의미는 미리 운명지어진 것이 아니다. 어떤 어머니는 딸을 경멸하고 비웃으며, 심지어 죽이기도 한다. 또 어떤 어머니는 딸을 소중히 여기고, 딸에게 아낌없는 지원을 한다. 모녀 관계에서 어머니들이 딸에게 부여하는 의미의 다양함은 이루 말로 다 할 수 없다.

이 훈련의 핵심은 참가자들의 관계를 조금이라도 변화시키려는 게 아니라, 그들이 모든 관계에 부여하는 의미는 스스로 '선택'한 것이라는 깨달음을 주려는 것이다. 결과적으로 참가자들은 어떤 사람이나 물건이 자신에게 얼마나 중요한지 더욱 깊이 인식하게 되는 경우가 많다(실제로 셰리는 이 훈련을 마친 뒤 딸과의 관계를 훨씬 더 소중히 여기게 되었다). 또한 참가자들은 어떤 대상에게 부여한 의미를 바꿀 수 있는 능력이 자신에게 있다는 사실을 깨닫게 된다.

예를 들어, 어떤 일을 이루기 위해 노력하다가 실패하게 되면 처음에는 고통스럽지만 스스로 그런 식의 의미를 부여하지 않는다면 그 일이 대재앙이 되는 경우는 드물다. 나의 동료 조르주는 사랑하는 사람에게 버림받은 뒤 자살한 아들로 인해 실의에 빠졌다. 그 어린 연인은 잠시 뒤에 잊힐 법한 사건을 겪으면서 이를 생사가 걸린 문제로 확대해석했다. 사건 자체나 균형 잡힌 관점 부족으로 인해 비극적인 판단을 내리기는 쉽다. 하지만 대체로 더 작고 사사로운 문제에 대해서도 우리는 균형 잡힌 관점을 갖지 못하는 경우가 많으며, 한 걸음 뒤로 물러서서 균형감을 발휘하는 것도 쉽지 않다.

그러나 어떤 대상에 어떤 의미와 중요성을 부여할 것인지 스스로 선택할 수 있다는 사실을 깨닫고 나면, 인생의 질을 결정하는 것도 외적인 환경이 아니라 자기 자신임을 이해하게 될 것이다.

영구적인 기록이란 없다

—

대부분의 사람들이 그렇겠지만, 내 인생에서도 당시에는 끔찍하게 보였지만 지금은 웃어넘길 수 있는 사건들이 많이 일어났다. 내가 기억할 수 있는 가장 오래된 사건은 초등학교 4학년 때 일어났다. 그날 나는 눈물로 범벅이 된 얼굴로 점심을 먹기 위해 집으로 돌아왔다. 오전에 내가 학교의 계단통에서 떠들고 있을 때, 한 선생님이 그 소리를 듣고는 교칙을 위반했다며 이것이 '영구 성적표'에 남을 거라고 말씀하셨던 것이다. 나는 이 기록이 나를 영원히 따라다닐 거라 믿으며 절망에 빠졌다. 어머니는 걱정할 것 없다며 나를 달래려고 애썼지만, 나는 그 말을 믿지 않았다. 물론, 크면서 영구 성적표 같은 것이 없다는 걸 알게 되었다. 그리고 더 중요한 의문이 떠올랐다. 혹여 영구 성적표가 있다 한들 그로 인해 내 인생이 정말 달라졌을까?

이와 비슷한 사건은 대학원 시절에도 일어났다. 나는 초등학교 4학년 때보다 나이를 더 많이 먹었으니 당연히 훨씬 현명해졌어야 했다. 그런데 안타깝게도 그렇지 못했다. 박사 학위 과정에 있던 나는 젊은 노벨상 수상자가 강의하는 '물리학의 수학적 방법Mathematical Methods in Physics'이라는 고급 과정을 수강하고 있었다. 학기말 시험에는 물리학 전공자들에게는 대단히 잘 알려졌지만 나로서는 들어본 적도 없고 강의 시간에도 전혀 언급되지 않았던 내용들이 대단히 중요하게 출제됐다. 나는 F학점을 받았다. 해당 교수에게 그 문제에 대해 이야기했지만 이런 대답이 돌아왔다. "글쎄, 학생은 공학도이잖나. 내가 음악 수업을 수강했다면 당연히 F학점을 받았을 테지."

이번에는 엉엉 울면서 엄마한테 달려가지는 않았다. 만약 그랬다면 초등학교 4학년 시절 정신적 외상을 입었을 때와 거의 똑같이 진행되었을 것이다. 나는 비참한 마음에 논문 지도 교수님을 찾아갔다. 그는 걱정할 일이 아니라고 장담했다. 그래도 나는 그 문제에 오랫동안 마음이 쓰였다. 물론, 결국은 누구도 내 성적표의 F학점에 신경 쓰지 않는다는 것을 알게 되었다. 설령 신경 쓰는 사람이 있다 한들 그로 인해 내 인생이 정말 크게 달라졌을까? 그렇지 않다. 나는 다른 교수가 강의하는 다음 수업을 연이어 수강했고 이번에는 A+학점을 받았다. 어떤 일이 벌어졌을까? 이전과 마찬가지로 누구도 내 성적에 신경 쓰지 않았다.

세상을 살아가는 동안 당신의 성공과 실패를 기록한 성적표를 계속 보관하는 사람은 오직 당신밖에 없다. 또한 설령 반드시 알아두어야 할 교훈을 첫 번째 시도 혹은 다섯 번째 시도에도 올바르게 이해하지 못한다 해도, 앞으로 배워나갈 기회는 무수히 많다.

배신을 통해 배우기
—

냉전시대에 불가리아에서 워크숍을 진행했던 나는 참가자들에게 어떤 학생의 로봇 공학 프로젝트에 관한 동영상을 보여주었다. 점심을 먹기 위해 잠시 쉬는 시간을 가진 뒤, 주최 측에 강의실에서 사용한 나의 테이프를 돌려달라고 요청했다. 그러자 테이프는 안전한 곳에 보관해두었는데 실수로 열쇠를 가져간 사람이 있어 찾는 중이라는 대답이 돌아왔다.

이 답변에는 무언가 수상한 구석이 있었다. 오후 늦게 나는 워크숍에 같이 참가한 친구 한 명에게 이 이야기를 들려주었다. 그는 어느 교수와 조교들(그들은 내 친구들이었다)이 나의 테이프를 복사하기 위해 가져간 탓에 빨리 돌려주지 못한 것이라고 설명했다. 결국 테이프는 되돌아왔지만 주최 측은 테이프를 빨리 돌려주지 못한 이유에 대해 원래의 주장을 고수했다. 뻔뻔했다. 나를 배신하고 내 우정을 모독했다는 생각이 들어 마음이 상했고 화가 났다.

워크숍의 두 번째 강의에서 나는 우정과 신뢰를 돈독히 하는 과학적 교류에 대해 이야기했다. 강의를 진행하면서 그 범인들을 신랄한 눈빛으로 쏘아보았다. 그들의 소행을 알아차린 내가 그들을 교묘하게 질책하고 있다는 것이 그들에게도 분명히 전달되었을 것이다. 그럼에도 만족스럽지가 않았다. 속이 상한 나머지 혼자 부루퉁하게 숲속으로 들어간 나는 그들이 얼마나 잘못했는지 기필코 알려주겠노라고 마음먹었다. 그렇게 나는 워크숍 폐막 연회에 참석하지 않고 일찍 자리를 떴다.

숲속을 걸어가면서 나는 점점 더 마음이 아파왔다. '세상에 의미 있는 것은 하나도 없다'는 훈련이 떠올랐다. 나는 머릿속으로 그날 일어났던 일들을 재빨리 돌이켜보면서 그 사건들을 하나씩 차례로 소리 내어 말하며 아무 의미가 없다는 말을 반복했다. 마침내 "이 테이프는 아무 의미가 없다"는 말을 내뱉는 순간, 내 머릿속에 전구가 환하게 켜졌다. 더할 수 없이 진실한 순간이었다. 그 테이프는 나에게는 물론 주최 측에게도 특별히 가치 있는 물건이 결코 아니었다. 테이프를 가지고 그들이 무슨 일을 하려고 계획했던 것일까? 나는 아직도 모르겠다. 테이프를 정보부에 넘기려고? 학생들에게 보여주려고? 프로젝트에 도움이 될 아이디어를 얻는 데 참고하려고? 내가 그 테이프를 이미 보여주었기에 그 안에는 공개되지 않았거나 획기적인 내용이 전혀 들어있지 않았다. 만약 그들이 복사해도 되는지 내게 물어보았다면, 나는 기꺼이 허락했을 터였다. 그러므로 그것이 뭐가 그리 대수였을까? 나는 그 테이프에 실제로 존재하지도 않는 의미를 부여했던 것이다.

그들은 마땅히 내게 물어봤어야 했지만 그렇게 하지 않았다. 그것이 무슨 대수라고! 어째서 나는 이런 일로 그날 밤을 망쳐버리려고 했을까? 일단 머리를 맑게 한 뒤 호텔로 돌아온 나는 그날 저녁 연회에서 즐거운 시간을 보냈다.

그 사건은 내가 외부 세계에서 일어나는 일을 통제하지 못하는 순간에도 그 경험을 어떻게 받아들이고 이해할 것인지 스스로 결정할 수 있다는 것을 분명히 알려주었다. 인생의 모든 것에 나 스스로가 의미를 부여하고 있다는 사실을 받아들이고 나면, 당신은 환경과 기회의 무력한 희생자가 아니라 인생의 주인이 된 것 같은 기분이 들 것이다.

수정된 원칙

—

유방암 때문에 유방 절제술을 받은 친구 앤은 '수정된 원칙Modified Radical'이라는 긴 시를 썼다. 그녀의 경험을 노래한 이 시는 〈뉴잉글랜드 의학 저널New England Journal of Medicine〉에 발표되었고, 훗날 그녀가 《수정된 원칙과 암에 관한 다른 시들Modified Radical and Other Cancer Poems》이라고 제목을 붙인 소책자에 실렸다. 미국암협회The American Cancer Society는 이 소책자를 환자 교육용으로 배포해 수많은 사람들에게 위안과 영감을 주었다. 앤은 그녀의 시가 정말로 큰 도움이 되었다고 이야기하는 독자들의 편지를 받았다. 특히 어느 외과의사가 보낸 한 통의 편지가 그녀에게 대단한 감동을 안겨주었다. 그는 유방 절제술을 수없이 많이 집도했고 그의 아내도 동일한 수술을 받았지만, 앤의 시를 읽고 난 뒤에야 비로소 그 경험의 심리적 측면을 깊이 이해하게 되었다고 했다. 그 순간 나도 처음으로 한 가지 사실을 알아차리게 되었다. 앤이 자신의 개인적인 역경을 자신과 주변 사람들에게 긍정적인 경험이 되게끔 만드는 법을 터득했다는 사실 말이다.

몇 년 뒤, 앤의 남편 줄리안이 59세의 나이로 알츠하이머병 판정을 받았다. 그녀는 처음 몇 년 동안 집에서 줄리안을 보살폈다. 하지만 그녀가 감당할 수 없을 정도로 상태가 악화되는 바람에 줄리안은 집에서 64km 남짓 떨어진 요양시설로 들어가게 되었다. 앤은 남편을 정기적으로 찾아갔고 나도 한 달에 한 번은 그녀와 동행했다.

우리는 요양원으로 가서 줄리안을 차에 태워 인근의 호숫가 공원으로 데려갔다. 그곳에서 손을 잡고 호숫가를 천천히 산책하며 '클레멘타인Oh My Darling, Clementine' 같은 오래된 포크송이나 줄리안의 스코틀랜드 혈통을 존중하는 뜻으로, '로몬드 호수의 아름다운 기슭The Bonnie Banks o'Loch Lomond'을 부르곤 했다. 그리고 여전히 단 것을 좋아하는 그를 위해 아이스크림이나 그 밖의 달달한 간식거리를 먹는 것으로 만남을 마무리했다. 우리의 만남은 언제나 따뜻함과 즐거움이 넘쳐나는 멋진 시간들이었고, 심지어 줄리안이 나를 알아보는지 확실하지 않은 날도 별반 다를 것이 없었다. 집으로 돌아올 때마다 나는 언제나 내가 살아있다는 것에 감사하며 다음 방문을 고대했다.

앤은 남편 줄리안과 함께 어떻게 삶을 계속 찬미하며 살아왔는지를 연대순으로 기록해《알츠하이머, 사랑의 이야기Alzheimer's, a Love Story》와《호기심 많은 과부A Curious Kind of Widow》를 출간했다. 이 두 권의 책에는 처음에 공포와 분노, 불안을 격렬하게 느낀 뒤로 어떻게 그녀가 사랑하는 마음으로 남편과 함께 그 길을 함께 걸어가겠다고 결심하게 되었는지가 묘사되어 있다. 그녀의 책들은 알츠하이머 협회Alzheimer's Association에서 수많은 가족들에게 희망을 전해주고 길잡이를 제시하는 용도로 활용되었을 뿐만 아니라, 환자를 돌보는 사람들과 전문 의료진들을 대상으로 한 워크숍과 콘퍼런스의 강의 주제가 되기도 했다.

줄리안이 병상에 있는 동안 알츠하이머병 후기 단계라는 진단을 받은 친구가 한 명 더 있었다. 그에게도 사랑과 관심으로 보살펴주는 가족들이 있었지만, 공포와 비극, 상실이라는 감정이 이들을 좀먹어가면서 그는 아이처럼 일일이 간섭을 받으며 엄격하게 통제되었다.

나는 그 친구를 만나러 갈 때마다 마음이 무척 불편했고 그 자리를 벗어나고 싶었다. 그곳에는 어떤 즐거움도 없었다. 줄리안의 상황과는 완전히 대조적이었다. 흥미롭게도, 알츠하이머병에 걸리기 전만 해도 줄리안과 이 친구는 거의 모든 면에서 비슷했고 두 사람의 질병이 진행되는 경과도 본질적으로 동일했다. 두 사람이 서로 다른 상황에 처하게 된 원인은 앤의 태도인 것이 분명했다. 아직도 이 일화는 내게 한 가지 사실을 또렷이 상기시켜준다. 즉, 우리가 인생의 모든 것에 의미를 두고 있다는 것을 이해하고 나면, 자신에게 벌어지는 상황을 통제할 수 있을 뿐 아니라, 심지어 역경마저도 우리 자신과 사랑하는 사람들에게 주는 선물로 변화시킬 수 있다는 것이다.

성취의 의미

—

혹여 잘난 체하는 것처럼 들릴까 봐 말하기 조심스럽지만, 나는 상을 많이 받았다. 서랍들은 각종 상으로 가득 차 있다. 상을 받는다는 것은 좋은 일이고 때로는 공식 만찬이 즐겁기도 하다. 하지만 다음날 아침에 일어나 유리 문진Paperweight이나 종이 상장을 들여다보고 있노라면, 상이란 정말 아무 의미가 없다는 생각이 든다.

물론 상에는 사람들이 일반적으로 말하는 '성취'의 특성이 상당수 포함되어 있다. 우등생 명단에 들기, 대학 졸업하기, 보수가 많은 직장 구하기, 보수가 더 많은 직장 구하기, 그 달의 영업사원으로 선정되기, 언론과 인터뷰하기, 상 받기 등은 대다수의 사람들이 성취에 대해 생각할 때 떠올리는 요소들이다. 하지만 내가 보기에는 하나같이 정곡을 비켜가고 있다.

각 항목들이 수상 당일의 기쁨에 그치지 않고 오랫동안 어떤 의미를 갖는 '진정한 성취'가 될 수도 있지만, 그저 자신이 중요한 사람임을 입증하기 위해 사용하는 '과시용 배지'로 전락할 수도 있다. 상 그 자체가 당신을 행복하게 만들어주는가?

나는 불행하게 살아가는 억만장자들을 알고 있다. 그들은 옆구리 지방 흡입술을 받고, 경호원들을 고용하는 데 많은 돈을 지출한다. 자신을 해치려는 사람이 있다는 피해망상에 시달리기 때문이다(어쩌면 이런 생각을 하는 것이 당연할지도 모르겠다). 그리고 그들은 언제나 지금까지보다 더욱 분발하여 계속해서 엄청난 돈을 벌어들이는 데에 관심을 쏟는다. 도대체 무엇 때문에 그러는 걸까? 이와 반대로, 나는 살림살이가 빠듯한데도 행복하고 만족스러운 삶을 살아가는 예술가들도 알고 있다. 둘 다 행복이나 깨달음에 이르는 확실한 길은 아니다. 부유한 동시에 행복해지는 것은 분명히 가능하지만, 부유하다고 해서 반드시 행복해지는 것은 아니다.

따라서 성취를 위한 성취는 무척 공허하다. 경주마가 머리 앞에 매단 당근을 먹기 위해 경주로를 질주하는 것처럼 끝없는 추격이 이어질 뿐이다. 내가 생각하는 진정한 성취는 외국으로 여행을 떠나서 언어를 조금씩 배워 혼자서 어디든 돌아다니는 것이다. 진정한 성취는 자급자족하는 법을 배워가는 것이기도 하다. 그리고 진정한 성취는 평생의 친구를 사귀는 것이다.

평소의 생각도 그렇지만 이 책에서도 나는 성취란 인생을 제대로 사는 것이라고 정의한다. 다시 말해, 성취란 삶이라는 과제를 우리 자신과 우리가 관계를 맺는 사람들 안에 내재된 생명력을 길러주는 만족스러운 방식으로 완수하는 것이다. 그렇게 하다 보면 자연스럽게 인생과 인간관계의 어려운 측면들을 감당할 수 있는 자제력이 생겨난다. 그리고 자신의 인생에서 하고 싶은 일을 발견해 거기에 몰두하면서 긍정적인 피드백을 받게 될 것이다. 만약 우리가 이를 제대로 해내는 중이라면, 비록 상당한 노력을 기울여야 할 때도 더러 있겠지만 인생이 결코 심신을 쇠약하게 만드는 고난일 리가 없다.

익숙한 낯섦

—

인생에서 마주하는 사건과 관계 들에 대해 새로운 태도를 취하고 싶다면, 이들을 새로운 관점에서 바라보는 방법을 배워야 한다. 창의력 세미나에서는 종종 참가자들에게 여러 가지 용구와 도구가 잔뜩 든 가방을 주고 해결할 문젯거리를 던져준다. 이때 주어지는 용구와 도구는 대체로 일상에서 흔히 보는 물건들이다. 그 명목상의 용도는 누구에게나 분명하다. 그러므로 어떤 식으로든 참가자가 문제를 해결하고 싶은 방식으로 그 용구들을 활용하면 된다. 하지만 그 물건들과 문제의 연관성이 분명히 드러나는 경우는 거의 없다. 가령, 치리오스Cheerios 시리얼 한 상자, 망치, 테이프, 탈지면, 솔빗, 구슬 한 묶음을 이용해서 통신장치 제작법을 알아내야 할지도 모른다.

대부분의 사람들은 소위 '기능적 고착Functional fixedness'이라고도 불리는 인지 편향Cognitive bias을 갖고 있어서 사물을 오로지 일상적인 맥락에서만 파악한다. 각종 용구와 도구를 일상적인 방식으로만 사용하면 실행 가능한 해결책은커녕 평범한 해결책도 떠올리지 못하는 경우가 대부분이다. 정말로 흥미로운 해결책은 기능적 고착을 극복하고 일상적인 물건을 새로운 방식으로 사용해야 얻어진다. 그 가능성을 확인하게 되면, '세상 어느 것도 내 생각 그대로인 것은 없다'라는 사실을 받아들이는 데 유용할 것이다. 한마디로, 당신은 익숙한 것을 낯설게 만들 필요가 있다.

예를 들어, 치리오스는 더 이상 아침 식사용 시리얼이 아니다. 치리오스 상자는 마분지와 파라핀지로 분해할 수 있다. 여기서 파생된 종잇조각들은 바이오 연료의 공급원이며, 이를 가공하면 폐기물 혼합체가 되기도 한다. 이와 마찬가지로, 망치는 역기가 되고, 금속과 나무의 공급원이기도 하며, 곡괭이나 시소, 진자처럼 작용하기도 한다. 테이프는 다른 물건들을 한데 묶는 용도로 활용되기도 하고, 그 자체를 구조적 요소로 변형시켜 무엇이든 원하는 형태로 만들 수도 있다. 주어진 임무를 완수하기 위해 이 물건들을 창의적으로 활용하는 방법은 무수히 많다.

이와 동일한 역학을 우리 자신에게도 적용할 수 있다. 사물이 일반적인 용도에서 색다른 무언가로 변형될 수 있듯이, 우리의 행동과 인간관계도 마찬가지다. 처음에는 선입견을 깨는 것이 어렵겠지만, 일단 깨고 나면 새로운 세상이 열린다는 것을 알게 된다. 세상에 존재하는 사물이나 상황에 더 이상 기존 방식으로 꼬리표를 붙이지 마라. 마이크는 수업시간에 진행한 프로젝트에선 실패했지만 실패자가 아니다. 당신은 실업자일지언정 패배자가 아니다. 익숙한 것을 낯선 것으로 만들어라. 그러면 지루하고 비실용적이며 평범한 결과가 아니라, 놀랍고도 즐거운 결과를 얻을 수 있을 것이다.

고정관념을 변화시키는 것이 얼마나 위력적인지 아는가? 창의력 집중 워크숍을 운영하느라 긴 하루를 보낸 어느 날, 나는 이를 처음으로 체험했다. 나는 잠시 쉬는 중이었고 머리가 완전히 먹통이 되어버린 상태였다. 커다란 분수대 앞에 앉아 홀로 휴식을 취하고 있는데, 갑자기 피로감으로 부예진 눈앞에서 분수의 물줄기가 무수한 물방울로 변하더니 다른 입자 위에서 부서져 내리는 게 보였다. 놀라운 경험이었다. 나는 그저 너무 피곤한 나머지 분수라는 이름표에 초점을 맞추지 않았던 것 같다. 단지 그곳에 앉아서 분수의 구성 요소들을 경험했을 뿐이었다.

이 세상과 당신이 맡은 일, 그리고 당신의 인생에 더 이상 정해진 이름표를 붙이지 않는다면, 놀라운 삶의 행보가 곧 당신의 차지가 될 것이다. 내가 특별히 아끼는 학생들 중에는 끝까지 졸업장을 따지 못한 이도 더러 있다. 그들은 영리하고 능력도 뛰어났지만 규칙에 따라 행동하기보다는 남들과 다른 경로를 선택했다. 처음에는 그 부모들도 아마 별로 기뻐하지 않았을 것이다. 그리 놀랄 일도 아니지만, 대학을 중퇴한 학생들을 이따금 만나 보면 대체로 그들은 훌륭한 선택을 내렸을 뿐만 아니라, 종종 세상을 더 좋은 곳으로 만든 경우도 있었다.

정해진 이름표는 완전히 제거할 수 있다. 그리고 새로운 이름표를 붙여 큰 성과를 올릴 수도 있다. 최근의 연구들이 이름표 다시 붙이기가 행동을 변화시킨다는 생각을 더욱 보강해준다. 예를 들어, 실험자들이 발견한 통계상의 증거에 따르면, 단순히 투표를 하라고 독려할 때보다 유권자로서 한 표를 행사하라고 요청할 경우 투표율이 더 높아진다.[1] 이와 비슷하게, 단순히 바람을 피우지 말라고 말할 때보다 사람들에게 바람둥이가 되지 말라고 말하게 되면 부정을 저지르는 비율이 줄어든다. 이를 근거로 추론해 보면, 사람들은 자신의 행동보다는 자아상을 보강하는 데 보다 많은 관심을 보이는 것 같다. 따라서 행동을 바꾸기 위해서는 먼저 자아상을 변화시켜야 한다.

우리는 누구나 마음속으로 자신이 누구이며 어떤 존재인지에 대해 특정한 생각을 가지고 있다. 정확한 자아상을 가지고 있을 수도 있지만 사실과 전혀 다른 자아상을 가지고 있을지도 모르겠다. 어느쪽이든, 자아상은 우리가 주변 세계에 반응하는 방식에 엄청난 영향을 미친다.《성공의 새로운 심리학Mindset: The New Psychology of Success》에서 캐럴 드웩Carol Dweck은 이렇게 설명한다. "20년 동안 내가 연구를 통해 입증한 바에 따르면, 자기 스스로 선택한 관점이 자신의 생활방식에 깊은 영향을 미친다. 이 관점에 따라 자기가 원하는 사람이 될 것인지, 또 소중하게 여기는 것들을 성취할 것인지가 결정되기도 한다."[2]

때때로 우리는 인생을 바꿀 정도의 대단히 강렬한 경험을 한다. 하지만 대부분의 변화는 조금씩 일어나게 마련이다. 어떤 예기치 않은 긍정적 혹은 부정적 경험이 당신의 자아상을 조금 변화시킨다. 변화가 반복되어 증가하면서 이미지 전체가 달라진다. 이 변화가 제대로 실행된다면, 자신의 역량에 대한 지각이 증가하고 성취의식이 고취된다. 이를 가리켜 심리학자들은 '자기 효능감Self-efficacy'이 높아진다고 설명한다.

이런 변화는 더그에게도 일어났다. 당시 그는 후발성 당뇨병을 조절하겠다고 마음먹고, 스탠퍼드 대학교 캠퍼스에 위치한 자택에서 산골지역인 스카이 론다Sky Londa까지 일주일에 세 번씩 자전거를 타겠다고 결심한 차였다. 왕복 거리가 32km 남짓인 데다 고도의 변화가 약 157m가량 일어나는 길이었다. 처음에는 모든 것이 순조로웠다. 그러다 어느 순간부터 도로가 쓰레기로 넘쳐나고 있음을 알아차렸다. 처음에는 막연히 그저 누군가가 쓰레기를 치워야 한다고 생각했다. 하지만 이내 그 누군가가 자신이 될 수도 있다는 생각이 분명해졌다. 그래서 더그는 비닐봉투를 들고 다니다가 주기적으로 자전거 운행을 멈추고 음료수 캔을 비롯한 여타의 쓰레기들을 줍기 시작했다. 이러한 행동은 그의 새로운 모습으로 서서히 자리 잡았다. 마침내 그는 자전거 위에 엄청난 양의 쓰레기를 실어 나르면서, 혼자 힘으로 도로의 상당 부분을 쓰레기 없는 청정지역으로 만들었다.

더그의 활동이 조금씩 알려지면서 그 지역 주민들 사이에서 긍정적 강화 효과가 점차 나타나기 시작했다. 그에게 말을 걸어오는 운전자들도 점점 많아졌다. 그중 일부는 그의 노고에 보답하는 차원에서 더그에게 소정의 돈을 주기도 했다. 그는 마을 파티에 귀빈으로 초대받았고, 그 사례가 지역 신문에 게재되었으며, 그의 도로 청소 이야기는 영화로 제작되었다.[3] 마침내 더그는 산 마테오 카운티로부터 환경 상을 수상하면서 지역 명사가 되었다. 더그의 자아상은, 누군가가 쓰레기를 치워야 한다고만 생각했던 원래 그의 모습에서 엄청나게 변화했다. 지금의 그는 '환경을 생각하는 더그' 혹은 내가 지어준 애정 어린 호칭처럼 '푸벨 교수(푸벨poubelle은 불어로, '쓰레기통'이라는 뜻이다)'이다.

자기 효능감이라는 개념은 각종 혐오증과 여타 억압적인 심리 상태를 다루기 위해 활용됐고, 대부분의 심리 요법에도 당연히 이용되어 왔다.[4] 이와 비슷한 개념들은 교육을 비롯해 성공적인 삶으로 가는 경로 창출에도 두루 활용됐다. 이상적인 세상에서는 자아상이 우리가 하는 행동과 하지 않는 행동에 대한 상당한 근거를 제공할 것이다. 그러나 현실에서는 상황이 훨씬 복잡하다.

누가 당신의 뇌를 통제하는가?
—

일반적으로 우리는 자신의 행동을 스스로 책임지고 있다고 생각하기를 좋아한다. 사회는 이러한 우리의 믿음과 이해관계에 있다. 그렇지 않으면 반사회적으로 행동하는 사람들에 대한 억압이나 처벌을 정당화할 방법이 없기 때문이다. 그럼에도 불구하고 우리는 자신이 하는 행동 중 일부가 의식적으로 통제되지 않는다는 사실을 알고 있다. 이는 '반사 행동Reflexive behaviors' 혹은 '자율 행동Autonomous behaviors'으로 알려져 있다.

자율 행동은 인간이 아닌 다른 종에서도 쉽게 발견된다. 이 가운데 일부는 상당히 복잡하며, 동물들의 DNA에 각인되어 있다. 예를 들어, 남아프리카의 산까치는 특별한 재료를 이용해 복잡하게 둥지를 짓는 습성이 있다. 실험자들은 한 쌍의 산까치가 둥지 제작에 필요한 재료에 접근하지 못하도록 하고 다섯 세대에 걸쳐 다른 산까치들과 어울리지 못하게 막았다.[5] 결국 이 새들은 둥지를 지을 수 없었고 심지어 전통적인 둥지를 볼 수 있는 기회도 갖지 못했다. 그런데 자신의 종과 여전히 동떨어져 지내온 여섯 번째 세대는 전통적인 둥지의 건축 자재를 구할 수 있게 되자, 완벽하게 둥지를 지었다. 극단적인 사례일지도 모르지만, 이는 심지어 복잡한 행동들 가운데도 반사적으로 발생하고 의식적인 통제를 받지 않는 것들이 있다는 주장을 예증한다.

직장에서도 이러한 현상을 목격할 수 있다. 신체적 위험과 정서적 위협이 투쟁-도피 반응Fight-or-flight response을 유발할 때다. 위협 신호들이 그 문제에 관해 추론할 수 있는 뇌 영역에 도달할 무렵, 우리의 정서와 반사 행동을 담당하는 뇌 영역은 이미 신체활동 준비를 끝낸 뒤이며 우리는 행동을 취하게 된다.

이 재빠른 직관적 반응이 생명을 구할 수도 있지만, 심리적으로 복잡한 세상에서 감지된 정서적 위협에 대한 반응으로는 적절하지 않을 수도 있다. 우리가 첫 번째 반응을 따른다고 해서 모든 문제가 만족스럽게 해결되는 것은 아니다. 당신의 차가 약 시속 145km로 달리고 있을 때 어떤 얼간이가 갑자기 끼어들기를 시도했을 때도 마찬가지다.

누군가가 고속도로 위에서 난폭하게 행동한다면 어떤 일이 벌어질까? 대부분의 사람들은 아주 잘못된 반응을 보인다. 투쟁하기로 결심하는 것이다. 고함을 지르거나 욕을 퍼붓고, 경적을 울려대거나 심지어 그 차를 뒤쫓아가서 잘못을 저지른 운전자에게 따지려고 한다. 이와는 달리, 생존을 위한 최고의 선택은 도피다. 이 문제에 관해 나는 다양한 배경에서 자란 사람들과 논의해보았지만, 언제나 동일한 반응이 돌아왔다. 누구나 동의하듯이, 어떤 사람이 난폭하게 혹은 위험하게 운전을 할 때 가장 현명한 대응책은 그 차로부터 가능한 한 멀리 떨어지는 것이다. 그러나 대부분의 사람들은 그 정반대의 행동을 한다고 시인한다. 상대 차를 뒤쫓아간다는 것이다. 이런 행동이 어디에서 비롯된 걸까? 이 상황에는 두 가지 선택권이 존재한다. 첫 번째는 우리의 뇌가 유발하는 최초의 반사 반응으로, 의식적인 통제의 범위를 벗어난다. 두 번째는 논리적 추론을 거친 뒤 보이는 반응으로 통제가 가능하다.

첫 번째 반응은 종종 '대뇌 변연계 탈취 반응Limbic-abduction reaction' 혹은 '편도체 강탈Amygdala hijacking'이라고 불린다. 이 반응이 뇌의 변연계 안에 자리한 편도체라는 작은 기관에 의해 유발되기 때문이다. 편도체의 주된 기능은 공포 자극을 받으면 부신에 즉시 신호를 보내는 것이다. 편도체는 대뇌 피질과 뇌의 다른 추론 영역들과는 좀 더 느린 이차적 관계를 맺는다.

여기서는 추론을 거친 이차적 반응이 자발적 반응이 아니라는 것을 깨닫는 것이 중요하다. 우리는 대부분 친구나 가족 들의 행동을 보고 그저 이를 따라할 뿐이고, 이로 인해 역기능적 행동을 정상적이거나 훌륭하다고 생각하게끔 세뇌당하기도 한다. 그러나 조금만 노력을 기울이면 이 이차적인 반응을 쉽게 변화시킬 수 있다. 당신이 해야 할 일은 이차 반응을 변화시키겠다고 결심하고 이를 위해 노력하는 것뿐이다. 만약 최초의 반사 반응을 기꺼이 무시한다면 당신은 대뇌 피질의 흥분을 가라앉히고 통제권을 가지며 몸 전체를 진정시킬 수 있을 것이다.

일반적으로 인정하다시피, 어떤 사람들은 다른 사람들에 비해 감정을 억제하기 위해 더 많은 노력을 기울여야 한다. 당신이 천성적으로 성급한지, 아니면 교육에 의해 그렇게 되었는지, 혹은 두 가지 모두에 해당되는지는 중요하지 않다. 이차적인 반응을 통제하는 것은 학습할 수 있다. 그리고 이를 실행하는 것은 대단히 중요하므로 결국 다른 사람들에게 벌컥 화를 내는 행동을 고치게 된다. 정치가, 배우, 가수, CEO, 심지어 출판업자 들처럼 힘 있는 사람들 중에는 대뇌 변연계의 충동을 통제하지 못해서 경력을 망쳐버린 사람들이 더러 있다. 이처럼 순간적으로 끓어오르는 화를 참지 못하면 모든 것을 잃어버릴 수도 있다.

하버드 대학교 신경학과의 루디 탄지Rudy Tanzi 교수는 대뇌 변연계 탈취 반응이 일어날 수밖에 없는 상황을 통제하는 방법으로, 다음 4단계 과정을 추천한다.

- 최초의 반응이 명령한 것을 실행하지 마라.
- 심호흡을 하라.
- 자신의 현재 감정을 알아차려라.
- 행복하고 평화로운 감정을 선사한 과거의 사건을 상기하라.[6]

디자인 싱킹의 측면에서 보자면, 당신은 투쟁 반응을 극복하고 이를 해결해야 할 문제라고 파악한 다음 당신을 더 나은 곳으로 인도할 아이디어를 창출하면 된다. 이 단계들을 통해 당신은 행복한 감정에 도달하게 되고 이 상태에서 행동에 대한 통제력을 되찾게 된다.

대부분의 경우, 상황을 통제하기 위해서는 처음 세 가지 조치만 취하면 된다. 그러려면 연습이 필요하다(디자인 싱킹의 측면에서 설명하자면, 시제품을 만들어야 한다). 부정적인 행동을 하게 될 때마다 꾸준히 노력한다면, 결국에는 통제권을 얻고 부정적 반응을 멈추는 것이 점차 쉬워질 것이다. 어떤 상황에서든 심호흡을 하는 것은 결코 해롭지 않다.

뇌를 사용하라

—

그렇다면 비교적 시급하지 않은 다른 상황은 어떨까? 이 방법들이 우리가 보다 일반적으로 스트레스를 느끼는 상황에서 한층 긍정적인 반응을 보이는 데 도움이 될까? 대답은 '그렇다'이다. 만약 시간을 충분히 들여서 자신의 현재 심리 상태를 인식하고 의도적으로 이를 바꾼다면, 당신의 뇌가 보다 균형 잡힌 활동을 하도록 만들 수 있다. 결국, 이 스트레스 해소 작용은 자동적으로 일어나게 된다.

다양한 유형의 역기능적 행동은 우리 뇌의 다양한 영역을 균형 있게 사용하지 못할 때 일어난다. 가령, 병적인 음식 섭취는 동물적인 충동이 발현되는 원시적 부위로 '파충류의 뇌'라고도 불리는 뇌간과 관련이 있다. 자기도취적 행동이나 지나치게 과장된 행동은 뇌의 정서적 영역(대뇌 변연계)에 갇혀 있어서 발생한다. 또 지나치게 지적인 분석을 시도하는 소위 '과잉지식화Overintellectualization' 증상은 더 고도의 지적인 기능(신피질)과 관련된 영역에 갇혀 있기 때문에 일어난다.

우리가 자기 인식을 실천하게 되면, 더 이상 뇌의 한 가지 영역에 갇히지 않게 된다. 자기 인식을 통해 뇌를 훈련시킴으로써 더욱 뛰어난 감각 인식, 신체 인식, 사회 인식을 갖출 수 있다. 이는 일반적으로 마음먹기에 달린 문제이고, 인지행동치료의 주된 원리이기도 하며, 우리가 사고방식을 변화시킬 수 있다면 행동도 변화시킬 수 있다고 믿는 심리학의 한 학파의 주장과도 일맥상통한다. 비록 모든 사람에게 항상 효과가 있는 것은 아니지만, 그래도 나는 이 방법을 권장한다. 당신이 현재 심리 상태에 이르게 된 원인이 무엇이든, 그에 관한 사고방식을 바꾸는 것이 문제해결에 도움이 된다.

실전 연습 2

나는 누구인가? 나는 무엇을 원하는가? 내 목적은 무엇인가?

이러한 질문들을 스스로 반복해서 떠올려보고 무엇이든 마음속에 떠오르는 대로 반응하라. 질문에 대한 자신의 답변을 일기장이나 공책에 적어도 좋고 그냥 혼자 소리 내 말해도 좋다. 생각을 너무 많이 하지 마라. 그저 질문에 대답하라. 같은 말을 되풀이해도 좋고 이치에 딱 들어맞는 대답이 아니어도 상관없다. 각 질문을 적어도 5~10분 동안 반복해야 한다. 만약 이 훈련을 같이할 파트너를 구할 수 있다면, 번갈아가며 한 사람은 동일한 질문을 반복해서 하고 나머지 사람은 이에 대답하면 된다. 물론, 두 사람이 훈련할 때는 질문을 이렇게 수정할 필요가 있다.

너는 누구인가? 너는 무엇을 원하는가? 너의 목적은 무엇인가?

나라면 이렇게 대답할 것 같다. 첫 번째 질문에는 "나는 아버지다" 혹은 "나는 남편이다"라고 대답하겠다. 두 번째 질문에는 "나는 책을 완성하고 싶다" 혹은 "나는 시간이 더 필요하다"라고 대답하겠다. 세 번째 질문에는 "나의 목적은 가르치는 것이다" 혹은 "나의 목적은 살아가는 것이다"라고 대답하겠다. 내가 보기에 이 대답들은 하나같이 피상적이다. 통찰력이 있는 대답을 떠올리는 데는 대체로 시간이 꽤 오래 걸린다. 그래도 그런 대답을 하라! 자신이 떠올린 생각들이 무엇인지, 그것이 성취 습관에 어떤 도움이 되는지를 알게 되면 새삼 놀라게 될 것이다.

이 훈련의 효과는 당신이 인생의 의미에 대해 시간을 투자해 깊이 생각하도록 만드는 것이다. 구체적인 대답을 제시하는 것보다 더 중요한 것은 당신이 이 질문들에 마음을 여는 것이다. 이 훈련은 일반적으로 긴장을 완화시키고, 내면의 에너지를 만들어내며, 고조된 생동감에 자양분을 제공한다.

다른 유형의 명상을 통해서도 이와 비슷한 혜택을 얻을 수 있다. 어느 방법이 자신에게 가장 효과적인지는 실험을 통해 알아보라. 나는 정식으로 명상을 하진 않는다. 대신 명상이 수반되는 행동을 한다. 예를 들면, 산책을 한다. 때로는 자전거를 탄다. 조용히 마음을 가다듬어야 할 때는 자연 속에서 혼자 시간을 보내기도 한다. 일부 사람들에게 효과가 있는 방법을 하나 더 말하자면, 집중력이 거의 필요하지 않은 반복적인 활동을 하는 것이다. 뜨개질, 크로셰 뜨개질, 정원 가꾸기, 낙서하기는 모두 명상이 수반될 수 있는 행동이다. 아니면, 이보다 더 간결한 방법도 있다. 만약 산만한 기분이 들거든 그저 시간을 잠시만 내서 움직이지 말고 호흡에 집중하라. 숨을 들이마시고 내쉬고, 숨을 들이마시고 내쉬는 호흡 하나하나에 의식을 집중하는 것이다. 숨을 내쉬는 시간이 숨을 들이마시는 시간의 두 배가 되게끔 노력하라. 책이나 벽에 걸린 그림처럼 주변의 고정된 사물에 주의를 기울여라. 분석하지 말고 그저 가만히 있어라. 그렇게 하다 보면, 결국 집중력이 강화되고, 불안감이 줄어들며, 전반적으로 행복감이 커지는 혜택을 입게 될 것이다.

옳고 그름

—

인생을 살다 보면 종종 시시비비를 가려야 하는 일종의 게임을 하게 될 때가 생긴다. 이 게임의 규칙은 상당히 단순하다. 내가 옳으면 이기는 것이고 상대는 그른 것이다.

언젠가 나는 친구 더그의 집에 방문하기 위해 집을 막 나서려는 순간, 바보 같은 문제로 아내 루스와 심하게 다퉜다. 걸어가면서 나는 내가 얼마나 옳고 아내가 얼마나 그른지 생각하는 데 온 정신을 쏟았다. 아내는 단순히 그른 정도가 아니었다. 그 문제에 대해 철저히 고집을 피우며 어리석게 굴었다. 나는 두 구역을 지나는 동안 이 생각에 사로잡혀 있었다. 그러고 나서 고개를 들었다.

아름답고 청명한 겨울날, 앙상한 나무들이 근사한 자태를 드러내고 있었다. 나는 그 위엄에 압도되었다. 경탄과 기쁨이 물밀 듯 밀려들었다. 하지만 조금 전의 말다툼으로 생겨난 감정에서 완전히 헤어 나오지 못한 상태라 이내 고개를 가로젓고는, 다시 나만 옳다는 생각에 빠져들었다. 서서히 짜증이 치솟기 시작했다. 고개를 숙인 채 계속 걸어가며 아내가 얼마나 어리석은지 생각했다. 그런 다음 다시 고개를 들고 마음을 열어 그 경이로운 광경을 보았다. 그러고는 다시 마음을 닫았다. 아무래도 나는 그런 감정들을 놓아버릴 수가 없었던 모양이다.

마침내 깨달음이 찾아왔다. 나는 혼자서 시시비비를 가리는 게임을 계속함으로써 철저히 고집을 피우며 어리석게 굴고 있었던 것이다. 세상이 나에게 마법 같은 순간을 선사하는데도 나는 그것을 기어코 거부하고 있었다. 이를 깨닫게 되자, 나의 어리석음을 비웃으며 그 순간을 즐길 수 있게 되었다. 더그의 집에 도착했을 무렵 나는 행복감에 도취된 상태였다. 이는 20년 전에 일어난 일이다. 무엇 때문에 말다툼을 벌였는지는 전혀 기억나지 않지만, 해마다 겨울이 되어 앙상한 나무들을 올려다볼 때마다 그때 경험한 그 경이로운 감정이 엄습하곤 했다.

이 모든 건 도박장에서 도박을 하는 것과 마찬가지다. 당신이 패를 내놓는 순간부터 도박장은 총수입에서 정해진 비율을 떼어간다. 이런 식으로 그들은 돈을 벌어들인다. 분명한 사실은 특정한 패에서 이기든 지든 관계없이 그날 밤이 끝날 무렵이면, 도박꾼들의 총 자산이 줄어든다는 것이다. 이것이 게임을 한 대가다. 만약 그날 내가 시시비비를 가리는 게임을 계속했다면 나는 최고의 경험을 놓쳐버렸을 것이고 도박장은 평소 수수료보다 더 많은 돈을 내게서 가져갔을 것이다.

나는 시시비비를 가리는 게임에 도전하고 있는 내 모습을 자각하는 순간 그 게임을 멈춘다. 언젠가 당신이 시시비비를 가리는 게임을 하고 있다는 생각이 들거든 다음을 기억하라. 인생의 모든 것에 의미를 부여하는 당신은 그 게임을 끝내겠다고 선택할 수 있다. 당신이 얼마나 옳은지, 혹은 상대가 얼마나 틀렸는지는 중요하지 않다. 단지 그 게임을 함으로써 당신은 패배하는 것이다.

이와 마찬가지로, 당신은 경험에 반응하는 방식을 수정할 수 있다. 작은 요령 중 하나는, 자신의 반응을 과장함으로써 그 경험을 더욱 좋게 만드는 것이다. 예를 들어, 지금 따분한 회의에 참석하고 있다면 이번이야말로 여태껏 참석했던 회의 가운데 가장 따분하다고 자신에게 이야기하라. 회의가 어찌나 따분한지 정말 놀라울 지경이다. 만약 당신이 우울하다면, 우울하다는 그 생각으로 인해 우울해지지는 않는다. 그것에 열광하라. 당신이 이 놀라울 정도의 우울함을 느끼고 있다는 사실에 경탄하라.

이는 그 상황에 빠져 허우적대는 것과는 정반대다. 마음을 열어 자신이 처한 가공할 만한 상황을 즐기는 것이다. 당신도 알다시피, 어떤 개들은 너무 못생겨서 오히려 귀엽지 않은가? 그와 비슷한 경우라고 생각하면 된다. 어느 코미디언이 이 회의가 얼마나 끔찍한지 묘사하기 위해 어떤 은유를 사용할 것 같은지 상상해보라. 자신의 문제를 주제로 희극적인 '컨트리 송'을 작곡하라. 혹은 우울함에 관한 자기만의 재미있는 농담을 만들어라.

어떤 대상을 대하는 태도를 변화시킬 힘이 자신에게 있다는 걸 깨닫게 되면 놀라울 정도의 힘이 생긴다. 혹시, 설거지를 싫어하는가? 가만히 생각해보면 설거지에는 좋은 점이 상당히 많다. 우선, 손을 따뜻한 물에 담그면 마음이 누그러진다. 헹구기와 비누질하기는 즐거운 놀이가 될 수도 있다. 그리고 잔뜩 어질러진 부엌을 치우고 한결 깨끗해진 모습을 보며 감탄하는 것은 언제나 만족스럽다. 설거지를 대하는 태도를 바꾸어보려고 노력하라. 그러면 설거지에서 즐거움을 발견할지도 모른다.

자신의 습관을 바꾸고 어떤 사물이나 상황에 대해 새로운 태도를 취할 수 있다는 사실을 알게 되었다면, 당신은 직장과 개인생활 모두에서 두루 활용할 수 있는 새로운 도구를 얻게 된 셈이다. 일반적으로 우울증에 대한 태도를 바꾸는 것보다는 설거지에 대한 태도를 바꾸는 편이 더 쉬울 것이다. 그러나 작은 문제부터 시작한다면 당신은 인생에서 더 힘든 문제와 씨름하게 될 때도 더 쉽다고 생각하게 될 것이다.

02장

이유는
헛소리다

THE
ACHIEVEMENT
HABIT

REAS●NS
ARE
bullshit

진실이 사실 그 자체임은 명확하다.
하지만 진실에 어떤 이유가 있는지는
그리 명확하지 않다.

— 워너 어하드Werner Erhard, 자기계발을 위한 세미나 훈련 전문가

'이유'의 문제는, 그것이 단지 아름답게 꾸며진 변명에 지나지 않는다는 점이다.

나는 집에서 1시간 거리에 있는 버클리의 워킹 머신즈Working Machines 사의 이사회에 참석할 때마다 늘 지각을 하곤 했다. 단 한 번의 예외도 없이 나는 난폭하고 위험한 운전을 하며 1시간가량 광란의 시간을 보낸 뒤 회의실에 들어서며 사과를 하고는, 고속도로가 유별나게 혼잡했다는 설명을 늘어놓았다. 이사회 회장은 내가 안전하게 도착했다는 사실이 중요한 것이라며 언제나 우아한 말투로 나를 안심시켰다. 어쨌거나 나는 회의를 지연시켰고 제시간에 도착한 다

른 이사들은 분명히 기분이 썩 좋지 않았을 것이다. 나도 마음속으로는 진짜 문제가 고속도로 정체가 아니었음을 알고 있었다.

물론, 880번 고속도로는 내 예상보다 훨씬 혼잡할 때가 많았고 팔로알토에서 나와 버클리로 들어가는 구간의 차량 흐름은 고통스러울 정도로 느렸다. 그러나 한낮의 교통 정체가 그렇게 드문 현상인가? 그저 내가 시간을 넉넉하게 잡고 출발하지 않은 게 문제다. 더 일찍 출발하려는 시도를 하기는 했다. 하지만 언제나 출발하기 직전에 어떻게든 짬을 내서 이메일을 보내거나 통화를 했다. 그러고는 사무실을 나선 뒤 승강기에서 만난 동료와 토론을 하기도 했다.

이 모든 이야기는 한마디로 이렇게 요약된다. 나는 이사회를 내 인생에서 최우선 순위로 삼지 않았던 것이다. 그렇게 단순한 문제였다. 교통 사정과는 아무 관계도 없다. 비즈니스에 부정적인 영향을 미치지는 않았지만 나의 자부심에는 좋지 않은 결과를 낳았다. 항상 지각한다는 사실에 죄책감을 느꼈기 때문이다. 회의실에 들어설 때마다 온갖 부정적인 이유로 모든 사람의 시선을 한몸에 받는 기분은 그리 좋지 않았다. 나는 잠시 생각하면서 그 방 안의 다른 사람들도 나와 마찬가지로 교통 체증을 겪고 예기치 않은 일들이 있었음에도 이사회에 제시간에 참석하려고 노력한 덕분에 어떻게든 나보다 먼저 도착했다는 사실을 깨달았다.

이 깨달음을 얻은 후로 나는 이사회를 그 가치에 걸맞게 우선으로 생각하겠다고 결심했다. 그때부터 나는 이사회에 응당 기울여야 할 관심을 보였고, 제시간에 도착할 수 있을 만큼 일찍 출발했다. 더 이상 출발하기 직전에 이메일을 쓰거나 전화통화를 하지 않았고, 시간에 딱 맞추기 위해 용쓰는 일도 없었다. 출발 시간이 임박해질 때까지 기다리지 않았고, 이사회야말로 다른 모든 일을 멈출 만한 가치가 있다고 결정하고는 가야 할 시간보다 10분 일찍 차에 올라탔다.

운이 좋을 땐 교통 흐름이 상당히 원활해서 회의장에 도착하기 전에 버클리의 경치를 다소 즐길 여유도 생겼다. 교통 상황이 평소와 다름없을 때는 조금 일찍 도착해서 다른 이사들과 담소를 나누기도 했다. 그리고 교통 체증이 정말 심할 때는 정각에 도착했다. 회의 시작 시간에 딱 맞춰 도착하느라 받게 되는 스트레스를 제거함으로써 얻게 된 긍정적인 효과는 가히 내 인생을 바꿀 정도였다.

그 효과는 거기서 끝나지 않았다. 나는 시간을 대하는 전반적인 태도에 변화를 주기 시작했다. 예전에는 거의 매사에 지각을 하곤 했다. 하지만 이제는 언제나 정각에 나타나서 다른 사람들도 제시간에 나타나기를 기대하는 성가신 인물로 알려지게 됐다. 나는 모든 수업과 워크숍이 정시에 시작하는 것을 중요하게 생각한다. 겪어본 결과, 지각한 이유를 구구절절 늘어놓을 필요가 없을 때 삶이 훨씬 원활하게 돌아가기 때문이다.

우리 사회는 이유를 좋아한다. 어쩌면 우리가 하는 행동 하나하나에는 누구나 알 만한 이유가 한 가지쯤 있다는 환상을 품을 때 위안이 되는지도 모르겠다. 안됐지만, 세상은 그런 식으로 돌아가지 않는다. 가령, 맨해튼 타임스퀘어 한가운데 서서 '딱딱' 소리가 나게 손가락을 튕기고 있는 어느 남자의 이야기를 살펴보자. 얼마 후 한 여자가 그에게 다가와 이렇게 말한다. "저기, 실례지만 어째서 손가락을 튕기고 계신가요?"

그가 대답한다. "호랑이들이 얼씬도 못하게 하기 위해서죠."

그녀가 말한다. "선생님, 동물원이 아니고서야 수천 km 반경 안에 호랑이가 있을 리 없죠."

"효과가 꽤 좋아요. 그렇죠?" 그가 말한다.

이 농담은 소위 '인과적 오류Causal fallacy'를 이용한 것이다. 여기서 오류가 일어난 이유는, 손가락 튕기는 사나이가 상관관계란 인과관계를 의미한다고 착각하고 있기 때문이다. 이는 동시에 발생하는 두 가지 사건이 인과적 관계에 있다고 생각하는 여러 가지 논리적 오류 가운데 하나다. 이 오류는 '쿰 호크 에르고 프롭테르 호크Cum hoc ergo propter hoc(라틴어로 '이것과 함께, 그러므로 이것 때문에'라는 뜻이다)', 또는 간단하게 '거짓 원인False cause의 오류'라고도 알려져 있다. 이와 비슷한 오류는 '포스트 호크 에르고 프롭테르 호크Post hoc ergo propter hoc(라틴어로 '이것 뒤에 그러므로 이것 때문에'라는 뜻이다)'인데, 뒤따라 일어난 사건이 첫 번째 사건의 결과라고 생각하는 것이다.

이유는 헛소리다. 물론 이 설명이 귀에 거슬릴 것이다. 하지만 조금만 있으면, 이처럼 단정적인 태도를 취하는 것이 좋다는 생각이 들 것이다. 이유가 존재하는 것은 사람들이 자신의 행동을 설명하지 않으면 불합리해 보인다고 생각하기 때문이다. 그러므로 우리는 한 가지 역설에 직면하게 된다. 즉, 우리는 합리적으로 보이기 위해 이유를 필요로 하지만, 막상 이유를 동원할 때는 자신의 행동을 완전히 책임지지 않는다.

가령, 내가 낯선 사람에게 다가가 주먹으로 그의 얼굴을 친다고 해보자. 그는 내게 왜 그랬는지 물을 것이다. 만약 "아무 이유도 없는데요"라고 대답한다면, 나는 명백히 불합리하다. 그 대신 그가 내 여동생을 욕보인 남자와 닮았다고 대답한다면 비로소 나는 (얼마간) 합리적인 사람이 된다.

하지만 이유는 단순한 변명에 불과할 때가 많다. 우리는 이유를 대서 자신의 결점을 숨기려고 한다. 더 이상 자신의 행동을 정당화하려는 목적으로 이유를 이용하지 않는다면, 자신의 행동을 고치고 현실적인 자아상을 얻게 되며, 보다 만족스럽고 생산적인 삶을 살아갈 가능성이 커질 것이다.

대다수의 이유는 우리가 무언가를 삶의 최우선 순위로 삼고 싶지 않다는 사실을 감추기 위해 내세우는 변명에 지나지 않는다. 예를 들어, 어느 학생이 내 수업에 늦게 와서 이렇게 말한다고 해보자. "늦어서 죄송해요. 자전거 바퀴가 터져서 그랬어요." 실제 그 학생의 자전거 바퀴가 터진 것이 사실이라고 해도, 요컨대 수업에 늦지 않게 오는 것이 그 학생의 인생에서 최우선 순위는 아닌 것이다. 만약 내 수업에 늦게 들어오는 학생은 무조건 낙제시키겠다는 규칙이 있었다면, 그 학생은 타이어가 터지든 말든 분명히 제시간에 수업에 들어왔을 것이다. 만약 단 한 번이라도 지각을 하면 퇴학처리가 된다는 규칙이 있었다면, 그 학생은 훨씬 일찍 강의실에 도착했을 것이다!

퍽이나 좋은 이유

스탠퍼드 대학교 디 그룹의 동료들은 대부분 내 워크숍에 참가했고 내가 '이유'에 대해 어떻게 생각하는지 하나같이 잘 알고 있다. 그러므로 회의에서 가령 "내가 그렇게 하지 못한 이유는 학장님이…"라는 식으로 말하기 시작하는 사람은 누구든, "퍽이나 좋은 이유겠다"라고 빈정거리는 합창소리를 듣게 되어 당황스러워한다. 그러나 그 사람은 학장이 어떤 문제의 이유가 되지 못한다는 깨달음을 선물처럼 얻어갔다.

자신의 행동을 정당화하기 위해 이유를 동원하지 않는 것은 디자인 싱킹 과정의 모든 부분에서 유용하다. 이를 통해 당신은 막다른 골목에서 벗어나 새로운 접근 방법과 통찰력에 도달할 수 있다.

실전 연습 3

이 훈련은 혼자서 두 가지 역할을 하면서 실시할 수도 있지만 파트너와 함께하면 가장 좋다. 한 사람이 "내가 ~을(를) 하는 이유는 …"으로 시작되는 문장을 이야기하고, 나머지 한 명은 "퍽이나 좋은 이유겠다"라고 대답한다. 이 훈련을 약 5분 동안 실시하고 난 뒤에 역할을 바꾸어, 두 번째 사람이 "내가 ~을(를) 하는 이유는 …"이라는 문장으로 대화를 시작하면 이번에는 첫 번째 사람이 매번 상대의 말을 "퍽이나 좋은 이유"라고 단정하는 것이다. 이 훈련을 최대한 제대로 활용하고 싶다면 당신의 현재 행동을 이용하라. 예를 들어, 오늘 아침에 나는 이렇게 말했을 것이다. "내가 이 책을 쓰는 이유는 내가 아는 내용을 다른 사람들과 공유하고 싶어서다." 그러면 내 파트너는 이렇게 대답했을 것이다. "퍽이나 좋은 이유겠다." 그러고 나면 나는 이렇게 말할 것이다. "내가 지친 이유는 너무 일찍 일어났기 때문이다." 내 파트너는 이렇게 대답할 법하다. "퍽이나 좋은 이유겠다." 이런 식으로 계속 진행한다.

헛소리나 발견하라고 자신의 대답들을 그렇게 오랫동안 더듬어보라는 것이 아니다. 자신이 대는 이유들이 죄다 퍽이나 좋은 이유라는 생각을 스스로 받아들이지 못한다면, 각각의 행동에 대한 몇 가지 이유들을 추가로 생각해내는 편이 유익할 것이다. 특정한 행동이 일어나는 데는 수많은 요인들이 존재하므로 한 가지 특정한 이유를 강조하겠다는 개념 전체가 혼란스러워진다. 자신이 생각해낸 이유에만 상대적인 중요성을 부여하면서 우리는 분석에 거짓말을 도입한다. 즉, 주로 자기 입장에서 해석한 이야기나 자아상을 뒷받침하는 이유들에 대단히 중요한 요인을 덧붙이는 것이다.

때때로 사람들은 가슴 아픈 이유 뒤로 숨는다. 하지만 그런다고 해서 그 이유들이 자신에게 조금이라도 도움이 되는 것은 아니라는 사실을 이해하는 것이 중요하다.

나의 첫째 아들 스티브는 뇌성마비를 가지고 태어났다. 정신 지체와 근육 경직을 모두 가진 사례였다. 다른 사람들이 쉽게 해치우는 일도 몹시 힘들어하기는 하지만 스티브는 일상적인 일들을 대부분 용케 해낸다. 다만 나이프를 쓰지 않고 음식을 자르는 식으로 예절에 어긋나는 행동을 해서 아내가 야단을 치면, 아이는 화가 나서 이렇게 말한다. "어쩔 수 없어. 그렇게 태어났는걸!" 아이가 그 말을 할 때마다 너무 안쓰럽다. 그래도 자신이 퍽이나 좋은 이유를 대고 있음을 깨닫는 편이 아이에게 가장 좋은 일이다.

이유와 그 복잡함
—

여러 가지 연구에 따르면, 사람들은 자신과 그 주변에서 실제로 일어나는 일을 기록할 때 선택적인 태도를 취한다. 당신이 실상을 그대로 설명하고 있다고 아무리 확신하더라도 그 생각은 십중팔구 틀릴 것이다. 누구의 행동이든 그 이유를 잘 알지 못하기 때문이다.

설상가상으로, 우리는 자신이 취한 행동의 이유에 관해서도 이따금 적극적으로 거짓말하기도 한다.[1] 내 워크숍에 참석했던 어느 일본 교수가 그 전형적인 사례에 해당한다. 그는 가족들과 좀 더 많은 시간을 보내고 싶다고 주장했지만 업무에 치여 무척 바쁘게 지내고 있었다. 그런데 내가 몇 가지 질문을 던져 그의 일상에 대해 자세히 알아내자, 실은 그가 직장에서 많은 시간을 허비하고 있다는 사실이 명확해졌다. 그는 늦게까지 학교에 남아서 저녁마다 동료들과 어울렸는데, 가족들과 시간을 많이 보내지 못하는 것으로 동정을 받는 동시에 다른 누구보다 늦게 귀가한다는 사실을 알림으로써 남자다움을 과시하길 선택했다. 이 선택은 분명히 그의 결정이었고 학교일로 너무 바쁘다는 말은 당연히 헛소리 같은 이유였다. 이러한 사실은 그날 워크숍에 참가한 누구든 단박에 훤히 알 수 있었음에도, 그에게서 막연하게나 인정을 받아내기까지는 꼬박 30분이 걸렸다.

일이란 항상 벌어지게 마련이다. 우리는 행동을 하고 다른 사람들도 어떤 행동을 취한다. 만약 지금 벌어지고 있는 상황이 마음에 든다면, 자신의 행동을 지속하면서 이 상황이 계속 원활하게 굴러가기를 희망하면 된다. 반대로 만약 지금 벌어지는 상황이 마음에 들지 않는다면, 다음번에는 행동을 바꾸면 된다. 그런데 이유는 이 단순한 실용적 접근법에 방해가 된다.

결국 이유를 내세우지 않는 편이 훨씬 더 낫다. 이유가 사람들에게 역기능적 행동을 지속할 변명거리를 제공하기 때문이다. 이유가 없다면 세상은 훨씬 더 좋은 곳이 될 것이다. 그렇지 않은가?

물론, 이유를 대지 않으면 생활이 이상해질 수 있다. 이유가 없다면 다른 사람들에게 불합리한 사람처럼 보일지도 모른다. 그러면 이 상황에서 우리는 어떻게 해야 할까?

나는 이 문제를 두 가지 접근방식으로 해결하려 한다. 즉, 외현적 모습을 위한 접근법과 내면적 자아를 위한 접근법이다. 외현적으로 당신은 일상 대화에서 필요할 때마다 이유를 이용한다. 따라서 완벽하게 정상적이고 합리적으로 보일 것이다. 내면적으로는 자신의 외현적 자아가 제공하는 이유를 바라보고 그 각각에 이의를 제기한다.

내면적 자아는 자신과 교류하는 사람들이 제공하는 이유를 바라보게 된다. 이유들이 어떻게 이용되는지를 의식하는 것만으로도 자신의 행동과 다른 사람들과의 관계에 대한 통찰력을 얻을 수 있을 것이다.

이러한 접근법은 자신의 행동을 변화시키는 데 제법 효과적이다. 다만 다른 사람을 변화시키는 데는 활용할 수 없다! 다른 누군가가 적극적으로 당신의 조언을 구하지 않는 이상(가령, 당신의 수업을 듣거나 저서를 읽는 경우가 아니라면), 그 사람에게 헛소리 같은 이유를 내세우지 말라고 하는 건 당신이 할 일이 아니다. 이런 식으로 행동하면 순식간에 비호감을 얻기 십상이다. 세상을 바로잡는 최고의 방법은 자기 자신을 바로잡는 것이다. 내가 수강생들과 워크숍 참가자들에게 언제나 경고하는 말이지만, 집에서 어느 누구에게도 결코 이렇게 행동하려고 하지 마라!

꼭 필요한 경우가 아니라면 이유를 대지 않겠다고 자신과 약속하라. 처음에 이런 자세를 취하면 실제로 엄청나게 힘이 된다. 변명을 늘어놓을 필요가 없도록 자신의 행동에 충분히 확신을 가져라. 자신을 신뢰하고 행동하라.

나는 전 세계의 학생들로부터 스탠퍼드 대학교의 연구팀에 합류하고 싶다는 요청을 수없이 받는다. 만약 그 학생들을 받아들이지 못할 것이 분명하다면, 그저 나는 관심을 보여주어 고맙고 연구팀에 받아들이지 못해 미안하다고 말하면 된다. 이렇게 하면 대화는 언제나 여기서 마무리된다. 기껏해야 감사편지를 받는 정도로 끝난다. 그러나 내가 이러쿵저러쿵 이유를 대며 행동을 정당화하려고 하면, 해당

학생이 이 이유들을 요리조리 피하려 노력하면서 대화가 길게 이어진다. 과거에 나는 헛소리 같은 이유들을 내세웠다. 그렇게 하면 어쩐지 내가 더 친절하게 행동했다는 기분이 들었기 때문이다. 물론 내가 너무 바쁘거나 얼마 후 안식년을 떠나는 것이 사실일 수도 있다. 혹은 학생에게 둘러댄 다른 이유들이 정말일 수도 있다. 하지만 그 학생에게 정말로 확신이 섰다면 어떻게든 연구팀에 받아들였을 것이다. 사실, 내가 그 학생을 정말로 뽑고 싶었다면 도저히 그렇게 할 수 없는 퍽이나 좋은 이유를 생각하기 어려울 것이다.

행동이 이유보다 중요하다. 반드시 필요한 경우가 아니라면 이유를 대지 마라!

정반대로 말하기

—

골치 아픈 믿음이나 행동을 마주하게 되면 우리는 본심과 정반대의 말을 할 때가 많다. 대단히 과격한 젊은 동료 한 사람이 떠오른다. 그는 오랫동안 이어져온 명성 있는 로봇 공학 콘퍼런스에 불만을 품고 있었다. 그래서 이 콘퍼런스와 직접 경쟁을 벌일 요량으로, 새로운 콘퍼런스를 개최했다. 내가 그에게 동기가 무엇인지 물어보자 그는 이렇게 대답했다. "기존 콘퍼런스의 권위를 훼손하는 것만큼은 결코 하고 싶지 않지만, 새로운 콘퍼런스가 필요해요."

그가 그런 말을 하기 전까지는 그의 동기가 기존 콘퍼런스의 권위를 훼손하는 것이라고는 전혀 생각하지 않았다. 아직 제기되지도 않은 비난을 그가 부인하고 나자, 기존 콘퍼런스의 권위를 훼손하는 것이 그의 진짜 의도였음이 분명해졌다. 그는 내가 결코 제기한 적 없는 비난 형태를 빌어 자신의 죄의식을 나에게 '투영Projection'시킨 것이다.

혹시 이런 표현을 들어본 적이 있는가? "그는 진의가 의심스러울 정도로 극구 부정한다(원래 표현은, "The lady doth protest too much methinks(저 귀부인은 항의를 너무 많이 한 것 같군)"으로, 셰익스피어의 《햄릿Hamlet》에서 왕비가 극중극을 보며 하는 대사다-옮긴 이)." 만약 누군가가 자신이 거짓말쟁이나 사기꾼, 말썽쟁이, 질투의 화신이 아니라고 지나치게 강조해서 이야기한다면, 그는 실제로 그런 사람일 가능성이 크다.

단언컨대, 우리는 누구나 한두 번쯤은 본심과 정반대의 말을 한 적이 있다. 그리고 솔직히 말해, 자신의 동기가 순수하다고 확신하고 싶은 만큼 우리는 자신에 관해 가장 크게 걱정하는 경향을 보인다. 이를 방지하고 싶다면 머릿속으로 정반대의 내용을 생각해보라. 당신이나 다른 누군가가 행동의 동기를 설명할 때 그저 머릿속으로 그 동기를 정반대 내용으로 대치해보는 것이다. 가령, 당신이 이렇게 말한다고 해보자. "동료가 캐시 뒷말을 하기에 내가 본인에게 전해줬는데, 이건 나를 위해서가 아니라 캐시를 위해서였어." 이때 머릿속으로 정반대의 동기를 한번 제시해보자. "캐시가 아니라 나를 위해서 본인에게 말해주는 거야." 그렇게 하면 이것이 자신의 진짜 동기임을 알게 되는 경우가 많을 것이다.

투영

투영은 일반적인 반응이다. 누군가가 어떤 감정이나 성격적 특성을 다른 사람의 탓으로 돌리지만 사실은 바로 그 감정이나 성격적 특성을 소유한 장본인이 그 사람일 때, 이를 투영이라고 한다. 대개 심리학자들은 부정적인 행동을 암시하기 위해 투영이라는 용어를 사용하지만, 우리의 긍정적인 측면과 부정적인 측면 모두를 다른 사람들에게 투영하는 것은 인생의 중요한 문제이며, 이것이 다른 사람들과의 교류에 큰 영향을 미치기도 한다. 자신에게 있는 어떤 성격적 특성들을 보고 싶다면, 다른 사람에게 있는 그와 동일한 성격적 특성을 보는 경험이 도움이 된다. 만약 다른 사람이 가진 성격적 결함을 알아차린다면 아마 당신 자신도 이와 동일한 결함을 가지고 있다는 의미일 것이다.

투영은 대인관계의 모든 측면에 영향을 미친다. 정말로 순진하고 진실한 사람은 자신이 만나는 사람들이 하나같이 진실하다고 생각할 것이다. 표리부동하고 부정직한 배경을 가진 사람은 다른 사람들을 경계하는 경향이 있다. 교묘하고 부정직하게 상대를 조종하려는 자신의 행동을 다른 사람에게 투영하기 때문이다. 일단 다른 사람들에게 한 가지 행동을 투영하고 나면, 그들이 그렇게 행동한 원인을 우리가 알고 있다고 생각할 퍽이나 좋은 이유가 생긴다.

당신도 알다시피, 나는 지각을 하는 일이 내 인생에서 중요한 문제라고 생각하기에 지각을 참지 못한다. 그러므로 다른 사람들도 나와 같은 문제에 관심이 있다고 추정한다. 사람들이 늦으면 나는 그들이 어떻게 그토록 무책임할 수 있는지 이해하지 못한다. 그러나 내가 다른 사람들의 지각에 주목하게 된 것은 나 자신에게 시간을 지키는 것에 대한 강박관념이 생긴 뒤부터다.

투영이 얼마나 일반적인 현상인지 알아보는 한 가지 방법은, 살아가면서 당신이 다른 사람들에 관해 신경 쓰는 문제들의 목록을 작성하는 것이다. 그러고 나서 이와 동일한 목록들을 선택해 그 문제가 자신의 삶에서 어떻게 나타나는지 생각해보라. 예를 들어, 내가 이렇게 말한다고 가정해보자. "내 아들 엘리엇이 친구인 클로디아와 말다툼하는 방식이 싫어." 놀랄 것도 없지만, 그 이유는 내가 아내와 말다툼하는 방식이 싫기 때문이다.

사람들에게는 좋아할 만한 요소와 싫어할 만한 요소가 무수히 많다. 내가 가장 먼저 말다툼을 언급했다는 사실이 나에 관한 중요한 정보를 알려준다. 즉, 말다툼이 나에게 상당히 중요한 문제이므로 그에 관한 나의 감정을 아들에게 투영한 것이다. 이 깨달음은 자기 인식의 중요한 도구를 제공하고 이런 통찰력은 우리가 다른 사람들의 어려움에 더 깊이 공감하도록 만들어준다.

자기혐오는 이러한 측면에서 커다란 역할을 한다. 앞서 언급한

《적응한 미국인》의 4장에서, 스넬 퍼트니Snell Putney와 게일 퍼트니Gale Putney는 이 개념을 탐구한다. "사람들은 다른 사람들에게 보이는 자기 자신의 경멸스러운 점들, 오직 그런 점만을 혐오한다. 다른 사람에 대한 불만을 이성적이고 냉정한 방식으로 표현하는 것도 가능하지만, 그들을 미워하는 것은 비이성적이고 열정적인 행동이다. 열정은 그 밑에 자리한 자기비하의 감정을 무심코 드러나게 한다. … 미움의 근원은 개인이 특정한 잠재력을 자신의 것이 아니라고 부인하려고 시도하는 데 있다."

다르게 말하면, 어떠한 성격적 특성이 자신의 자아상에 맞지 않기 때문에 인정하고 싶지 않은데 이를 잠재의식적으로 자기 안에서 감지하게 되면, 우리는 그 존재를 부인하고 이를 다른 사람들에게 투영하는 것이다. 따라서 다른 사람에 대한 미움은 사실상 우리가 원하지 않거나 두려워하는 자신의 능력에 대한 미움이 그에게 투영된 것이다. 자기 파괴적인 미움의 효과를 넘어서기 위해서는 자기 자신에 관한 기본적인 진실을 반드시 받아들일 줄 알아야 한다. 누구에게나 인간이 하는 모든 행동을 할 수 있는 잠재력이 있다는 것 말이다.

사랑과 결혼

—

투영은, 스넬과 게일의 '사랑해서 결혼하는 것은 나쁜 생각(《적응한 미국인》10장)'이라는 주장에 커다란 역할을 담당한다. 내 식대로 표현하자면, 이들은 사랑해서 결혼하는 것이 퍽이나 좋은 이유라고 말한다. 나의 수업을 듣는 대다수의 학생들에게 이 표현은 앞서 언급한 노란 눈의 고양이 이야기를 변형한 것이다. 학생들은 모두 사랑해서 결혼하는 것이 바람직할 뿐만 아니라 인생에서 이룰 수 있는 최고의 성과 가운데 하나이기도 하다는 개념을 주입당해왔다.

언젠가 한 친구는 자신이 사랑에 빠지는 경험과 사랑에 빠진 상태라고 말했다. 나는 그가 무슨 말을 하는지 이해했다. 사랑에 빠지는 것은 근사한 감정이다. 당신의 사랑이 화답을 받는다면 특히 더 멋진 일이다. 덧붙여 말하자면, 그 친구는 연애를 통해 마침내 결혼에 골인했지만 그 결혼은 재앙으로 변해버렸다. 문제는, 사람들이 사랑과 결혼을 종종 혼동한다는 점이다. 사랑에 빠지는 것은 투영에 크게 의지하는 반면, 건전한 결혼은 비교적 투영과 관계가 없다.

미움이 우리 자신의 부정적인 특성을 다른 사람에게 투영한 결과인 것과 마찬가지로, 사랑은 우리 자신의 긍정적인 특성을 다른 사람에게 투영한 결과다. 우리가 사랑에 빠지는 것은 우리가 갖고 싶어 하는 특성이거나, 현재 가지고 있을 뿐 아니라 다른 사람과 공유하고 싶어 하는 특성이다. 대체로 이 사랑받는 특성들이 자신의 자아상과 일치하지 않으므로, 우리는 이 특성을 갖는 것을 의식적으로 회피하고 그 대신 이를 다른 사람들에게 투영한다. 시간이 지나면서 이 이상화된 투영은 인생이라는 현실에 부딪히면서 마멸되어간다. 따라서 투영된 특성들을 주된 기반으로 하는 결혼은 반드시 고생길에 들어서게 되어 있다.

배우자 양쪽이 자신의 현재 모습에 그저 만족하고 그런 행동을 통해 서로의 기쁨을 늘려간다면, 결과적으로 성공적인 결혼이 성립된다. 퍼트니 부부가 지적하듯이 "그들은 각자가 솔직함과 따뜻함을 추구한다. 자기 잠재력(성 기능을 비롯한 다른 여러 가지 능력) 개발은 모두 이와 비슷한 특성을 개발한 다른 누군가의 협력으로 촉진된다. 이 사람들은 사랑을 받거나 낭만적인 환상을 유지하는 데 집착하지 않는다. 이들은 인생을 함께 즐기려고 노력한다."

사랑은 원초적이고 불합리한 행위다. 만약 누군가가 자신에게 중요한 어떤 사람을 왜 사랑하느냐고 질문한다면, 당신은 이렇게 대답할지도 모른다. "그는 영리하고, 미소가 근사하며, 동물들에게 다정해요." 하지만 누가 뭐래도 이런 이유들은 절반의 진실에 불과하다. 그 사람만큼 머리가 영리하고, 미소가 근사하며, 동물들을 사랑하는 사람은 세상에 얼마든지 있다. 그렇다면 어째서 그 사람들을 모두 사랑하지 않는가? 그 사람이 사랑에 빠진 정확한 이유는 아무도 모른다. 퍼트니 부부는 그것을 투영이라고 부른다. 화학 작용, 운명, 혹은 당신이 부르고 싶은 어떤 명칭도 상관없다. 당신은 마음을 끄는 사람에게 마음이 끌리고, 매력이 느껴지는 사람에게 매력을 느끼는 것이다. 스스로 어떤 이유를 제시하든 죄다 헛소리일 뿐이다.

나는 예전에는 중매결혼 제도를 무시했다. 하지만 놀랍게도, 인도에 방문해서 그곳 사람들의 가정에서 시간을 보내게 되면서 이 생각이 완전히 달라졌다. 나는 미국에서 보았던 것만큼 혹은 그보다 크고 진정한 애정을 인도 부부들에게서 발견했다. 지금은 인도의 젊은 이들이 무척 행운아라는 생각이 든다. 그들에겐 자신을 사랑하고 잘 아는 사람들이 그에게 적합한 결혼 상대를 찾도록 도와주는 문화가 있기 때문이다.

결혼이 개별적인 두 사람이 아니라 가족 전체의 결합이라는 생각은 대단히 매력적이기도 하다. 물론 이 제도가 완벽한 것은 아니다. 부모님의 강압도 있고 드러나지 않은 동기도 있을 것이다. 하지만 내 경험으로 볼 때 그런 일은 교양 있는 가문에서는 보기 힘들다. 만약 결혼 당사자들에게 거부권만 주어진다면, 이 제도는 요즘 미국의 미혼들이 주로 선택하는 듯한 술집 만남과 온라인 데이트에 비해 여러모로 뛰어날 것이다. 기본적인 차이점은, 미국의 남자는 자신이 사랑하는 여자와 결혼하는 데 비해 인도의 남자는 자신이 결혼하는 여자를 사랑한다는 것이다.

결정과 망설임

—

어떤 문제에 대해 결정을 내릴 때면 언제나 퍽이나 좋은 이유가 필요하다. 우리는 아주 사소한 결정에 대해서도 몹시 괴로워하기 쉽다. 나의 아내와 아들은 놀라울 정도로 우유부단하다. 아들은 언제나 마지막 순간이 될 때까지 기다린다. 다음과 같은 사고방식을 가지고 있기 때문이다. '꼭 지금 해야 되는 것도 아닌데 어째서 당장 실행에 옮겨야 하지? 더 나은 기회가 생길지도 모르잖아.' 이 방법이 아들에게는 잘 맞을 수도 있겠지만, 주변 사람들을 힘들게 한다. 한편, 아내는 매사에 부정적인 면들을 주로 보는 편이어서 완벽하지 않은 것은 무엇이든 선택하기를 꺼린다.

아내와 아들은 '뷔리당의 당나귀Buridan's ass' 역설의 희생자들이다. 뷔리당의 당나귀란 14세기의 프랑스 철학자 장 뷔리당Jean Buridan의 이름을 딴 표현으로, 오래된 우화이다. 우화 속의 당나귀는 똑같은 정도로 마음을 끄는 두 개의 선택지, 즉 건초를 먹을지 물을 마실지 사이에서 이성적인 선택을 내리지 못해 결국 죽는다. 이 우화로부터 뷔리당의 당나귀 방법이 생겨났는데, 여기서 결정은 당나귀 같은 꼴이 되지 않기 위해서 가장 부정적인 선택권을 제거하는 것이다. 아내가 본질적으로 이 방법을 재발명하다시피 한 반면, 아들은 망설임 때문에 굶어 죽을 위험에 놓일 때가 많다.

내가 프랑스에서 T형 교차로를 만났던 순간을 떠올리면, 자꾸 웃음이 나온다. 왼쪽을 가리키는 표지판과 오른쪽을 가리키는 표지판에 모두 똑같은 마을의 이름이 적혀 있었다. 나는 차를 세우고 눈썹을 찡그린 채, 오른쪽으로 가야할지 왼쪽으로 가야할지 한참 망설였다. 물론, 결국에는 내가 어느 쪽으로 가든 아무 상관이 없었다. 양쪽 길 모두 동일한 장소로 이어졌기 때문이다! 우리 모두가 이 속담을 기억해두면 좋을 것이다. '어디로 가고 있는지 모르고 있다면, 어느 길을 선택하든 관계없다.'

중요한 결정을 내리기 전까지 충분히 오래 생각하는 것은 인생을 살아가는 데 좋은 방법이다. 하지만 사람들은 결정을 내리지 못해서 지나치게 오랫동안 힘들어하는 경우가 많다. 우화 속의 당나귀처럼 그들은 관련 정보를 모두 가지고 있는데도 여전히 결정을 내리지 못한다.

학생들에게 인생의 중요한 결정을 내리는 것에 대해 충고하면서 터득한 결과, 학생들이 논의가 되는 문제를 펼쳐놓고 나와 함께 각 선택권의 장점과 단점을 논의하고 난 후에는 내가 '총 실험The gun test' 이라고 명명한 방법을 도입하는 것이 가장 좋았다. 이 방법은 대단히 과학적이다. 나는 손가락으로 총 모양을 만들어 특정 학생의 이마에 겨냥한 뒤에 이렇게 말한다. "좋아. 15초 안에 결정을 하든가, 아니면 방아쇠를 당기겠다. 어떤 선택을 하겠는가?"

학생들은 언제나 답을 알고 있다! 설사 결국에는 그 길을 선택하지 않더라도 이 훈련은 의사결정을 하는 과정에서 커지는 압박감을 대체로 해소하고, 결심에 한층 가까이 다가서게 만든다.

내가 즐겨 사용하는 또 하나의 방법이 있는데, 거기에 나는 '인생의 행로 방법The life's journey method'이라는 이름을 붙였다. 만약 학생이 한 가지 문제를 해결할 수 있는 두 가지 길을 제시한다면, 나는 학생에게 한 가지 길을 선택하고 나서 그 선택의 결과로 어떤 인생이 펼쳐질 것 같은지 상상해보라고 요청한다. 대화는 이런 식으로 진행된다.

학생: 좋아요, 박사 학위를 따기로 결정했어요.
나: 그다음에는 어떻게 되지?
학생: 박사 학위를 받아요.

나: 그다음에는 어떻게 되지?

학생: 졸업을 하고 교수가 되죠.

나: 그다음에는 어떻게 되지?

학생: 결혼을 하고 집을 사요.

나: 그다음에는 어떻게 되지?

학생: 자녀를 낳아요.

나: 그다음에는 어떻게 되지?

학생: 자녀가 자라서 결혼을 해요.

나: 그다음에는 어떻게 되지?

학생: 제가 나이 들어요.

나: 그다음에는 어떻게 되지?

학생: 제가 세상을 떠나게 되죠.

그러고 나서 나는 학생에게 만약 다른 길을 선택한다면 어떤 인생이 펼쳐질지 상상해보라고 요청한다. 그 대화는 이런 식으로 진행된다.

학생: 석사 학위를 받고 학교를 떠나요.

나: 그다음에는 어떻게 되지?

학생: 업계에서 일자리를 구하거나 회사를 차려요.

나: 그다음에는 어떻게 되지?

학생: 돈을 많이 벌어요.

나: 그다음에는 어떻게 되지?

학생: 결혼을 하고 아이를 낳고 집을 장만해요.

나: 그다음에는 어떻게 되지?

학생: 나이가 들어서 세상을 떠나요.

나: 그러면 마지막은 똑같구나. 네가 어떤 길을 선택하든 관계없이 마지막에는 세상을 떠나잖아.

이 훈련의 핵심은 자신의 결정이 어떤 결과로 이어질지 알 도리가 없다는 것을 스스로 깨닫게 만드는 것이다. 최선의 방법은 디자인 싱킹 방법론에 내포되어 있다. 즉, 행동 지향성을 분명히 표출하고 실패를 두려워하지 않는 것이다. 결정을 내리는 것은 우리가 앞으로 나아가는 과정의 일부일 뿐이며, 세상에는 변수가 너무 많아서 최종 단계를 보려는 노력은 시간 낭비다. 이 사실을 받아들이는 것이 인생을 살아가는 데 무엇보다 큰 도움이 되리라 믿는다. 일단 대부분의 결정이 생사를 가르는 문제가 아니라는 걸 깨닫고 나면, 우리는 과도한 스트레스를 받지 않고도 결정을 내릴 수 있다.

그런데 이 훈련은 대체로, 심지어 정보가 부정확한 경우에도 좋은 결정을 내리는 데 필요한 분석적인 방법들을 제공하는 '의사결정 분석 이론Decision analysis theory'에 위배된다. 안타깝지만, 개인적인 문제를 결정할 때 정량적인 분석 도구들은 중요한 세부 요소들을 포착하기에 적합하지 않으므로 잘못된 결론을 산출할 수도 있다.

오래전에 나는 인도에서 거주하는 동안 방갈로르 소재 인도 과학 연구소Indian Institute of Science 게스트 하우스에 머물렀다. 며칠에 한 번씩 나를 찾아오던 젊은 공학도 쿠마르는 자기가 다녀올 곳이 있어서 3주 동안 자리를 비울 것 같다고 했다. 신부를 선택하기 위해 기차를 타고 인도 북쪽에 위치한 고향으로 갈 참이었던 것이다. 그의 가족은 신부 후보 여섯 명의 위치를 파악해두었고 그는 그녀들을 만나서 누가 가장 적합한지 선택해 한 여성과 결혼할 작정이었다.

한 달 뒤, 쿠마르는 창문용 롤스크린처럼 생긴 두루마리를 들고 다시 나타났다. 두루마리를 펼치자 그가 만든 커다랗고 복잡한 '가중 의사결정 일람표'가 나타났다. 이는 의사결정 분석 이론에서 사용하는 표준 도구다. 일람표 위에는 여섯 명의 예비 신부 이름이 적혀 있었고, 여성 한 명당 가로 한 줄이 할당되었다. 일곱 개의 세로줄에는 그가 가장 관심을 갖는 특성이 하나씩 적혀 있었다. 각 특성마다 여성들 각자의 점수가 1점에서 10점 사이로 기록되었고, 각 수치는 그가 상대적으로 중요하다고 판단한 기준에 따라 해당 특성에 부가된 가중 계수와 곱해졌다. 일곱 개의 가중 계수는 총 10이 되도록 선택됐다. 만약 그가 그 특성들을 동일하게 평가했다면 모든 가중 계수들은 10/7이 되었을 것이다(반올림하면 대략 1.4가 된다).

세로줄 맨 끝에 적힌 항목은 각 가로줄에 적힌 일곱 개의 숫자를 합한 총점이다. 그러므로 가장 높은 총점을 받은 이름2 여성이 신부로 선택될 것이었다. 어찌나 합리적인지, 내가 훌륭한 공학도에게 기대할 법한 특성이 그대로 드러났다. 그러나 그가 만났던 여성들에 대해 이야기하면 할수록 이 방법은 그의 말처럼 합리적이지 않다는 것

이름	외모	성격	매력	교육	직업	재산	집안	총점
이름1	8	10	14.4	15	7.2	5	12	71.6
이름2	7.2	16	18	12	5.4	8	18	84.6
이름3	7.2	14	10.8	10.5	4.5	6	16	69.1
이름4	6.4	18	12.6	6	1.8	6	14	64.8
이름5	8	6	12.6	10.5	3.6	4	12	58.7
이름6	6.4	12	16.2	13.5	7.2	8	18	81.3

이 점점 명확해졌다.

두 가지 중요한 요소가 객관성을 상실했던 것이다. 첫 번째는 그가 각 여성에게 부과한 점수가 전적으로 주관적이라는 사실이었다. 두 번째는 그가 가중 계수에 대해 완전히 솔직하지 않았다는 점이었다. 예를 들어, 그는 아내의 재산에 별로 관심이 없기 때문에 '재산'이라는 항목에 1이라는 낮은 가중 계수를 부과했다고 설명했다. 하지만 그는 '집안'에는 두 배나 높은 가중 계수를 부과했다. 그런데 내가 그에게 집안에 대해 점수를 매길 때 무엇을 기대했느냐고 묻자, 그는 여성의 집안이 부유할 가능성을 보여주는 상황들을 기대했다고 대답했다.

모든 조건들 중에서 가장 혼란스러운 항목은 '직업'에 관한 평가처럼 보였다. 쿠마르는 아내가 직업을 가지고 있어서 집에만 머무르지 않았으면 좋겠다고 분명히 말했음에도, 한편으로는 자신이 직장 동료들을 초대하겠다고 급하게 결정하더라도 아내가 저녁을 준비해 줄 수 있었으면 좋겠다는 바람도 피력했다. 그래서 이 항목에는 0.9 라는 낮은 가중 계수를 부여했다.

이 이야기를 모두 듣고 나니, 짧은 만남의 시간 동안 그가 가장 유대감을 느낀 여성에게 유리하도록 수치들을 꾸며냈다는 사실이 명확해졌다. 분석적인 사고는 무슨! 그러니 세월이 지난 지금 그의 직감이 제대로 들어맞았다는 게 확실해졌다. 쿠마르는 선택한 아내와 함께 25년이 넘도록 행복한 결혼생활을 꾸려오고 있기 때문이다.

의사결정이 큰 사안이 되면서 이를 위한 새로운 도구들이 항상 개발되고 있다. 그러나 이 도구들은 모두 논리적인 체계적 사고를 필요로 하는 믿음과 가치 체계에 의지하고 있다. 이 접근법은 태생적으로 비판을 잘하고 소위 이성적 사고를 소중히 여기는 사람들의 마음을 사로잡는다. 만약 인생의 기로에 설 때마다 이 방법으로 대체로 좋은 결정을 내릴 수 있다면 더 없이 좋을 것이다. 그러나 불행하게도, 그런 일은 자주 일어나지 않는다.

내 경험상, 정량적인 분석 방법과 감정은 모두 저마다의 영역이 있다. 나는 실용주의적 성향을 가진 사람이지만 그렇다고 해서 나의 직감을 저평가하지는 않는다. 만약 어떤 도구가 좋은 해답을 안겨준다면 그것을 사용한다. 어떤 경우든, 에이허브 선장이 모비 딕을 추격하면서 얻은 깨달음을 늘 염두에 두고 결정을 내린다면 손해를 보지 않을 것이다. '나의 방법은 모두 온전한데, 나의 동기와 목적이 비상식적이구나.'

만약 이성적인 해답을 내릴 수 있는 질문을 던지지 않는다면, 의사결정을 위해 아무리 최고의 과학적 방법을 동원한다고 해도 도움이 되지 않을 것이다. 에이허브는 논리적인 행동방침을 따르고 있었지만 그 행동을 하면서 비이성적인 목적을 추구하고 있었다. 해답을 어떻게 찾을 것인지 알아내려고 애쓰기 전에 자신의 목적이 올바른지부터 반드시 확인해야 한다.

교수의 말에 귀 기울이지 마라

내가 지도한 박사과정 학생 중 불가리아 출신의 학생이 있었다. 그의 아버지는 저명한 교수였고 그는 자국에서 상당한 특권을 누리며 살았다. 그는 대단히 총명하고 학구적인 사람이었다.

얼마 뒤부터 그는 미국에서 느낀 혼란스러운 문제들에 대해 내게 질문하기 시작했다. 예를 들어, 불가리아는 휘발유 가격이 전국적으로 동일한데, 미국의 일부 주유소가 다른 주유소들보다 가격을 비싸게 책정하고서도 어떻게 살아남을 수 있는지 이해가 가지 않는다고 했다. 그가 물었다. "누구나 제일 가격이 싼 주유소에 가려고 하지 않나요?"

당시에 나는 그 질문에 대한 해답을 제대로 알지 못했다. 물론, 지금은 디 스쿨의 사고방식을 가지고 있으므로 아마 그 학생에게 비싼 주유소에서 주유하는 사람들을 찾아가서 물어보라고 대답해줄 것 같다! 어쨌든 호기심 어린 그의 눈을 통해 미국을 바라보는 것은 대단히 흥미로웠다.

그러던 어느 날, 그가 심각한 문제를 들고 나를 찾아왔다. 미국에서는 신용카드가 없으면 처리하지 못하는 일이 너무 많다는 사실을 깨닫게 된 것이다. 그는 비디오테이프나 자동차를 빌릴 수 없었고, 대부분의 업소에서 신분을 증명할 수 있는 증서를 하나 더 보여 달라고 요청해도 제시할 만한 것이 없었다. 신용을 쌓기 전까지는 카드를 발급받지 못한다는 것이 문제였다. 그래서 나는 우리 둘의 명의로 된 공동카드를 신청하는 것을 허락하기로 결심했다.

계획은 이랬다. 나는 그 카드를 사용하지 않고 대금 결제는 전적으로 그가 책임지는 것이었다. 우리는 우편으로 두 장의 카드를 받았고 나는 내 카드를 잘라버렸다. 며칠 뒤, 그는 수령한 우편물을 들고 나를 찾아왔다. 카드 신청자에게 주어지는 일종의 혜택으로, 브리티시 컬럼비아의 캐나다 복권을 두 장 살 수 있는 자격을 얻게 된 것이다. 단돈 20달러를 지급하면 엄청난 상금을 받을 가능성이 생겼다. 그는 내게 어떻게 생각하느냐고 물었다. 나는 복권을 구매하는 것이 얼마나 바보 같은 짓인지에 관해서 세상 물정에 밝은 뉴욕 출신다운 최고의 설명을 그에게 들려줬다. 한마디로, 그 제안을 쓰레기통에 던져버리라고 충고했다. 아무리 그 제안이 정직한 것이라고 해도 그는 자신의 당첨 확률이 얼마나 말도 안 되게 낮은지 파악할 수 있을 만큼 영리했다. 분명, 이런 점들은 복권을 사지 말아야 할 퍽이나 좋은 이유였다.

눈을 감고 이 이야기의 결말을 상상해보라.

다 되었는가? 좋다.

이제 실제로 일어난 이야기를 들려주겠다. 그는 20달러를 보냈고 1등으로 당첨되었다. 승용차를 받거나 캐나다 돈으로 8만 달러를 받을 수 있었다. 그는 돈을 선택했고 외국인이었기 때문에 세금을 면제받았다. 그와 약혼녀는 그 돈을 결혼식 비용과 주택 보증금으로 사용했다. 이 부부는 얼마 지나지 않아 아이를 낳았고, 그 이후로 지금까지 캘리포니아에서 행복하게 살고 있다.

이 이야기는 누군가가 나의 경험과 전문 지식을 바탕으로 한 이성적인 목소리에 귀를 기울이지 않아서 천만다행이었던 하나의 사례다. 현실에서 일어나는 사건들에 관해서는 교수들조차 아는 바가 별로 없는 것 같다. 이 이야기의 핵심은 모든 충고를 무시하라는 말이 아니다. 좋든 나쁘든 선택의 결과를 자신이 감수해야 한다는 것이다. 어떤 행동을 실행하든가 실행하지 마라. 충고를 따르든가 무시하라. 의사결정을 내릴 때는 비록 성공할 가능성이 거의 없는 일이라 해도 여전히 일말의 성공 가능성이 남아 있음을 명심하라. 인생은 모험이고 결국 당신은 스스로 결정을 내려야 한다.

진짜 당신을 방해하는 사람은 누구인가?
—

만약 당신이 정말로 하고 싶은 일이 있다면 그냥 간단히 실천하기만 하면 되는 경우가 많다. 지금은 몽상이 아니라 현실적인 문제에 대해 이야기하고 있다는 것을 기억하라. 결국 당신에게 요령이나 속임수는 필요 없다. 시도와 실행, 즉 무언가를 이야기하는 것과 이를 행동으로 옮기는 것은 전혀 다른 문제라는 것을 아는 것이 중요하다. 그리고 궁극적으로는 '의도와 주의'라는 두 마리 토끼를 다 잡는 것이 관건이다. 정말로 그 일을 할 의도가 있는가? 그 일에 필요한 주의를 충분히 기울이고 있는가?

만약 그렇다면, 당신은 단지 시작하기만 하면 된다. 디자인 싱킹의 용어로 표현하면, 행동 지향성을 실행하고 자신의 목표를 향해 어떻게 나아갈 것인지 결정할 때가 되었다.

가령, 당신의 목표가 책을 쓰는 것이라고 해보자. 하루에 다섯 번씩 페이스북을 확인한다고 해서 책이 써지는 것은 아니다. 책에 대해 이야기한다고 해서 책이 써지는 것도 아니다. 친구들에게 문자를 한다? 음, 어쩌면 책에 필요한 발상을 얻을 수도 있겠다. 작가들 그룹에 가입하거나 작가들의 콘퍼런스에 참석한다고 해서 목표에 도달하는 것은 아니다. 당신을 목표에 가까이 데려가는 방법은 오랫동안 엉덩이를 의자에 붙이고 손가락을 키보드 위에 올려두는 것이다. 비록 초고가 볼품없이 완성된다고 해도 당신은 글쓰기에 전념할 필요가 있다.

이 책을 쓰기 시작했을 때 나는 아내 루스가 일어나기 전에 글 쓸 시간을 조금이라도 확보하기 위해 평소보다 일찍 일어나기 시작했다. 수면 시간이 아주 줄어든다고 해도 어떻게든 마음먹은 대로 행동에 옮겼다. 가끔은 며칠씩 거르기도 했지만 그런 날은 예외에 해당했다. 내가 정한 규칙은 책을 완성하는 순간까지 매일 아침 컴퓨터 앞에 앉는 것이었다. 신경을 분산시킬 만한 어떤 문제보다 그 일을 우선 사항으로 선택했다.

목표 달성을 방해하는 누군가에 대해 이야기할 때면, 우리 중 대부분은 자신에게 비판적인 태도를 취하는 사람을 지목한다. 언젠가 어느 가족 구성원이 경솔하게도 모욕적인 이야기를 했다거나, 어느 선생님이 성적을 나쁘게 주었다거나, 아니면 예전 상사가 자신을 얼간이 취급했다는 식이다. 그러나 비판적인 태도를 취한 사람들 가운데 누구도 당신을 실질적으로 방해하지 않았으며, 실제 부정적인 사람들은 당신의 앞길에 끼어들 자격이 전혀 없다. 만약 키보드를 훔치고 연필을 모두 부러뜨렸다고 해도, 그들에게는 당신을 멈춰 세울 실질적인 능력이 없다.

현실에서는 누구도 우리의 목표 달성을 방해하려고 시도하지 않는다. 그런 상황은 영국의 TV 드라마 〈더 프리즈너 *The Prisoner*〉에 훌륭하게 묘사된 것 같다. 드라마 전반에 걸쳐서 6번이라고 불리는 주인공은 1번이라고 불리는 악당을 위해 일하는 사악한 사람들로부터 달아나려고 시도한다. 마침내, 마지막 화에서 그는 "1번은 누구인가?"라는 질문에 대한 대답을 이해한다. 1화에서 그 답을 처음 들었을 때만 해도 "당신은 6번이다"로 들었지만, 이제 "1번이 누구인가?"에 대한 대답이 "당신, 6번이다"라고 이해하게 된 것이다. 그는 은유적으로 자신을 감금했다. 프란츠 카프카 Franz Kafka의 설명처럼, "그가 있는

곳은 창살이 쳐진 우리였다. 마치 집처럼 평온하고 무례하게 세상의 소음이 흘러나왔고, 창살을 통해서 죄수는 정말로 자유로웠기에 모든 것에 참여할 수 있었고, 바깥세상에서 진행된 모든 일을 알아차렸고, 그 우리를 간단히 벗어날 수 있었고, 창살은 몇 미터 간격으로 놓여 있었으며, 그는 심지어 죄수도 아니었다."

심지어 진짜 방해물이 있다고 해도 그것을 극복할 수 있다. 수년 전 아내 루스와 나는 인도를 여행하다가 하루 일찍 출발하기 위해 전화로 출발 날짜를 변경했다. 우리는 오전 2시경에 델리 공항에 도착했다. 하지만 비행기 표에는 출발일이 다음날로 인쇄되어 있었기 때문에 경비원이 터미널로 들어가지 못하게 우리를 막았다. 출발 날짜를 변경했다고 설명했지만 그는 요지부동이었다.

나는 유나이티드 항공사 창구가 바로 코앞이라는 사실을 그에게 알리고는, 만약 허락해주면 창구로 가서 비행기 표의 날짜를 바꾼 뒤 돌아와서 표를 확인시켜주겠다고 말했다. 그는 거절했다. 나는 확실히 돌아오겠다는 약속의 의미로 내 여권을 그에게 맡기겠다고 제안했다. 그는 거절했다. 나는 확실히 돌아오겠다는 약속의 의미로 아내를 두고 가겠다고 제안했다. 그는 거절했다. 나는 아내와 여권을 모두 맡기겠다고 제안했다. 그래도 그는 거절했다!

그러고 나서 나는 대담한 선택을 내렸다. 그의 라이플총을 눈여겨 봐두었던 것이다. 총이 낡아 보였으므로 독립하기 이전에 만들어진 제품일 수도 있고 작동이 안 될 가능성도 있었다. 총이 그의 손에서 폭발할 가능성이, 총알이 실제로 나를 맞힐 가능성보다 훨씬 크다는 판단을 내렸다. 그래서 나는 그가 눈치 채지 못하게 루스의 손을 잡고 그냥 그를 지나쳐 걸어갔다. 그는 총을 쏘지 않았고 나도 뒤돌아보지 않았다.

대부분의 경우, 무장한 경비원은 존재하지 않는다. 그저 우리 스스로가 멈출 뿐이다. 그러므로 1번은 우리 자신이다. 당신이 실천하는 행동과 실천하지 않는 행동은 모두 당신 책임이다. 다른 사람들을 비난하지 말고 자신의 행동을 정당화하거나 합리적으로 설명하려고 이유를 동원하지도 마라. 변명을 하면 그 순간 어려움은 모면할 수 있을지 몰라도, 장기적으로 역효과만 생기는 경우가 많다.

시간이라는 문제
—

우리가 목표를 완수하지 못한 변명으로 많이 언급하는 것 중 하나는, 시간 부족이다. 누구에게나 하루 24시간이 주어지지만 테레사 수녀Mother Teresa, 알베르트 아인슈타인Albert Einstein, 빌 게이츠Bill Gates, 마틴 루터 킹 목사Martin Luther King Jr.가 각자의 시대에 이룬 성과는 다른 수많은 사람들이 이룬 성과보다 훨씬 대단하다.

그 차이는 다시금 의도와 주의에서 비롯된다. 그들에게만 남들에게 없는 여분의 시간이 있었던 것은 아니다. 그들이 시간을 만들었을 뿐이다. 어떤 일이 자기 인생의 우선 순위에 속한다면 그 일에 방해가 되는 것이라면 무엇이든 기꺼이 피해가야 한다. 당신의 시간을 앗아가는 쓸모없는 존재가 있는데 어째서 그것을 내버려두는가? 자신의 인생 시계에 여분의 시간이 생기지 않을 게 확실한데, 자신의 목표를 달성할 수 있는 시간을 어떻게 낼 수 있겠는가?

며칠 동안 일기를 쓰면서 온종일 어떤 일을 했고, 각각의 일에 얼마만큼의 시간을 투자했는지 (솔직하게) 기록하는 것도 도움이 될 수 있다. 아침에 샤워를 하고, 하루의 시작을 준비하면서 문자를 보내고, 이메일을 보내고, 인터넷 검색을 하며, 게임을 하는 데 자신이 의식한 것보다 더 많은 시간을 허비하고 있는가? 당신이 어떤 목표를 달성하려고 노력할 때는 독서나 요리처럼 긍정적인 일이라고 해도 이것이 시간을 지나치게 허비하게 되는 원인이 될 수 있다. 보고서를 끝내야 하거나 분량이 많은 지원서를 아직 제출하지 못했다면, 할 일을 미루거나 앉아서 생각만 하지 말고 평상시의 활동들을 한쪽으로 제쳐놓음으로써 자신의 행동 지향성을 끌어올려라. 맡은 일을 완수하라. 요리를 하지 말고 통조림을 따라. 신문을 읽지 말고 나중을 위해 남겨두거나 그냥 넘겨버려라.

현대 사회에서는 시간을 잡아먹는 싱크홀이 끝없이 공급된다. 그 싱크홀에 빠지지 마라. 당신의 의지를 뒷받침해줄 수 있는 시간을 되찾아오라.

03장

정체에서
벗어나는 법

THE
ACHIEVEMENT
HABIT

실행할 가치가 없는 일은 잘해낼 가치도 없다.

- 작자 미상

술에 취한 한 남자가 거리를 걸어가다가 가로등 기둥에 부딪힌다. 그는 뒤로 펄쩍 물러섰다가 평정을 되찾은 후 다시 앞으로 걸어가지만 결국 똑같은 가로등 기둥에 다시 부딪히고는 아까와 마찬가지로 화들짝 놀라 뒤로 물러설 뿐이다. 그는 다시 평정을 되찾고 나서 다시 한 번 뒤로 성큼 물러선다. 이 행동들은 모두 몇 차례 더 반복된다. 마침내, 좌절감을 느낀 남자가 바닥에 앉아 이렇게 말한다. "관두자. 가로등 기둥이 사방을 에워쌌나 봐."

술에 취하지 않은 사람이라면 앞길에 놓인 장애물을 보거나 한두 번 뒷걸음질 치는 경험을 하고 난 뒤에는 장애물을 피해갈 것이다. 그런데 안타깝게도 맨 정신에도 여전히 어려움을 겪을 때가 더러 있다. 우리는 사방으로 포위되었다고 생각하고는 술 취한 남자와 똑같은 방식으로 반응할 때가 많다.

만약 정신이 말짱한 상태라고 가정한다면, 당신은 어떻게 장애물을 피해가겠는가?

가로등 기둥 피해가기

—

해답은 그 문제를 대하는 자신의 사고방식을 변화시키는 데 있다. 나는 어느 디자인 강의에서 학생들에게 자기 인생에서 방해가 되는 것을 찾아서 이를 해결하라는 숙제를 내주었다. 그러자 크리슈나라는 학생이 자진해서 자기 침대가 망가져서 숙면을 취하지 못하는 것 같다고 말했다. 그의 숙제는 이 문제를 해결하는 것이었다. 이렇게 시작된 그의 파란만장한 이야기는 몇 주에 걸쳐 진행됐다.

첫째 주에 크리슈나는 침대 프레임을 고치기에 알맞은 철사를 찾을 수 없다고 말했다. 둘째 주에는 알맞은 도구를 찾지 못하겠다고 했다. 셋째 주에는 작은 스프링을 구할 수 없다고 말했다. 마침내 나의 인내심이 바닥나고 말았기에, 나는 다음 주에도 이 문제를 해결하지 못하면 낙제라고 그에게 말해버렸다. 그다음 주에 그는 득의만면한 모습으로 수업에 들어왔다. 나는 그의 복잡한 사건이 이제 해결되었다는 것을 직감했다. 그를 불러 프로젝트에 관해 보고하라고 했다.

그가 간단히 대답했다. "새 침대를 샀어요."

이 사례는 우리가 어떤 일을 문제인 것처럼 생각하고 해답을 구하려고 노력하다가 어떤 실수를 저지르게 되는지를 잘 보여준다. 디자인 싱킹에서 강조하듯, 언제나 당신은 자신이 진짜 문제에 매달리고 있는지 확인해야 한다. 그의 실수는 애초에 잘못된 문제를 해결하려고 시도했다는 점이었다. 그는 "침대를 어떻게 고칠 수 있을까?"라는 질문으로 시작했다. 물론, 진짜 질문은 "어떻게 하면 숙면을 취할 수 있을까?"이다. 제대로 된 질문이 해결의 여지를 크게 열어주었고 침대를 고치면서 마주친 어려움에서 멀리 벗어날 수 있게 했다. 일단 크리슈나가 올바른 문제에 착수하자 해결은 쉬워졌다. 새 침대를 구하면 됐다. 덕분에 그는 스스로 초래한 '침대 수리하기'라는 가로등 기둥을 피해갔다.

더 높은 단계로 나아가기

—

당신은 도저히 해결하지 못할 것 같은 문제에 부딪힌 적이 있는가? 어쩌면 해결책을 몇 번이고 반복해서 생각하느라 잠까지 설쳤을지도 모르겠다. 틀림없이 잘못된 문제를 해결하려고 애쓰다 그랬을 것이다. 해답을 찾지 못하는 건 대개 당신이 올바른 질문을 던지지 않았기 때문일 가능성이 크다.

이 주장을 입증하기 위해 한 가지 질문을 던져보자. "어떻게 배우자를 찾아낼 수 있을까?"

문장이 물음표로 끝난다고 해서 그것이 질문이라는 뜻은 아니다. '어떻게'와 '~낼 수 있을까'를 떼어버리고 문장을 정리하면, '배우자를 찾아'라는 선언문Decalarative Statement이 된다. 이 문장을 일종의 대답으로 여겨도 괜찮다. 배우자를 찾는 것이 대답이나 질문으로 간주될 수 있다.

어떤 질문을 하면, '배우자를 찾아'라는 대답이 나올 수 있을까? 여러 가지 가능성이 있다. 그중 몇 가지만 예를 들어보자.

- 어떻게 누군가와 친밀한 관계를 맺을 수 있을까?
- 어떻게 애정 어린 보살핌을 받을 수 있을까?
- 어떻게 하면 직장을 그만둘 수 있을까?
- 어떻게 성관계를(더 많이) 맺을 수 있을까?
- 어떻게 부모님의 잔소리를 그만 들을 수 있을까?
- 어떻게 경제 상황이 좀 더 나아질 수 있을까?
- 어떻게 사회생활을 개선할 수 있을까?
- 어떻게 친구들과 계속 연락을 하며 지낼 수 있을까?

문제처럼 보이는 이 각각의 질문들에는 수많은 해결책이 있다. 배우자를 찾는 것은 각 질문에 대한 가능성 있는 한 가지 해결책에 불과하다. 실제로는 이 문제들 중 어느 것에도 대단히 좋은 해결책이 아닐 것 같다.

내 경험상 어떤 문제를 두고 잠을 설치게 만드는 중요한 원인 중 하나는, 우리가 실은 어떤 대답(혹은 해결책)을 다루고 있으면서 문제를 다루고 있다고 착각하기 때문인 것 같다. 게다가 나중에 보면 그 대답이 실제 문제에 잘 들어맞지도 않는다.

이러한 딜레마를 피해가는 한 가지 방법은 이렇게 질문하는 것이다. "이 문제를 해결하면 나에게 무슨 도움이 될까?" 그러면 이 질문의 대답이 새롭고 보다 생산적인 질문으로 전환될 수 있다.

만약 내가 친밀한 관계에 대한 나의 욕구를 만족시키기 위해 배우자를 원한다고 믿는다면, 진짜 문제(혹은 질문)는 이것이다. "어떻게 친밀한 관계를 찾을 수 있을까?"

이제 배우자 찾기는 친밀한 관계를 만들 수 있는 여러 가지 방법 가운데 하나가 되었다. 나는 질문을 변경함으로써 관점을 변화시켰고, 가능한 해결책의 수치를 극단적으로 확장시켰다.

이 상황은 다음과 같은 도표로 예증할 수 있다.

지금까지 배우자를 찾지 못했기 때문에 나는 다른 길을 선택할 수 있다. 배우자 찾기가 내게 어떤 도움이 되는지 물어보는 것이다.

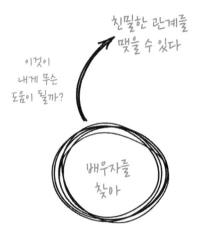

나는 이렇게 하면 친밀한 관계를 맺을 수 있다고 믿는다. 그러므로 새로운 질문은 이것이다. "어떻게 누군가와 친밀한 관계를 맺을 수 있을까?" 아래 도표는 가능한 대답들을 보여준다.

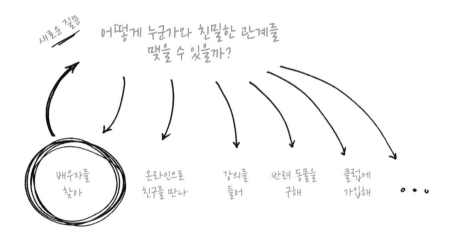

나는 더 이상 배우자를 찾으려고 노력하는 데 얽매이지 않게 된다. 아주 간단한 문제다.

지금 빠져 있는 문제의 해결책에서 자신이 기대하고 있는 것이 무엇인지 확인하고 나면 당신은 더 높은 단계로 나아갈 수 있고, 궁극적으로 더 나은 질문을 던지게 된다.

질문 바꾸기는 만족스러운 해결책으로 이어지고, 많은 경우 원래의 어려움을 사라지게 만든다. 이 예시에서, 만약 내가 결혼하지 않고도 누군가와 친밀한 관계를 맺는 방법을 알아낸다면 배우자 찾기 문제는 실제적인 가치가 거의 없어진다.

이 절차는 더 높은 단계를 시작할 때도 반복할 수 있다. 만약 "어떻게 누군가와 친밀한 관계를 맺을 수 있을까?"라는 질문을 해결하기 힘들어지면 이렇게 물을 수 있다. "누군가와 친밀한 관계를 맺으면 내게 무슨 도움이 될까?"

그러면 다음과 같은 대답들이 가능해진다.

- 지루함이 줄어들 것이다.
- 사회적 자극을 받게 될 것이다.
- 지적 자극을 받게 될 것이다.
- 외로움이 줄어들 것이다.
- 안정감이 증가할 것이다.

이 중에서 가장 크게 공감되는 대답을 하나 고른 뒤, 이를 질문으로 전환하면 새로운 질문을 갖게 된다. 가령, '외로움이 줄어들 것이다'를 택했다면 "어떻게 외로움을 줄일 수 있을까?"라는 질문이 된다. 이 질문은 원래의 질문인 "어떻게 배우자를 찾아낼 수 있을까"와 완전히 다르다.

실제 수많은 기혼자들은 결혼생활을 하면서도 외로움을 느끼므로 심지어 원래의 문제인 배우자 찾기를 해결한다고 해도 외로움이라는 실질적인 문제를 해결하지 못할 것이 분명하다.

이제 상황은 이렇게 정리된다.

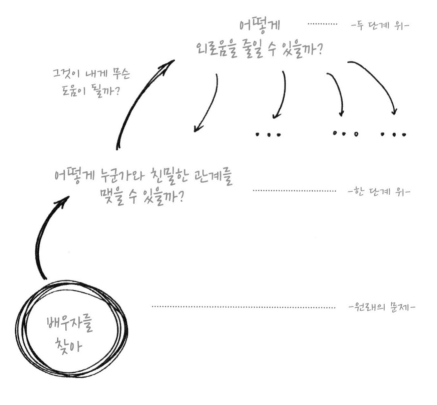

성취 습관
The Achievement Habit

당신이 어떤 문제에 얽매여 있거나 그로 인해 잠을 설치게 될 때마다 이 절차를 활용해보라. 이 절차가 광범위한 새로운 해결책들을 제시해줄 것이다. 그렇게 되면 원래의 문제는 사라지고 일을 진행하는 방법이 금세 분명해진다.

이 방법이 효과를 거두기 위해서는 가로등 기둥에 부딪히는 일에 얼마나 익숙해졌든 관계없이 원래의 문제를 고집하지 않을 정도로 대단히 솔직해져야만 한다. 또 자신에게는 역기능적 행동을 여러 가지 변명으로 합리화하려는 경향이 있다는 것을 인식할 필요가 있다. 차마 변명이라고 부르기는 꺼려져서 그 대신 이유라는 이름을 붙이고 있다는 걸 잊지 마라. 물론, 이런 것들이 퍽이나 좋은 이유인 것은 사실이다. 그렇지 않은가?

"문제의 해결책을 찾으면 내게 무슨 도움이 될까?"라는 질문에 대한 대답이 언제나 한 가지는 아니다. 그저, 자신의 실질적인 문제를 인식함으로써 '아 그렇구나!' 하는 깨달음이 올 때까지 '어떻게 ~ 할 수 있을까?'와 같은 질문을 다르게 고쳐서 이용하고, 이 절차를 반복하기만 하면 된다.

그동안 내가 가르친 학생들 중에는 이 방법이 원래의 문제를 실제로 해결하지 못한다고 느낀 이들도 있었다. 이 방법이 원래의 문제를 자신이 해결할 수 있는 문제로 치환하는 데 지나지 않는다는 것이다. 하지만 이 학생들이 깨닫지 못한 사실이 있다. 문제를 놓아버리는 것이 실은 최고의 해결책인 경우가 많다는 것이다. 당신이 잘못된 문제로 고심할 때는 특히 더 그렇다.

실제 이 훈련이 성공을 거두지 못할 때가 있다. 바로 우리가 원래의 문제를 놓아버리지 못하는 경우다. 예를 들면, 내 워크숍에 참여한 한 여성이 이렇게 물었다. "어떻게 제 딸을 좋은 대학에 확실히 보낼 수 있을까요?" 그녀는 이 문제를 해결함으로써 자신에게 돌아오는 주된 이익이 '불안감 감소'라는 사실을 인정하기 위해 노력해야 했다. 일단 그 도약에 성공하면 한 단계 위의 질문에 도달한다. "어떻게 불안감을 줄일 수 있을까요?" 새로운 문제는 딸이 대학에 들어가는 문제로부터 한층 멀어졌다. 사실, 그녀의 진짜 문제는 딸의 대학 진학과는 거의 관계가 없다. 십중팔구, 딸이 대학에 진학하고 나면 그녀는 다른 걱정거리를 재빨리 찾아낼 것이다. 그러므로 아주 솔직해져야만 그녀는 진짜 문제에 접근할 수 있을 것이다. 즉, 자신의 불안감 말이다.

실전 연습 5

가로등 기둥을 피하는 과정을 경험하고 싶다면, 자신이 요즘 잠을 이루지 못하면서까지 고민하고 있는 문제에 대해 생각해보라. 세계 평화를 달성하는 방법처럼 추상적이거나 세계적인 문제가 아닌, 지속적으로 당신을 괴롭히고 있으며 당신의 인생이나 인간관계, 직장과 직접적으로 관련 있는 문제여야 한다.

이 문제를 '어떻게 ~할 수 있을까?'라는 식으로 짧고 단순한 질문으로 변경해 적어보라. 그러고 나서 만약 이 문제가 해결되면 자신에게 무슨 도움이 될지 자문해보라. 달리 말해, 만약 이 문제로 인해 더 이상 잠 못 이루는 날이 없어진다면 자신에게 무슨 도움이 되겠는가? 원래의 질문 위에 이것에 대한 대답을 적어라. 이제 대답을 질문으로 바꾼 뒤엔 잠시 시간을 들여서 이 새로운 질문의 해결책들을 고심해보라.

당신이 마음을 열어둔다면 가로등 기둥을 간단히 피할 수 있는 기회가 생길 것이다.

안타깝게도, 당신이 여전히 기존의 문제에 얽매여 있고 새로운 문제를 해결할 수 있는 방법을 찾지 못했다고 가정해보자. 그럼 한 단계 위로 올라가보자. 새로운 질문을 선택하고 그 질문을 해결하면 자신에게 무슨 도움이 될지 자문해보라. 그리고 그 대답을 새로운 질문 위에 적어라. 이제 우리에겐 새로운 질문이 생겼다. 두 번째 새로운 질문의 해결책들을 고심해보라. 얼마 지나지 않아 자신이 또 하나의 가로등 기둥을 피해갔음을 깨닫게 될 것이다. 만약 이 과정을 모두 거치고 난 뒤에도 원래의 질문이 사라져버리지 않고, 여전히 해결책이 될 분명한 길이 보이지 않는다면, 당신은 진짜 문제가 무엇인지 그리고 그 문제를 해결하면 자신에게 무슨 도움이 될지에 대해 솔직하지 않았을 가능성이 대단히 크다. 그렇다면 앞으로 되돌아가서 다시 시작하라!

재구성

—

일단 문제를 인식하고 나면, 우리는 해결책을 찾기 위해 앞뒤 안 가리고 뛰어드는 경향이 있다. 그러나 먼저 그 문제를 재고해보는 편이 더 나을 때가 많다. 문제를 재구성Reframing하면 훨씬 더 나은 해결책을 얻게 된다. 정신 건강 전문가들도 재구성을 활용한다. 이 방법은 대단히 효과적인 치료 기술이다. 재구성하기의 기본적인 발상은 자신의 생각을 변화된 시각으로 바라보는 것이다. 이는 고전적인 전구 갈기 농담 시리즈를 변형한 아래의 대화에서 잘 입증된다.

질문: 전구를 하나 가는 데 얼마나 많은 디자인 싱커Design thinker가 필요할까?

디자인 싱커의 대답: 왜 전구를 사용하지?

문제를 진술하는 형태는 대단히 다양하다. 산업계와 디자인 싱킹 분야에서는, 기회Opportunity 진술, '어떻게 할 수 있지?'How-could-we' 진술, 관점을 뜻하는 POVPoints of view를 주로 쓴다.

내가 좋아하는 진술 형태는 POV이다. 이는 엄격하게 정의된 개념이 아니다.[1] 이 진술의 목적은 한 사람이 필요로 하는 것, 다시 말해 우리가 생각하기에 그녀에게 필요한 것이 아니라 그녀가 실제로 필요로 하는 것을 정의하는 것이다. 당신이 무언가 새로운 것을 발견하고 싶다면 해결책이 아니라 문제에서 출발하는 것이 중요하다. 일단 해결책이 너무 빨리 도입되면 발견의 과정Discovery process이 중단되고만다.

문제의 재구성이란 기본적으로 POV의 변화를 의미한다. 디 스쿨에서는 재구성 작업을 통해 엄청난 결과를 초래한 사례가 여러 번 있었다.

'누구나 누릴 수 있는 제품 개발을 위한 기업가적 디자인Entrepreneurial Design for Extreme Affordability' 수업의 수강생들은 미얀마로 가서 관개 관련 프로젝트에 착수해야 했다. 이 작업의 일환으로, 그들은 농작물 관개와 관련하여 농부들이 겪는 기본적인 문제가 무엇인지 알아내기 위해 가난한 농부들과 시간을 보내게 되었다. 그러는 동안 학생들은 전기가 공급되지 않아서 농부들이 양초나 등유 램프를 조명으로 사용한다는 사실에 주목했다. 그들은 환기시설이 미약한 농부들의 헛간에서 유독 가스 냄새를 맡았다. 그리고 농부들이 연 수입의 25퍼센트를 초와 등유 값으로 소모한다는 사실도 알게 되었다.

경우에 따라서 농부들은 날이 어두워진 뒤에도 자녀들이 숙제를 할 수 있도록 낡은 자동차 배터리를 램프에 설치하기도 했다. 이런 가정의 어머니들은 배터리를 재충전하기 위해 몇 시간에 걸친 지루하고 기나긴 자전거 여행을 어쩔 수 없이 반복해야 했다. 조명이야말로 농부들에게 해결이 필요한 문제임을 알게 된 스탠퍼드 대학교 학생들은 교수팀을 설득해 자신들의 POV를 관개 문제해결에서 조명 문제해결로 바꾸었다.

학생들은 대체 에너지인 태양광보다 가격이 저렴하고 보다 사용자 중심적인 태양열 동력의 LED 조명을 개발했다. 2013년 말에는 디 라이트d.light라는 영리 회사를 설립하고 42개국에 200만 개 이상의 조명을 팔았다. 이들은 앞으로도 발전을 거듭해서 전기가 전혀 공급되지 않거나 간헐적으로 공급되는 세계 각지에 저렴한 태양열 조명을 공급할 수 있기를 바라고 있다. 이 사례에서 학생들이 관개 문제를 전속력으로 밀어붙이지 않은 것이 잘한 일이었다. 이들은 현지에서 발견한 필요에 맞춰 POV를 재구성했다.

이와 다른 유형의 재구성은 포옹이란 뜻을 가진 '임브레이스Embrace' 프로젝트에 참여한 학생들이 이뤄냈다. '누구나 누릴 수 있는 제품 개발을 위한 기업가적 디자인' 수업의 수강생들은 비영리 의료재단의 요구에 따라, 네팔에 가서 조산아의 인큐베이터와 관련된 문제를 다뤘다. 인큐베이터 운영에는 개당 2만 달러의 비용이 들었고 이는 미국의 병원에서 사용되는 제품에 상당하는 비용이었다. 학생들이 해결해야 할 문제는 두 가지였다. 인큐베이터를 지방에서 수리하기 어렵다는 것과 전력 공급 중단으로 기계의 성능이 손상될 때가 많다는 것이었다. 학교에 있을 때만 해도 학생들은 예비 배터리를 준비하고 기계의 설계를 바꾸어 부속품의 수를 줄이는 방향으로 문제를 해결하려 생각했지만, 일단 네팔에 도착하자 제대로 작동하는 인큐베이터조차 자주 사용되지 않고 있다는 사실을 알게 되었다. 학생들은 네팔 이곳저곳을 돌아보면서 진료소에 인큐베이터가 있는 마을이 두 곳에 불과하다는 것도 알아챘다. 산악지대에 사는 여성들의 경우, 제시간에 조산아를 진료소로 데려가 목숨을 구하는 것조차 힘든 상황이었다.

학생들은 POV를 재구성했다. 인큐베이터가 고장 나지 않도록 관리해야 하는 의사들의 문제가 아니라, 조산아의 목숨을 구해야 하는 산모들의 문제를 해결해야 했다. 그들은 필요한 시간만큼 보온이 유지되는 온기를 적당한 장소에 공급하는 일에 착수했다. 학생들은 작은 침낭 형태의 제품을 디자인했고, 여기엔 가열하면 액체로 변해서 거의 5시간 동안 필요한 온도를 유지할 수 있는 왁스 같은 물질이 든 탈착형 주머니가 장착됐다. 물속에 담긴 주머니를 끓임으로써 열기가 공급되는데, 이 기능은 전력 없이도 작동됐다.

학생들이 개발한 장치는 현재 기존 인큐베이터 가격의 1퍼센트에 해당하는 금액으로 판매되고 있으며, 전통적인 인큐베이터의 영역을 훨씬 뛰어넘어 생명을 살리는 데도 유용하게 활용되고 있다. 어떻게 학생들은 이처럼 획기적인 발명을 할 수 있었을까? 그들이 처음으로 받은 "인큐베이터를 어떻게 개선할 것인가?"라는 질문이 사실은 원하는 효과를 낼 수 없는 질문이라는 걸 깨달았기 때문이다. 인큐베이터 성능을 개선하고 나면 어떤 성과를 얻을 수 있는지 자문함으로써 학생들은 진정한 질문에 도달하게 되었다. 어떻게 일찍 태어난 아기들이 죽지 않을 정도의 온도를 유지할 수 있을까?

2014년 4월, 임브레이스의 유아 온열 장치Infant warmers는 3개 대륙, 11개 국가에서 사용됐다. 이는 5만 명 이상의 저체중아와 조산아에게 저렴한 가격으로 혁신적인 인명 구조 기술을 제공했다. 이 장치 덕분에 생명을 구한 유아의 숫자는 날마다 증가하고 있다.

재구성은 해결책을 이미 발견하고 난 뒤 상황을 개선하는 데도 유용하다. 더그 다이어츠Doug Dietz는 GE 헬스 케어GE Health Care에서 의료 진단 기구 디자이너로 오랫동안 근무해왔다. 그는 자신이 설계한 MRI 기계를 사용하는 지역 진료소에 방문했을 때 인생이 달라지는 경험을 했다. 그가 자신을 공학자라고 소개하자 진료소 관계자는 그가 설계한 기계가 얼마나 높이 평가받고 있는지 말해주었다. 그 말을 듣고 그는 우쭐해졌다. 그때 한 가족이 들어와서 우는 아이를 달래기 위해 안간힘을 썼다. 무시무시한 방과 낯선 사람들, 거대한 MRI 스캐너를 보자마자 어린 소녀는 울음을 터뜨렸고, 검사를 위해 몸을 움직이지 못하도록 진정제를 맞아야 했다. 이전까지 더그는 MRI를 사용하기 위해 대부분의 아동들이 진정제를 맞아야 한다는 걸 몰랐다. 하지만 3~8세 사이 아동의 근 85퍼센트가 진정제를 맞아야 한다는 사실을 알게 되자 자신이 실패자같이 느껴졌다.

그로부터 얼마 지나지 않아, 더그는 디 스쿨에서 3일 동안 진행한 '기업인 집중 교육' 워크숍에 참가했다. 그는 자신의 디자인 과정에서 무엇이 문제였는지 알게 되었다. 그간 고객 응대 서비스 요원과 마케팅 부서 직원, 판매원, 공학자, 의사 들에게는 광범위한 자문을 구했지만, 실제 자신이 설계한 장비가 필요한 가족과 어린 환자 들에게는 많은 시간을 할애하지 못했다는 것을 깨닫게 된 것이다.

직장으로 돌아온 더그는 병원의 아동생활 전문가와 아동심리학자, 교사, 부모, 아이 들에게 자문을 구했다. 그리고 어느 아동박물관의 직원들에게 협조를 요청했다. 그들은 아이와 그 부모 들과 많은 시간을 보내기 때문이었다. 더그는 치료 경험이 많은 아이들과 함께 작업하면서 일련의 MRI 경험들을 디자인하여 여기에 '어드벤처 시리즈'라는 이름을 붙였다.

어드벤처 시리즈는 MRI 경험을 의료시술이 아닌 하나의 모험으로 재구성했다. 더그는 검사실과 바닥, MRI 기계 장식을 새롭게 바꾸었다. 뿐만 아니라, 시술 전날 밤 아이들이 집에서 색칠을 하며 시술 절차를 이해할 수 있도록 하는 색칠공부 책도 개발했다. 그가 고안한 모험 중 하나는 캠핑을 하러 가서 텐트 속에 들어가는 것인데, 아이가 텐트 안의 침낭(시술대)에 가만히 누우면 별을 볼 수 있다. 또 해적들에게 들키지 않도록 배 안에 가만히 누워 있는 모험도 있다.

의료시술을 모험이라는 상황으로 재구성한 것은 대단히 성공적이었다. 덕분에 아동에게 진정제를 투여하는 비율은 0퍼센트에 가깝게 떨어졌다. 시간과 비용 절감 외에도 아이와 가족 들의 경험에는 주목할 만한 긍정적인 변화가 생겼다. 더그의 보고에 따르면, MRI 검사를 받은 아이들 중 일부는 언제 돌아가서 다시 모험을 할 수 있는지 엄마에게 물었다고 한다!

이 장치는 앞의 사례와 정확히 동일하다. 오직 사용자의 경험만 재구성된 것이다.

이 고무적인 결과들은 중요한 기본원칙을 입증해준다. 즉, 자신의 꿈을 실현할 방법에 대해 생각할 때 무턱대고 밀어붙이기만 해서는 안 된다는 것이다. 잠시 멈추고 진짜 문제가 무엇인지 생각해보라. 더 높은 단계로 올라가서 그 문제의 핵심에 다른 무엇이 있는지

곰곰이 생각해보라. 이제 그 문제를 재구성하라. 당신의 관점을 바꿔라. 그리고 나서 문제를 다시 변화시킨 후 당신의 상황을 살펴보라. 그러면 진짜 문제가 저절로 나타날 것이다.

왜 효과가 없을까?
—

문제를 해결하려고 하는 동안 생각의 변화를 모색할 수 있는 방법은 무엇일까? 박사 학위 논문을 쓰면서 나는 우연히 한 가지 유용한 기법을 발견했다. 연구가 거의 끝났을 무렵 예일 대학교에서 나의 박사연구 주제에 관해 세미나를 열어달라는 요청이 들어왔다. 나는 이 세미나에 다소 오만해 보이는 제목을 붙였다. 강연 전날 저녁, 프레젠테이션에 대해 생각하자 긴장이 됐다. 우선, 그 제목에 대해 솔직하게 이야기를 하며 강연을 시작해야겠다고 생각했다. 그리고 내가 말하는 모습을 상상해보았다. "강연 제목만 보면 제가 일반적인 사례를 모두 해결할 것처럼 보이겠지만, 사실은 몇 가지 특별한 사례들밖에 해결하지 못합니다. 어느 누구에게나 들어맞는 일반적인 사례는 해결하지 못하는데, 그 이유는 ……."

그리고 나서 기적이 일어났다. 내가 일반적인 사례를 해결하지 못하는 이유를 가상의 청중들에게 설명하려는 그때 해결 방법이 갑자기 떠오른 것이다. 온몸에서 전율이 일었다! 다음날, 예일 대학교에서의 강연은 원활하게 진행되었다. 내가 부정확한 제목 뒤에 숨을 필요가 없었다는 사실과 성공적인 프레젠테이션 때문에 기분이 무척 좋았다. 아직도 나는 그날이 내 인생에서 가장 위대한 깨달음을 얻은 순간 중 하나라고 생각한다.

이 사건을 통해 두 가지 중요한 교훈이 드러났다. 하나는 아마 당신도 예전에 들어봤을 것이다. 만약 문제를 해결하는 과정에서 막힌 것 같은 기분이 들거든 잠시 그 일을 옆으로 밀어두라. 이는 일종의 정신적인 책상 정리와 같다. 당신의 잠재의식이 문제를 해결하는 것을 허락하면, 결과적으로 새롭고 더 나은 해결책이 나올 때가 많다.

다른 하나는 시간을 내서 자신이 그 문제를 해결하지 못하는 정확한 이유를 (혼자서, 혹은 친구나 가족에게 큰 소리로) 설명하는 것이다. 나의 경우, 일반적인 사례를 해결하지 못하는 이유를 가상의 청중들에게 설명하면서 그 이유들이 사실상 근거가 없고 내가 익히 알고 있는 방법들을 활용해 문제를 쉽게 해결할 수 있다는 것을 비로소 깨달았다.

성급한 종결

—

문제의 해결책을 찾아다닐 때, 우리는 가장 먼저 떠올린 그럴듯한 아이디어를 선택하는 경향이 있다. 일단 의지할 만한 아이디어가 생기면 더 이상 열심히 노력하지 않으면서 더 나은 해결책을 찾고 있는 척 시늉만 하거나 해결책을 찾으려는 노력 자체를 완전히 멈춰버린다. 이 또한 일종의 정체 현상이다. 보다 실용적이거나 명쾌하고 저렴한 해결책을 발견할 기회를 스스로 차단하는 것이다.

성급하게 일을 종결짓고 싶은 생각은 디자인 과정이나 문제해결 과정의 어느 단계에서든 고개를 쳐들 수 있다. 이 생각이 문제 형성 단계 혹은 POV 생성 단계에서 일어나면, 우리는 문제 진술을 위한 원래의 개념에 대해 탐구할 수밖에 없다. 그렇게 되면 보다 효과적이고 즐거운 해결책을 얻게 해주는 일종의 비결인 '재구성 작업'이 무척 어려워진다.

만약 아이디어 창출 단계에서 이런 생각이 들면 프로젝트는 평범하고 억지스러운 해결책으로 마무리되고, 더 많은 아이디어가 만들어져서 원래의 개념을 강화하거나 대체하기 위해 활용된다면 종종 더 나은 결과가 나오기도 한다. 다음 질문에 대해 생각해보자.

"어떻게 하면 나의 구매력을 증가시킬 수 있을까?"

만약 주머니에 손을 넣어 1달러 지폐를 발견한다면 해결책이 있는 셈이다. 주머니를 계속 뒤지다가 5달러 지폐를 발견한다면 상황은 아까보다 더 나아진다. 여기서 주머니를 더 뒤졌는데 20달러 지폐가 발견될지도 모른다. 만약 운이 좋으면 지갑의 다른 칸에서 백지수표 한 장과 여러 개의 신용카드를 발견할 수도 있다. 이제 선택권이 많아졌으므로 여러 가지를 합치거나 주어진 상황에 가장 잘 맞다고 생각하는 단 하나의 선택권을 활용할 수 있다. 어느 쪽을 선택하든 첫 번째 해결책인 1달러로부터 아주 멀어졌다.

결국 올바른 사고방식은 매번 해결책이 등장할 때마다 처음 해결책을 찾았을 때만큼이나 기뻐하면서 각각의 해결책을 옆으로 밀어둔 채 계속 새로운 방법을 찾아보는 것이다. 궁극적으로 당신은 여러 가지 제약 상황에 부딪혀 결국 해결책을 찾는 과정을 그만두게 될 것이다. 우선 시간이 다 될 것이다. 자원도 바닥이 난다. 아니면, 그야말로 자신의 문제에 딱 들어맞다는 확신이 들어서 더 나은 해결책을 찾기 위해 도전하고 싶은 마음이 들지 않는 해결책을 발견하게 될 것이다.

우리에게 없는 것

—

어느 봄날, 나는 데스밸리에서 자전거를 타다가 소스라치게 놀라운 광경과 맞닥뜨렸다. 도로 한 구역이 죽은 수천 마리의 애벌레로 덮여 있었던 것이다. 아마 도로를 건너가려고 시도하던 애벌레들이 자동차에 치여 납작하게 눌린 듯 보였다. 더 자세히 살펴보니, 도로 양쪽에서 수많은 애벌레들이 도로를 향해 천천히 움직이고 있었다. 도로의 오른쪽에서 왼쪽으로 이동하는 애벌레들 숫자만큼이나 왼쪽에는 도로의 오른쪽을 향해가는 애벌레들이 많이 남아 있었다.

이곳은 황량한 지역이었고 도로의 양쪽 풍경 모두 똑같이 텅 비어 있었다. 도대체 무슨 동기로 애벌레들이 길을 건너게 된 걸까? 도저히 이해가 가지 않았다. 아마도 곤충학자들은 퍽이나 좋은 이유를 찾아낼 테지만 말이다. 이 기억은 뇌리에서 떠나지 않은 채 내 인생에서 그와 유사한 의미 없는 역기능적 행동들을 지속적으로 상기시켰다. 원래 머무르던 자리에 그대로 있었으면 좋았을 뻔했는데 내가 무의미하게 길을 건너간 적은 얼마나 많았을까?

그 애벌레들처럼 우리는 지금 가지고 있는 것보다 가지지 못한 것에 더욱 관심을 가질 때가 많다. 우리는 무언가를 얻으려고 노력하기도 하고 그 노력에 완전히 사로잡히기도 한다. 그런데 일단 목표를 달성하고 나면, 더 이상 거기에 관심을 보이지 않고 다음 목표를 추구하기 시작한다. 현재 미국에서는 결혼한 부부의 약 50퍼센트가 이혼을 한다. 이들 중 상당수는 나중에 재혼을 한다. 우리는 언제나 무언가 새로운 것, 무언가 더 나은 것을 찾아다닌다.

사람들은 어떤 일에 지루함을 느껴 직업을 바꾼다. 즐거운 시간을 보내기 위해서가 아니라 단순히 현실에서 달아나기 위해 여행을 떠난다. 다른 국가와 도시로 여행을 떠난 사람이 고향에서는 굳이 방문해볼 생각도 하지 않았을 박물관에 찾아가는 것은 일반적인 현상이다. 어떤 사람들의 삶은 단지 변화를 위한 변화로 점철되기도 한다. 마치 애벌레들이 데스밸리의 똑같이 생긴 다른 지역에 도달하기 위해 길을 건너는 것과 같다. 어쩌면 한 장소에서 다른 장소로 옮겨간다고 해도 아무 해가 되지 않을 수도 있지만, 길을 건너는 도중에 차에 치여 납작해질지도 모른다.

일부 직업에는 애벌레의 길 건너기와 같은 행동의 동기가 내재되어 있다. 스포츠는 목표를 설정하고 노력해야 할 다음 게임과 다음 시즌이 항상 기다리고 있다. 연구는 다음 프로젝트와 다음 논문이 언제든 대기 중이므로 항상 더 많은 지식을 쌓아야 한다. 학교는 항상 다음 시험과 다음 수업, 다음 학기가 있다. 그러고 나면 졸업해야 할 다음 단계의 학교가 수없이 기다린다. 초등학교, 중학교, 고등학교, 대학교, 대학원. 직장에서 우리는 정성스럽게 사다리를 올라가면서 언제나 위를 올려다본다. 적어도 이 사례들에는 도로 저편에 더 크고 좋은 것이 존재하는 듯 보인다.

그런데 이 사례들을 하나씩 살펴보면, 뒤에 남겨진 것이야말로 언젠가 당신이 인생에서 가장 바라던 목표였다는 것을 깨닫게 된다. 그러나 이제는 당신에게 거의 의미가 없다. 계속해서 더욱 발전하기만 한다면 이렇게 변화를 겪고 인생의 다음 단계로 나아가는 것에는 아무 문제가 없다. 불행한 것은, 다음번 대단한 대상을 찾아가는 과정에서도 우리는 목표 달성의 만족감이나 그 과정 자체를 즐길 만한 시간을 내지 못할 가능성이 크다는 것이다. 다음번 목표에 군침을 흘리느라 너무 바쁜 나머지 이미 눈앞에 존재하며 어쩌면 대단히 의미 있을 법한 성과를 즐기는 것은 잊기 때문이다. 이때는 다음 격언을 기억하면 도움이 될 것이다. "변하는 것이 많을수록 늘 변함없는 것도 많아진다."

지금 이 주제에 딱 들어맞는 좋은 사례 하나를 소개하려 한다. 몇 가지 중요한 발견을 한 후 응용수학 분야에서 대단한 명성을 얻은 내 동료의 이야기다. 그는 여러 차례 상을 탔으며 명예 학위도 받았다. 그런데도 그럴 때마다 자신이 다음번에는 어떤 영광을 누리고 싶은지 내게 이야기했다. 그다음 바라던 목표를 달성하고 나면 이를 이용해 다음 해에 연봉을 올릴 수 있게 돼서 기쁘다고 했다. 사실, 그는 결혼을 하지 않은 데다 대단히 많은 돈을 벌고 있었으므로 추가적인 수입이 필요하지 않았다. 수많은 성공과 엄청난 임금 인상에도 불구하고 그는 기본적으로는 불행한 사람이었다. 안타깝게도, 그를 볼 때마다 자신이 서 있는 곳에 이미 모든 것이 있는데도 언제나 도로 건너편에 있는 무언가를 찾고 싶어 하는 애벌레가 떠오른다.

우리는 이미 가지고 있는 것을 조금 더 많이 가지려고 애쓴다. 돈, 명성, 인정, 사랑 등. 이런 식의 추구는 끝없이 이어진다. 속담에도 이르듯이 사람은 아무리 많이 가져도 결코 만족하지 못한다. 어떤 사람들은 목표를 추구할 때의 전율을 진심으로 즐기기 때문에 추구하던 것을 달성한 뒤에는 그것에 관심을 갖지 않는다. 당신이 자신의 목표에 대해 솔직해질 수만 있다면 이 행동은 본질적으로 아무 문제가 없다. 그러나 그렇지 않으면 당신도 내 친구처럼 욕구 불만의 불행한 사람으로 인생을 살아가게 될 것이다.

실리콘밸리는 변화와 관련해 특유의 정신을 가지고 있다. 대다수 기업에는 언제나 경쟁자들보다 앞서나가기 위해 새로운 제품을 개발하려는 치열한 투쟁이 존재한다. 실리콘밸리의 사람들은 혁신을 지속하지 않으면 자신이 몸담고 있는 회사가 발전을 멈추고 사장될 것이라고 믿는다. 즉, 이곳의 근본적인 문화는 한마디로 이렇게 표현된다. '최근에 어떤 성과를 거두었지?' 이런 문화 속에서 위상을 지키기 위해 사람들은 언제나 새롭고 진화하는 이야기를 필요로 한다. 만약 그런 이야기를 전하지 못하면 체면이 손상된 것처럼 느낀다. 이들은 엄청난 압박감에 시달리면서 때로는 필사적인 심정으로 그 애벌레처럼 행동한다. 친구들에게 들려줄 새로운 이야기를 찾기 위해 자신의 조직을 이끌어 의미 없이 도로를 건너는 것이다.

여기서의 교훈은, 변화를 위한 변화가 반드시 좋은 것은 아니라는 점이다. 때로는 의미 있는 목표를 추구하다가 실패하는 것도 괜찮다. 하지만 그저 친구들 앞에서 체면을 세우거나 최근 연애 상대에게 깊은 인상을 심어주기 위해 조직적인 자살행위를 저지르는 것은 결코 좋지 않다.

정체에서 벗어나는 22가지 방법

—

일단 문제를 진술하고 나면, 해결책을 만드는 데 도움이 될 만한 공식적인 방법을 얼마든지 찾을 수 있다[2]. 다만 문제해결 과정을 진전시키는 동안 명심해야 할 중요한 사항은, 문제 진술을 하나같이 잠정적이라고 여기는 것이 좋다는 것이다. 그다음 작업은 문제 진술의 반복된 교정으로 이어지는 경우가 많다.

올바른 문제 진술 작성은 종종 훌륭한 해결책을 얻는 첫걸음이된다. 하지만 때로는 수긍할 만한 방향이 분명히 드러나지 않아 좌절감을 느낄 수도 있다. 내가 아끼는 친구 롤프 페이스트Rolf Faste는 가로등 기둥에 부딪혔다고 느낄 때 시도해볼 만한 22가지 방법을 인쇄물로 제작했다. 그리고 우리는 이를 창의력 워크숍에서 사용하고 있다. 나는 간단한 스케치를 통해 복잡한 발상들을 생활에 적용하는 롤프의 놀라운 능력을 언제나 존경해왔다. 그는 디자인 싱킹 운동으로 발전된 제품 디자인 문화의 중요한 도구들을 고작 종이 한 페이지에 멋지게 요약했다. 원래 8.5×1in 크기인 프린트물 위에 있던 세로 단의 내용을 나는 다음 두 페이지에 옮겼다. 나는 롤프의 그림 속 해당 항목에 짧은 설명을 덧붙여 보완했다. 이 방법들 가운데 몇 가지를 숙달하면 대단히 유용할 것이다.

각고의 노력 기울이기

이는 내게 있어 가장 생산적인 기법이다. 때로는 머릿속에 여러 가지 생각들이 섬광처럼 떠오른다. 하지만 대부분의 경우 그 섬광 뒤에 성실한 노력과 좌절이 수없이 뒤따르게 마련이다. 주의와 의도를 대체할 만한 마법의 방법이란 없다.

도움이 되는 환경 조성하기

시간을 내서 자신의 근무 공간을 말끔히 정리하고, 도움이 되는 물건들은 가까이에 두어라. 주변 환경을 훌륭하고 고무적으로 만들어라. 에이브러햄 버기즈Abraham Verghese는 자신이 작업하고 있던 책이 노벨상을 수상하고 한 해 동안 〈뉴욕타임스New York Times〉 베스트셀러 목록에 올랐다는 문구를 새긴 포스터를 만들었다. 비록 노벨상은 타지 못했지만 나머지는 실현됐다.

긴장 풀기

잠재의식이 제구실을 하도록 만들기 위해서는 긴장을 풀어야 한다. 꿈을 꾸거나 공상에 잠겨 있는 동안 획기적인 돌파구를 마련한 사람들의 이야기는 무수히 많다. 내가 특별히 좋아하는 이야기는 아일랜드의 천문학자이자 수학자인 W. R. 해밀턴W. R. Hamilton에 관한 것이다. 아내와 산책을 하던 도중 그의 머릿속에 오래된 문제의 해결책이 불현듯 떠올랐다.[3] 남편이 자신과 보내는 시간에 공상을 하고 있었던 걸 그의 아내도 알고 있었는지는 모르겠다. 비록 자세한 내용을 밝힐 수는 없지만(자세히 말하면 내 결혼생활이 위험해질지도 모르니까), 나는 이 방법이 효과적이라고 확신한다.

브레인스토밍

스탠퍼드 제품 디자인 프로그램에 참여한 학생들은 'ETC'라 불리는 문제해결 과정의 활용 방법을 배운다(우리는 이를 디자인 과정이라고 부른다). 1단계에선 생각을 표현한다. 즉, 시범적인 해결책을 떠올린다. 2단계에서는 그 생각을 시험한다. 즉, 생각의 어떤 부분이 효과적이고 어떤 부분이 그렇지 않은지 살펴본다. 3단계에서는 순환한다. 즉, 2단계에서 알아낸 내용을 활용해 수정된 생각이나 새로운 생각을 떠올린다. 무언가 새로운 것을 표현하는 것이다. 이 과정은 스스로 자랑스럽다고 느낄 정도의 해결책이 나올 때까지, 아니면 시간이 다 될 때까지 반복된다.

일반적으로, 표현하는 단계는 무언가를 생성하는 역할을 한다.

창의력과 ME 커리큘럼의 통합
창의적인 전략 검토

① 각고의 노력 기울이기 { 대체로 가장 먼저다. 폭폭에 나열된 대부분의 전략들은 당신의 생각이 막혔을 때 가장 유용하다

② 도움이 되는 환경 조성하기   자신에게 투자하라

③ 긴장 풀기    꿈   자신의 잠재의식을 이용하라

④ 브레인스토밍

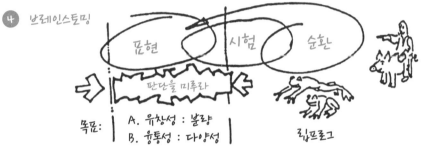

표현   시험   순환

판단을 미루라

목표: A. 유창성 : 분량
         B. 융통성 : 다양성

립프로그

⑤ 폭폭 작성

⑥ 메타 폭폭 작성 ➡ 폭폭을 만들어야 할 것들의 폭폭!

⑦ 형태론적 분석: 속성 폭폭 맞추기

전략원   타이밍 메커니즘   계기장치

⑧ 아이디어 일지

➕ 도안 : 구체적이고 확실한 추측

⑨ 유머

⑩ 대화

⑪ 강제 변형
점검 사항 대조표 솔리테어

확대   축소 도전해
       결합

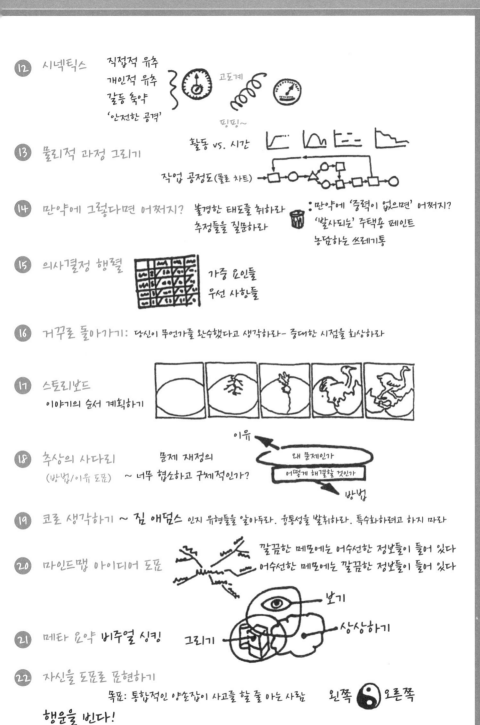

⑫ 시넥틱스 직접적 유추
개인적 유추
갈등 축약
'안전한 공격'

고도계

핑핑~

⑬ 물리적 과정 그리기 활동 vs. 시간

작업 공정도(플로 차트)

⑭ 만약에 그렇다면 어쩌지? 놀경한 태도를 취하라   · 만약에 '증력이 없으면' 어쩌지?
추정들을 질문하라   '발사되는' 주택용 페인트
농담하는 쓰레기통

⑮ 의사결정 행렬   가중 요인들
우선 사항들

⑯ 거꾸로 돌아가기 : 당신이 무언가를 완수했다고 생각하라— 중대한 시점을 회상하라

⑰ 스토리보드
이야기의 순서 계획하기

⑱ 추상의 사다리   문제 재정의   이유
(방법/이유 도표)   ~ 너무 협소하고 구체적인가?
왜 문제인가
어떻게 해결할 것인가
방법

⑲ 코로 생각하기 ~ 짐 애덤스 인지 유형들을 알아두라. 융통성을 발휘하라. 특수화하려고 하지 마라

⑳ 마인드맵 아이디어 도표   깔끔한 메모에는 어수선한 정보들이 들어 있다
어수선한 메모에는 깔끔한 정보들이 들어 있다

보기

상상하기

㉑ 메타 요약 비주얼 싱킹   그리기

㉒ 자신을 도표로 표현하기
목표: 통합적인 양손잡이 사고를 할 줄 아는 사람   왼쪽 오른쪽

행운을 빈다!

롤프 페이스트, 1989년
스탠퍼드 디자인

여기서는 자신의 생각에 대해 긍정적인 태도를 취해야 한다. 이와 대조적으로, 이 과정의 시험 단계에 들어서면 태도를 변화시켜서 회의적인 자세를 취해야 한다. 바꿀 필요가 있는 내용이 무엇인지 알아내기 위해 자신을 몰아붙여야 한다. 이와 같은 방식으로 표현에서 시험으로, 시험에서 표현으로 순환하면서 태도를 뒤집을 필요가 있다. 이 과정에서 두 가지 도구가 유용할 것이다. 하나는 브레인스토밍이고 다른 하나는 시제품 만들기다.

도표에 등장하는 모든 방법 가운데 브레인스토밍이 가장 익숙할 것이다. 때때로 어떤 사람이 새로운 발상을 떠올리는 모습을 단순히 묘사할 때 이 단어를 쓰기도 하는데, 여기서는 한 무리의 사람들이 모여 어떤 구체적인 문제를 다루면서 거치게 되는 보다 형식적인 절차를 의미한다. 다양한 생각들을 많이 떠올리게 만드는 것이 목적이다(우리는 이를 유창성Fluency과 융통성Flexibility이라고 부른다). 이상적으로 생각하면, 브레인스토밍 집단은 대단히 다양한 경험과 지식을 대변하는 선택된 그룹이며 그 구성원들은 상대의 생각 위에 자신의 생각을 자연스럽게 쌓아올리는 피기배킹Piggybacking과 갑자기 방향을 틀어 전혀 새로운 생각을 해내는 립프로깅Leapfrogging을 한다.

브레인스토밍 시간의 목적은 평가가 아니다. 아무리 설득력 없는 내용이라 하더라도 가능성을 열어두는 것이 중요하다. 따라서 그 시간 동안에는 판단을 유보하는 것이 기본 규칙이다. 브레인스토밍 시간 중 참가자들이 취해야 할 바람직한 자세는 기꺼이 수용하는 태도를 취하는 것이다. 미처 다듬어지지 않은 생각들도 독려한다. 브레인스토밍 과정을 기록하거나 이 활동이 원활히 이루어지도록 도와주는 역할을 맡은 사람은, 시간을 살피면서 구성원들이 주제에서 벗어나지 않고 대화의 주제가 섞이지 않도록 확인한다(여기서의 규칙은 한 번에 한 가지 주제에 대해서만 대화하는 것이다).

한 집단에서 이루어지는 브레인스토밍은 혼자만의 생각에서 벗어나 다른 사람들의 생각을 기반으로 생각을 쌓아올릴 수 있다는 것이 장점이다. 반면 어떤 사람들은 개인주의적인 성향이 강해 다른 사람의 도움을 필요로 하지 않는다(내 친구 중 한 명은 훌륭한 디자이너지만 브레인스토밍을 싫어한다. 그는 혼자 오랜 시간 산을 뛰어다닐 때 가장 좋은 아이디어들이 떠오른다고 내게 말하곤 했다). 분명한 것은, 우리들은 대부분 다른 사람의 생각에서 이익을 얻는다는 점이다. 여러 사람들의 다양한 배경이 혼자서는 도달하기 어려운 해결책을 도출해낼 수 있다.

목록 작성

목록을 작성하는 것은 문제해결을 위한 대단히 간단하고 유용한 도구다. 단어에 암시되어 있듯이 모든 가능성을 목록으로 작성하기만 하면 된다. 요령이 있다면, 당신이 해결책에 한 걸음 다가서게 만들도록 목록을 포괄적으로 작성하는 것이다. 대학 졸업을 앞두고 있던 폴은 목록 작성을 활용해 자신의 미래를 알아내겠다고 결심했다. 그는 우선, 자신의 경력에서 성취하고 싶은 모든 일들을 목록화했다. 목록에 담긴 내용은 이런 식이었다. '창업을 한다' '내가 받은 공학 교육을 활용한다' '홍보를 한다' '나의 그림 그리기 능력을 활용한다' '여행을 한다' '가족을 위해 시간을 낸다' '샌프란시스코 베이 지역에 자리를 잡는다'.

실제로 그가 작성한 목록은 이보다 훨씬 길지만 이 정도만 봐도 핵심이 무엇인지 이해할 수 있을 것이다. 목록을 작성한 덕분에 그는 부분적인 해결책을 찾아냈다. 그는 먼저 자신이 모든 측면에서 관여할 수 있는 회사를 운영할 필요가 있다. 그중에서도 제품 개발과 생산, 마케팅, 광고, 판매에 특히 개입하길 원한다. 그다음 단계는 이 사업체의 기반이 될 제품을 찾는 작업이었다. 다시 한 번 폴은 목록을 활용했다. 이번에는 전화번호부에 기재된 모든 종류의 제품 이름을 베꼈다. 오랜 시간을 두사해 각각의 제품을 검토한 뒤 사업체의 기반으로 삼고 싶은 제품이 있는지 확인하고, 직장생활을 하는 동안 성취하고 싶은 일들에 관해 제일 처음 목록을 작성하면서 폴은 자신이 정한 기준을 충족하고 있는지 생각하게 됐다.

이 과정을 거치면서 그는 세상에 있을 법하지 않은 제품을 찾아냈다. 바로, '소고기 육포의 비밀 조리법'이었다. 결과적으로 이 제품은 놀라운 성공을 거두어 그에게 재정적으로 엄청난 이익을 가져다주었고 그의 경력에서 이루고 싶은 목표들도 모두 이룰 수 있었다.

메타 목록 작성

메타 목록이란 보다 상세한 목록을 작성하기 위해 원래의 목록에 포함된 항목들을 개별적인 목록으로 작성하는 것을 말한다. 예를 들어, 방문하고 싶은 장소를 열거하고 난 뒤 각 장소에서 할 일들을 다시 목록으로 작성하면 된다.

형태론적 분석
이 과정은 특성들을 정리한 목록의 각각 다른 세로줄에서 뽑은 요소들을 서로 연결하는 것이다. 예를 들어, 시계를 디자인하고 싶다면 전력원을 열거한 세로줄(가령, 배터리, AC, 기계식, 태양열, 물), 시간 장치를 열거한 세로줄(톱니바퀴, 탈진기, 미세진동, 추), 계기 장치를 열거한 세로줄(시침과 분침, 시침과 분침과 초침, LED, 디지털 바퀴) 등을 만든다. 이 요소들을 가능한 경우의 수대로 모두 조합함으로써 우리는 시계 디자인의 대안을 자동적으로 엄청나게 많이 만들어낼 수 있다. 특성 목록의 항목이 많을 경우 이 방법은 컴퓨터 구현에 대단히 적합하다.

아이디어 일지
자신이 떠올린 분명하고 확실한 추측을 기록하기 위해, 그림과 단어는 물론이요 심지어 오려 붙인 항목을 이용해 아이디어들을 간략하게 적는 노트를 말한다. 노트를 만들어 자신의 아이디어들을 기록하는 습관을 기르는 것이 좋다. 기록해두지 않으면 아이디어를 잊어버려 놓치는 경우도 많다. 지금까지 알려진 아이디어 일지 중 가장 유명한 것은 레오나르도 다 빈치Leonardo da Vinci의 노트다. 경험으로 터득한 바에 따르면, 다 빈치보다 부족한 대다수의 사람들도 이 도구를 이용해 이익을 얻을 수 있다. 게다가 다 빈치와 달리 대다수의 사람들은 살아생전에 아이디어 일지의 많은 항목들을 실제로 구현해낸다.

유머

이는 아이디어를 생성시키는 데 대단히 훌륭한 도구다. 심지어 대단히 진지한 문제를 다룰 때도 농담을 던지면 진지하게 생각할 때는 감히 해낼 수 없는 성과를 거둘 수 있다.

대화

어떤 사람들의 경우 자신의 문제를 숨기려는 성향이 강해서 결과적으로 혼자 있을 때가 많다. 이는 건강한 심리 상태가 아니며 그리 생산적이지 않을 때도 많다. 벨 연구소Bell Labs의 유명한 아이디어 공장과 MIT의 빌딩 20Building 20, 실리콘밸리의 여러 기업체에는 어떻게 가벼운 대화가 대단히 혁신적인 발명으로 이어지게 되었는지 보여주는 이야기가 무수히 많다. 사람들과 대화하는 것은 아이디어를 자극하는 좋은 방법이다.

강제 변형

틀에 박힌 생각을 자유로운 생각으로 변화시키기 위해 목적의식을 가지고 자신의 생각을 수정하는 것을 말한다. 초창기에 창조성 지도자로 널리 이름을 알린 알렉스 오스본Alex Osborn은 '확대하다'와 '축소하다' 같은 항목들이 포함된 변경 사항들의 대조표를 만들었다. 이는 생각의 규모를 변경하는 것과 관련 있는데, 방법을 확장시키면 어떤 종류의 변화도 포괄할 수 있다. 예를 들어, '생선'과 '탑' 같은 서로 관련 없는 두 가지 아이디어를 결합할 수 있다. 만약 카드 한 장당 한 가지 변화를 기입해서 카드 한 벌을 만든다면, 각 카드에 적힌 변화를 단순히 따라 하는 것만으로도 혼자서 수많은 아이디어를 생성해낼 수 있다. 또 카드를 한 줄로 늘어놓으면 솔리테어Solitaire 게임과 비슷하게 보일 것이다.[4]

시넥틱스

이 용어는 라틴어 시넥티카Synectica에서 유래되었는데, '서로 다르고 관련 없어 보이는 요소들의 결합'이란 뜻을 가진다. 여기서는 해결책을 생각해내기 위해 유추를 사용한다는 뜻이다. 유추를 통해 더 나은 아이디어가 나올 것이라는 기대를 안고 지금 해결하려고 노력하는 문제와 유사한 상황들이나 항목들에 대해 생각하는 것이다. 생각 중인 상황과 직접적으로 관련 있는 유사점, 문제를 해결하는 사람과 개인적으로 관련이 있는 유사점들을 고려하면 도움이 된다. 시넥틱스 체계에서 또 한 가지 유용한 개념은 '갈등 축약Compressed conflict'으로, 서로 모순돼 보이는 두 가지 개념을 결합하는 것이다. 가령, 이런 결합의 사례인 '안전한 공격Safe attack'은 백신이라는 개념을 개발하는 데 핵심적인 역할을 했다. 우리는 몸을 보호할 항체를 만들어내기 위해 안전한 투여량을 사용함으로써 가벼운 증상의 질병으로 인체를 공격한다. 이처럼 얼핏 모순적으로 보이는 방향을 따라 문제에 관해 생각하다 보면 새로운 길이 열린다.

물리적인 과정 그리기

이는 문제의 본질을 끄집어내기 위해 활용한다. 어떤 유형의 문제의 경우, 시간에 따라 달라지는 성능 변수나 다른 변수를 도표로 만들어 넣거나 전반적인 과정을 나타내는 작업 공정도를 그림으로 그려보는 작업이 아이디어 생성에 도움이 된다.

만약에 그렇다면 어쩌지?

'왓 이프What if'는 아이디어를 생성하는 동안 질문을 시작하기에 아주 좋은 방법이나. 만약에 중력이 없으면 어쩌시? 만악에 발사되는 주택용 페인트가 있으면 어쩌지? 만약에 농담하는 쓰레기통이 있으면 어쩌지? 이러한 질문들로 인해 우리는 본론에서 벗어나게 됨으로써 불경한 태도를 취하게 되며, 결국 그 문제에 대한 여러 가지 가정들에 의문을 품게 된다.

의사결정 행렬

여러 가지 생각을 나타내는 가로줄과 그 생각들의 특성들을 나타내는 세로줄로 구성된 '의사결정 행렬Decision-Making Matrix'을 만들면 여러 가지 생각들을 비교하기에 아주 좋다. 예를 들어, 앞서 소개한 쿠마르는 자신의 신부를 선택하는 과정에서 가로줄에는 후보자들의 이름을, 세로줄에는 그들의 교육 정도와 외모, 재산, 집안 같은 특성들을 기입했다. 행렬의 각 요소에 숫자를 할당하면 이 비교표를 양적인 측정으로 변형할 수 있다. 가로줄의 모든 숫자를 더하면 그 생각의 총점이 나온다. 또한, 일정한 특성에 우선순위를 부여할 때 가중계수를 활용할 수도 있다.

거꾸로 돌아가기

그 문제가 해결되었다고 상상하라. 그러고 나서 처음으로 다시 돌아가라. 이렇게 하면 중요한 단계가 모두 어떤 것들인지 확인할 수 있다. 이 방법은 최소한 일정을 세울 때만큼은 대단히 유용하다.

스토리보드

이 순차적인 기획의 보조 도구는 영화 산업에서 잘 알려져 있는데, 이야기를 순차적으로 말하고 싶을 때 언제나 활용할 수 있다. 사실, 스토리보드는 사건의 직선적 순서를 보여주는 도표인 '여정 지도 Journey map'를 생생한 그림으로 표현한 것이다.

방법-이유 도표

이 도표는 문제를 재정의할 때 활용할 수 있는데, 질문을 변화시키는 방법과 상당히 비슷하다(앞서 다룬 '더 높은 단계로 나아가기'를 보라). 이 도구의 목적은 일련의 원인과 결과를 보여주는 도표를 만드는 것이다. 주어진 문제에 대해서 도표에 무언가를 실행하는 방법과 이것이 실행된 이유를 열거한다. 이 방법을 통해 수많은 아이디어들이 생성될 수 있다. 도표를 변형한 것도 많다. 방법-이유-이유 도표 혹은 이유-이유-이유 도표 등이 있다.

이 도표는 '추상성 사다리Abstraction ladder'와도 약간 관련이 있다. 추상성 사다리는 S. I. 하야가와Hayakawa가 만든 4단계의 언어학적 추상성 사다리[5]를 기반으로 만들어졌다. 맨 아래 단계는 물안경, 전화기, 머그잔 같은 구체적인 항목들로 구성되고. 다음 단계에는 초등학생, 전동공구, 자동차, 가축 등 여러 가지 그룹의 구체적인 항목들이 들어간다. 그다음 단계는 여성, 남성, 영화, 통신장치, 장식물 등의 더 광범위한 그룹으로 구성되며, 맨 위 단계에는 공산주의, 권력, 정당성, 성공, 선, 악 등 보다 추상적인 개념들이 포진한다.

문제해결을 위해 추상성의 단계를 도표로 만든다면 당신은 자신이 너무 제한적으로 작업하고 있는지, 아니면 너무 구체적으로 하고 있는지를 더욱 잘 확인할 수 있다. 여기에 해당될 경우 문제를 재정의하고 싶어질 수도 있다.

코로 생각하기

이는 나의 동료 짐 애덤스Jim Adams가 다양한 인지 유형에 사용하고자 만든 용어다. 융통성 있는 태도로 대상을 바라보자는 것이 목적이었다. 상상해보자. 만약 코로 생각한다거나 입으로 말하지 않으려 한다면 어떤 일이 벌어지겠는가? 당신은 자신의 문제를 다르게 '보고' 새로운 해결의 발상을 떠올리게 될 것이다. 애덤스의 고전적인 저서《아이디어 대폭발Conceptual Blockbusting》에는 창조적인 문제해결을 가로막는 방해물을 극복할 수 있는 수많은 방법들이 담겨 있다.

마인드맵

마인드맵Mind Maps이란 관계 지도는 우리의 뇌가 정보를 저장하는 방식과 유사해 보이는 비선형적 방식으로 정보들 간의 연관성을 그린다. 이는 얼마나 다양한 부분들이 전체와 관련되어 있는지 이해하는 데 대단히 유용하다. 컴퓨터가 널리 보급되어 사용되기 전까지 대부분의 정보는 선형적으로 저장됐지만, 이제는 누구나 비선형적 방식으로 컴퓨터 검색을 한다. 그로 인해 우리는 체험적으로 다음과 같은 말을 이해할 수 있게 됐다. "말끔한 기록은 어수선한 정보를 담고 있는 반면, 어수선한 기록은 말끔한 정보를 담고 있다."

마인드맵을 만들고 싶다면, 당신이 가진 공간의 한가운데에서 출발해 주요 화제가 될 단어나 짧은 구절을 적어라. 그리고 나서 이 단어나 구절이 다른 어떤 아이디어(단어)를 환기시키는지 살펴보고 조금 떨어진 곳에 그 아이디어를 적어라. 두 단어 사이에 선을 그어 연결하라. 그다음에는 첫 번째 단어로 되돌아가서 그 단어가 다른 어떤 단어를 떠올리게 만드는지 보라. 이 새로운 단어를 다른 방향에 적고 그 사이에 선을 그어 첫 번째 단어와 연결하라.

더 이상 그 어떤 아이디어도 떠오르지 않을 때까지 이 과정을 반복하라. 그리고 나서 부가적인 단어들을 각기 하나의 근간으로 활용해서 전체 과정을 반복하라. 물론, 나는 이 방법을 너무 선형적으로 설명했는데, 지도 속 단어들은 그 관계가 머릿속에 떠오르는 순서대

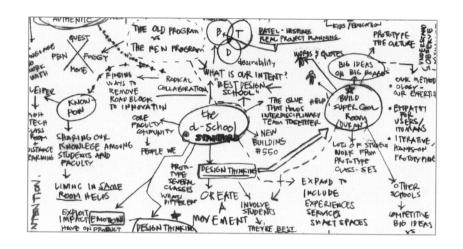

로 생성될 수 있다. 위 그림은 데이비드 켈리David Kelley가 작성한 마인드맵이다. 그가 제일 먼저 입력한 구절은 스탠퍼드의 '디 스쿨'이었다. 이 지도는 스탠퍼드 디 스쿨을 디자인하는 일과 관련된 생각들을 생성하기 위해 만들어졌다.

메타 요약

이 도구는 때때로 '비주얼 싱킹Visual thinking'이라고 불리는 활동을 위해 사용된다. 여기서 우리는 어떤 대상을 보고 그리며 상상하는 시각 능력을 활용해 문제에 접근한다. 우리가 보는 대상과 우리가 상상하는 대상을 그림으로써 새로운 아이디어들을 생성할 수 있다. 그리고 이 다양한 측면의 시각적 사고를 통해 얻어진 결과를 한데 모음으로써 해결책을 구한다. 다양한 측면들 사이에 중복되는 부분은 벤 다이어그램에서 시각적으로 표현된다. 여기서 각각의 측면은 원으로 나타나며 우리는 모든 원이 중복되는 교집합 부분에 속한 아이디어들에 주의를 집중시킨다.

자신을 도표로 표현하기

이를 통해 당신은 자신의 문제해결 과정을 검토하고 이를 양손잡이 방식Ambidextrous으로 만들기 위해 노력할 수 있다. 즉, 우뇌와 좌뇌의 활동을 모두 동등하게 활용하는 것이다. 자신을 도표로 표현하기를 변형한 방법을 하나 소개하겠다. 한 사람이 돌돌 말린 기다란 종이를 펴서 그 위에 누우면, 다른 사람은 그의 몸 주위에 윤곽선을 그린다. 그 후 첫 번째 사람이 신체 윤곽의 각 부분에, 만화에 나오는 것처럼 말풍선을 달아서 무엇이든 머릿속에 떠오르는 용어들을 적고, 지성·언어와 감성·시각의 균형을 맞춘다. 중국식으로 표현하자면, 음양의 균형을 잡기 위해 노력하는 것이다.

경험에 따르면, 이 방법에서 저 방법으로 급하게 옮겨 다니는 식으로 문제를 해결하려는 것은 도움이 되지 않는다. 대신 몇 가지 문제해결 전략에 능숙해진 다음 이를 고수하는 편이 더 낫다. 당신이 선택한 기술들을 많이 연습할수록 자신의 뜻대로 장애물을 제거하는 것이 한결 쉬워질 것이다.

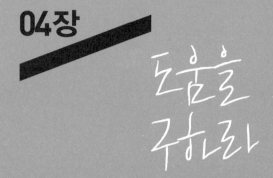

04장

도움을
구하라

THE
ACHIEVEMENT
HABIT

FINDING
ASSISTANCE

지금까지 항상 해오던 행동을 항상 한다면
지금까지 항상 얻어온 성과를 항상 얻게 될 것이다.

– 앤서니 라빈스Anthony Robbins, 《네 안에 잠든 거인을 깨워라》의 저자

인생에서 원하는 바를 달성함에 있어서, 오로지 자기 혼자만의 힘으로 목표를 달성하는 경우는 대단히 드물다. 조금이라도 친구들의 도움이 필요한 경우가 더 많다. 따라서 성취를 두고 사람들은 흔히 무엇을 알고 있는가가 아니라 누구를 알고 있는가의 문제라고 말한다. 나는 이 말에 동의한다.

다만 나는 누구나 문제를 해결하기 위해 서로 도우는 편이 한결 낫다고 말한다. 이 표현이 덜 냉소적으로 들릴 것이다.

모든 사람에게서 배운다

—

경험적으로 터득한 바에 따르면, 동료들이야말로 영구적인 지혜의 원천이다. 나의 동료 탐은 '서두르기에는 우리의 시간이 충분치 않다'라는 교훈을 학생들에게만 아니라 내게도 가르쳐주었다. 무슨 일이든 서둘러 급하게 처리하게 되면 일을 망치는 것이 불가피하다. 그리고 엉망으로 망친 일을 정리하려면 더 많은 시간이 걸리기 때문에 처음부터 시간을 들여 일을 제대로 처리하는 것이 낫다는 이야기다. 열쇠를 들고 허둥거리게 될 때마다 나는 항상 탐의 충고가 떠오른다. 약속한 시간에 늦지 않으려고 자전거를 서둘러 잠그다 보면 결국 실패하고 말기 때문이다.

어느 날 오후, 나와 함께 자전거를 타고 집으로 돌아가던 동료 헨리가 내게 지울 수 없이 깊은 인상을 남겼다. 나는 흥분한 어조로 막 발견한 엄청난 연구 결과에 대해 그에게 말하려던 참이었다. 그러자 그가 물었다. "다음 모퉁이에서 내가 옆길로 나가기 전까지 자네가 설명을 끝낼 수 있을 정도로 좋은 연구인가?" 불행하게도, 그렇지 않았다.

헨리는 영국의 어느 왕이 아들에게 한 말을 내게 들려준 적 있다. "자리에 앉거나 화장실에 갈 기회를 얻거든 절대 이를 놓치지 마라. 다음번 기회가 언제 올지 결코 알 수 없기 때문이다." 그 충고 속에 감춰진 지혜를 분명히 깨닫게 된 것은 내가 천 명의 사람들과 대강당에 앉아 어느 유명한 저자가 되돌아오기만을 초조하게 기다리게 된 때였다. 저자는 문장을 낭독하다 말고 화장실에 가야 해서 무척 난처해진 상황이었다. 그 뒤로 나는 이 왕의 충고가 교사들에게 특히 필요하다는 사실을 깨닫게 되었다.

내가 동료들에게 배운 중요한 교훈 중 하나는 '반면교사를 삼는 방법'이다. 내 동료 중 한 명은 기본적으로 착한 사람이다. 나는 한 번도 그가 누군가에게 불친절하게 행동하는 모습을 본 적이 없었다. 그런데 안타깝게도 그는 바로 자기 밑에서 일하던 부하 직원을 비열하게 대해, 그 직원이 다른 대학으로 강제로 옮겨가게 만들었다. 이 장면을 목격하고 난 뒤 나는 어린 동료들을 공정하게 대우하는 문제에 특별히 관심을 가져야겠다고 결심했다. 한번은 어느 교직원이 내게 '거꾸로 아첨쟁이' 같다고 말했다. 내가 상사를 대할 때보다 부하 직원을 대할 때 더 공손해진다는 의미였다. 나는 그 말을 칭찬으로 받아들였다.

우리는 다른 사람들을 통해 배움을 얻겠다고 선택할 수 있다. 그들의 긍정적인 특성을 모방하고 부정적인 특성은 경계하면 된다. 널리 알려진 유명 인사뿐만 아니라 어린아이들에게서도 배울 수 있다. 혹여 자신이 우상으로 삼을 정도로 존경하던 이에게 성격적 결함을 발견하게 되더라도 환멸을 느끼지 않는 것이 중요하다. 그들은 여전히 당신의 선생님이 될 수 있다. 완벽한 체하는 사람들보다는 확실히 불완전한 사람들에게서 더 많은 것을 배울 수 있을지도 모른다.

마하트마 간디Mahatma Gandhi는 자녀들에게 위대한 아버지가 아니었다. 이 사실로 인해 그의 메시지와 모범적 행동들이 설득력을 잃어버리는가? 어느 정치가가 혼외정사를 했다는 사실로 인해 그녀가 지금까지 이룬 좋은 업적이 무용지물이 되는가? 당신은 자신의 인생에서 특정한 영향들을 배제하겠다는 선험적 선택을 내릴 수도 있고, 아니면 모든 영향들을 받아들이고 각각의 것에서 적절한 교훈을 얻겠다고 선택할 수도 있다. 나는 후자의 방식을 택해야 더욱 풍부한 인생 경험을 얻을 수 있다고 믿는다.

다른 사람 깎아내리기

—

나를 포함한 열 명의 교수단은 디 스쿨에서 '여름 대학Summer College'이라는 일주일짜리 집중 워크숍을 개최했다. 교수들 가운데 다섯 명은 하루도 빠짐없이 학교에 나왔고 나머지 사람들은 필요할 때마다 출근했다. 워크숍에 참가한 이들은 스탠퍼드 대학교의 다양한 학과에서 공부하는 박사과정과 석사과정의 학생들이었다. 이 워크숍이 모두에게 좋은 경험이 되었는지 학생들은 언제나 가장 높은 강의 평가 점수를 주었다. 상당수의 수강생들이 이 워크숍을 재학 시절 최고의 경험으로 꼽을 정도였다.

학생들의 평가에는 교수들이 이런 식으로 협력해서 일하는 모습을 예전에는 한 번도 본 적이 없다는 내용이 항상 등장했다. 다섯 명의 교수들이 언제나 학생들 곁에 있어주었을 뿐 아니라 함께 있는 시간을 즐기고 있다는 사실에 감명을 받은 것이다. 대다수의 학생들은 논문 연구 기간 동안 남보다 한 발 앞서려는 술책과 상호비방이 난무하는 세상에 살았으므로 이런 변화를 참신하게 느낀 모양이었다.

우리들은 대부분 '동료를 깎아내림으로써 자신을 더욱 돋보이게 만들 수 있다'고 생각하는 세상에 살고 있다. 그러나 다른 동료에 대해 안 좋게 이야기하면 사실상 자신을 돋보이게 만드는 것이 아니라 작아 보이게 만들 뿐이다. 가령, 내가 함께 일하는 동료들이 얼마나 근사한지 모르겠다고 말하면 나 역시 상당히 훌륭한 것처럼 연상된다. 이와 반대로, 내가 동료들의 결점에 대해 이야기하면 나도 그다지 훌륭하지 못한 사람처럼 연상된다. 불행하게도, 이런 역기능적 태도는 대학에만 국한된 문제가 아니라 수많은 가족과 대다수의 조직에서 발생하는 고질적인 현상이다.

만약 당신이 미용실에 갈 때마다 그 미용사가 당신의 머리를 만지는 내내 다른 동네 미용사들이 하나같이 실력이 없다고 흉을 본다면 기분이 어떻겠는가? 가령, 머리를 어떻게 만져야 하는지도 모른다거나, 손님들의 머리카락을 손상시킨다거나, 아니면 돈을 너무 많이 받는다는 식으로 말이다. 결국 당신은 이 미용사가 다른 이들을 그렇게 깎아내리는 이유가 무엇인지 궁금해질 것이다. 누가 봐도 경쟁자에게 손님을 뺏길까 봐 걱정하고 있는 것처럼 보이므로, 그가 이렇게 위협감을 느끼는 데엔 그럴 만한 이유가 있는 게 아닐까 의문이 생길 수도 있다.

성공하기 위해서 반드시 다른 사람을 깎아내려야 하는 것은 아니다. 다른 사람을 제치고 직장을 얻거나 승진을 해야 하는 상황이라고 해도 말이다. 오히려 다른 사람, 심지어 경쟁자를 칭찬하는 행동이야말로 품위 있어 보인다. 그저 자신의 일에만 매진하라. 자신의 장점과 능력에 관심을 가지되, 경쟁자들이 무슨 일을 하는지에 관해서는 신경 쓰지 마라.

멘토링

정식 멘토링 과정을 두고 많은 사람들이 쓸데없이 호들갑을 떨고 있지만, 나는 이것이 대단히 유용하다고 생각하지 않는다. 대신 나는 소규모 멘토 프로그램을 선호한다. 가령, 이 책에 매달리는 동안 나는 주변의 책을 출간해본 경험자들 모두에게 조언을 구했다. 그렇게 함으로써 내게는 서로 다른 경험과 관점을 가진 조력자들로 구성된 완전한 팀이 생겼다.

누군가로부터 조언을 받은 뒤 다음번에 그대로 보답할 용의가 있다면, 이러한 방식으로 조언을 구하는 것을 주저하지 마라. 새로운 목표를 추구하기 시작할 때는 누가 도움이 될지 아니면 무엇을 배우게 될지 결코 알지 못한다. 인간은 예상치 못한 행동을 하기도 한다. 때로는 너그럽다고 확신한 사람이 경쟁이 두려워 충고에 인색하기도 하고, 전혀 기대하지 않은 사람이 어려움을 무릅쓰고 큰 도움을 주기도 한다.

도움을 요청하는 것은 좋은 일이다. 당신이 이루고 싶어 하는 목표를 이미 달성한 사람들을 주변에서 찾아보고, 그에게 어떻게 성공을 거두었는지 그리고 같은 일을 다시 하게 된다면 어떤 방법으로 실행하고 싶은지 물어보라. 최대한 많은 사람들에게 피드백을 받아라. 그들의 피드백을 모두 혹은 대부분 따라야 하는 것은 아니다. 다만, 정보를 더 많이 얻을수록 꼼꼼히 살펴 보배를 얻을 가능성이 크다는 사실을 명심하라.

좋은 예술가는 베끼고, 위대한 예술가는 훔친다
—

스티브 잡스Steve Jobs는 종종 "좋은 예술가는 베끼고, 위대한 예술가는 훔친다"라는 말을 믿는다고 이야기했다. 그리고 이 말이 피카소가 한 것이라고 여겼다. 피카소가 실제로 이렇게 말했다는 증거는 없지만, 많은 사람들이 그렇게 생각하고 있다. 한편, 1920년에 T. S. 엘리엇T. S. Eliot은 이런 글귀를 남겼다. "미숙한 시인은 모방하고, 성숙한 시인은 훔친다. 나쁜 시인은 자신이 가져온 것을 손상시키지만, 좋은 시인은 그것을 더 좋게 만들거나 적어도 다르게 만든다."

사실, 해 아래 새로운 것은 없다. 나의 동료 래리 라이퍼Larry Leifer의 말처럼, "모든 디자인은 리디자인Redesign이다." 당신의 머리로 짜낼 수 있는 생각은 모두, 아니 적어도 일부는 예전에 누군가가 생각해냈던 것이며, 자기보다 앞선 사람들의 지혜를 무시한다면 어리석은 일이 될 것이다. 만약 좋은 정보를 발견하고도 이를 활용하지 않는다면 그저 바보에 지나지 않는다. 누구도 혼자서는 살아남을 수 없다. 당신이 말을 하고 글을 읽으며 셈을 할 줄 아는 것은 모두 다른 누군가의 아이디어를 가져와서 자신의 필요에 맞게 활용한 덕분이다. 사회는 다른 사람들의 아이디어를 더욱 발전시켜나가며 완성된다.

그러므로 훔치는 것에 대해 너무 걱정하지 마라. 물론, 다른 사람이 이룬 업적에 대한 공을 가로채서는 안 된다. 남의 것을 개선하거나 자신의 의견을 가미하지도 않은 채, 노골적으로 베끼기만 해서도 안 된다. 다른 사람들의 생각을 나름대로 발전시키는 것은 좋다. 하지만 자기만의 것에 지나치게 집착하지는 마라.

일부 연구원들이 연구 내용을 그리 쉬쉬하지만 않았더라도, 그리고 마치 경주라도 벌이듯 노벨상을 먼저 타는 데 집착하지만 않았더라도, 수많은 인명을 구할 수도 있었다는 사실은 대단히 충격적이다. 어떤 사람들은 연구 결과를 발표할 때까지 자신의 데이터와 생각을 필사적으로 보호하려 한다. 그리고 그 기간이 몇 년이나 지속되는 경우도 많다. 만약 사람들이 다른 이들과 보다 협력적인 태도로 작업한다면 공익에 훨씬 더 도움이 될 것이다.

따라서 철저한 공동 작업에 매진할 필요가 있다.

개인 정보망 형성의 저주

—

만약 비즈니스 관련 서적을 읽거나 수업을 들었다면 개인 정보망 형성, 쉽게 말해 인맥의 힘에 대해 틀림없이 들어보았을 것이다. 말하자면, 오찬 모임에서 명함을 나눠주고 중요한 행사에 얼굴을 내밀며 자신을 홍보하는 것 등에 대해서 말이다. 이런 행동들은 지나치게 간사하고 교활할 뿐더러 대체로 속이 너무 드러나 보인다.

내가 줄 수 있는 최고의 조언은, 인맥을 전혀 만들지 말라는 것이다. 당신이 단지 도움을 얻기 위해 자신보다 한층 높은 지위의 사람들과 친분을 쌓으려 한다면, 이는 저급한 인맥일 뿐 진정한 인간관계가 아니다. 세상에는 무엇이든 손을 대기만 하면 성공적으로 홍보하는 인맥 관리 전문가들이 있다. 그렇다 해도, 나는 밤에 잠자리에 들 때마다 내가 그런 사람이 아니라 그냥 나여서 행복하다.

지인의 특권을 마치 자신의 권리인양 이용하는 사람들에 관한 교훈적인 이야기를 몇 가지 들었다. 다른 이와 쌓은 친분을 실제보다 과장되게 말해서는 절대 안 된다. 기회주의적인 사람들은 이렇게 말할 것이다. "조 스미스 씨가 선생님께 연락해보라고 하더군요." 사실 조 스미스는 그런 이야기를 한 적도 없는데 말이다. 이 이야기가 조의 귀에 들어가면 그가 어떤 반응을 보일지 짐작이 가는가? 설사 어떤 사람을 친구라고 여긴다 해도, 기회를 얻기 위해 그의 이름을 이용해도 괜찮다는 생각은 하지 마라. 먼저 당사자에게 물어보라. 그러지 않으면 역풍을 맞을 가능성이 크다.

인생은 다른 사람들을 이용해 꼭대기에 올라가야 하는 게임이 아니다. 그러기보다는 진실하게 살아가며 우정을 쌓아라. 공적인 생활과 사적인 생활이 뒤섞일까 봐 두려워하는 사람이 너무 많은데, 이는 슬픈 현상이다. 이 생각이 떠올랐을 때 나는 몇 년 동안 함께 일해 온 진과 조지와 함께 대화를 하고 있었다. 그러다가 문득 두 사람이 서로에 대해 거의 아는 바가 없다는 사실을 깨달았다. 그들은 상대방의 집에 방문한 적이 한 번도 없었고 상대의 배우자나 자녀에 대해 아무것도 몰랐다. 이 얼마나 아까운 일인가? 당신은 진정한 인간관계를 두려워해서는 안 된다. 지극히 중요한 일이기 때문이다.

어떤 이들은 친구들과 함께 일하면서 좋지 않은 경험을 하기도 한다. 그러나 평생토록 친구이자 직장 동료의 관계를 이어온 사례들도 많다. 나의 동료 데이비드 켈리는 스탠퍼드에서 석사과정을 밟고 있었을 때 친구들과 함께 일하는 것이 얼마나 즐거운지 깨달았다. 그는 몇 명의 동기들과 '인터갤럭틱 디자인Intergalactic Design'이라는 회사를 설립했다. 세 개의 회사를 설립하고 40년의 세월이 흘렀지만, 처음 동업했던 친구들 가운데 몇 명은 여전히 그와 함께 일하고 있다.

친구에게 돈을 빌려주면 돈도 친구도 다 잃게 된다는 것은 누구나 아는 상식이다. 그러나 친구를 잘못 사귀었을 때나 그런 상황이 벌어진다. 나는 항상 친구들의 프로젝트에 자금을 대거나 일시적 요구가 충족되도록 돕는 것을 커다란 기쁨으로 여겨왔다. 그럼에도 돈을 잃거나 우정을 잃은 적이 단 한 번도 없다.

이런 식의 진정한 인간관계를 맺는다면 개인 정보망을 형성해야 한다는 말이 개입될 여지도 없을 것이다. 좋은 일이 생기면 친구들은 자연스럽게 서로를 떠올린다. 도움을 청하면 누군가가 반드시 나타난다. 그 이유는 그들이 친구이고 그것이 친구로서 당연히 해야 할 일이기 때문이지, 그들에게 거짓된 미소를 흘리거나 오찬 모임에서 굳은 악수를 했기 때문이 아니다.

사람들에게 당신을 인간으로 바라볼 수 있는 기회를 줘라. 진정성 있게 행동하라. 그리고 이렇게 자문해보라. 문 앞에서 마주치고 싶은 사람이 친구인가, 아니면 방문 판매원인가?

어디에 발을 디디든 적극적으로 나서서 우정을 쌓아라. 사람들에게 같이 밥을 먹으러 가자고 요청하거나 집으로 그들을 초대하라. 그들에게서 소중한 사람이 아프다는 이야기를 전해 듣거든 그다음 날 상태가 어떤지 물어보고 적절한 조치를 취하라.

실전 연습 6

주변에 사생활이나 성격을 잘 알지 못하는 동료가 있는가? 그렇다면 시간을 내서 그와 친분을 쌓아가라. 가벼운 점심이나 차를 마실 수 있는 약속을 잡고, 업무나 사무실의 소문 같은 이야기가 아닌, 친목을 도모할 만한 대화를 나누어라. 그들의 삶이 어떤지 알아보고 그들이 흥미를 보이거든 당신에 대한 정보도 알려주라.

한마디로, 다른 사람에게 도움을 받고 싶다면 우선 물어봐야 한다. 모든 사람이 당신의 필요 사항에 알아서 맞춰줄 수는 없기 때문이다. 둘째, 예의 바른 사람이 돼라. 실제보다 더 많이 아는 척하지 마

라. 당신이 정말로 필요한 것이 있어서 상대의 전문 지식을 구하면 대부분의 사람들은 으쓱해한다. 도움을 받았을 때는 상대의 시간적인 제약을 이해하라. 날마다 전화를 걸어서도 안 되고 상대가 수백 가지 질문에 대답해줄 것이라 기대해서도 안 된다. 그리고 감사할 줄 알아야 한다.

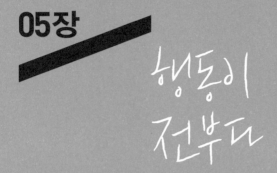

05장

행동이
전부다

THE
ACHIEVEMENT
HABIT

DOING

IS

everything

배워야만 할 수 있는 일들을
우리는 하면서 배운다.
– 아리스토텔레스Aristotle

누군가가 중요한 변화를 만들어낸다면 그 이유는 언제나 스위치가 '탁' 켜졌기 때문이다. 어떤 사람은 평생 동안 체중 문제로 고심해오다가 마침내 몸매를 탄탄하게 가꾸기로 결심한다. 어떤 사람은 말버릇이 사나운 상사를 오랫동안 참아오다가 더 이상은 못 참겠다며 마침내 직장을 그만둔다. 어떤 사람은 남몰래 짝사랑을 키워오다가 결단을 내리고 마침내 상대에게 커피를 마시자고 요청한다. 이들 모두에게는 행동하게 만든 일말의 변화가 일어난 것이다.

우리는 어둠 속에서 전등이 켜지기만을 기다릴 수도 있고, 자리를 박차고 일어나 방을 가로질러 가서 직접 스위치를 켤 수도 있다.

시도와 실행

—

이미 확인해보았듯이, 무언가를 하려고 시도하는 것과 그것을 실제로 실행하는 것에는 커다란 차이가 있다. 이 둘은 전혀 다른 행위다. 그러므로 두 가지를 하나로 합칠 때 어려움이 생긴다.

만약 당신이 어떤 일을 하려고 시도한다면 그 일은 실제로 일어날 수도 있고 일어나지 않을 수도 있다. 만약 그 일이 일어나지 않으면 당신은 수정된 전략을 이용해 다시금 도전하겠지만 이번 시도도 실패로 돌아갈 수 있다. 물론 이러한 시도를 무한정 지속할 수도 있지만 운이 좋아 성공하거나, 무한정 시도하기가 지겨워지거나, 아니면 다른 일로 신경이 분산되면 대부분 멈추게 된다. 다만 분명한 것은 시도하는 것이 인생을 살아가는 데 대단히 비생산적인 방식이라는 점이다.

반면 만약 무언가를 실행한다면 얼마나 많은 장애물이 등장하든 최초의 전략이 얼마나 실패하든 관계없이 당신은 그 임무를 완수할 작정을 하고 그 의도를 실현하는 데 필요한 내적인 결심과 주의를 그 임무에 쏟아 부을 것이다.

실행에는 의도와 주의가 필요하다.

앞에서 내가 학생들에게 제안했던 훈련을 기억하는가? 한 학생에게 처음에는 내가 쥐고 있는 물건을 빼앗으려고 시도해보고, 그다음에는 실제로 그 물건을 내게서 빼앗으라고 요청했던 것 말이다. 지원자의 시도가 진행되는 동안 우리는 그 물건을 사이에 두고 벌이는 쟁탈전을 재미있어 할 때가 많다. 이처럼 시도는 종종 즐겁고 쉬워지기도 한다. 그럼에도 불구하고 임무를 완수하는 것은 실행이다.

1974년에 나는 친구 해롤드와 함께 러시안 티 룸에서 점심을 먹고 있었다. 뉴욕 시의 카네기 홀 근처에 있던 이 인기 있는 식당의 종업원들은 모두 러시아 코사크 기병 제복을 입고 있었다. 해롤드는 소련의 열혈 팬이었기 때문에 그 제복을 보며 감탄해마지 않았다. 그의 감탄이 그칠 줄 모르고 이어지자 내 머릿속에 한 가지 생각이 불쑥 떠올랐다. 해롤드가 이 제복을 입으면 얼마나 멋질까? 느닷없이 그에게 이 제복을 입혀야겠다는 결심이 섰다. 이를 어떻게 실행해야 할지는 몰랐지만 나는 무슨 수를 쓰더라도 그에게 제복을 선물로 줄 작정이었다.

해롤드의 검소한 성격을 알기에 나는 그가 차를 가져오면 내가 점심 값을 내겠다고 제안했다. 그가 자리를 뜨자마자 나는 종업원들을 한 명씩 차례로 분석해본 뒤 이익이 되는 경제 교류를 기꺼이 받아들일 것 같은 사람을 선택했다. 나는 그 종업원을 내 자리로 불러서 우리가 점심을 얼마나 맛있게 먹었는지 이야기하면서 해롤드가 그 제복에 대단히 탄복했다는 말을 전했다. 그러고는 그 제복을 한 벌 가져다주면 보수를 두둑이 주겠다고 했다.

"얼마나 주실 건가요?" 그가 물었다.

나는 지갑을 꺼내 지폐를 꽂는 칸을 열고 이렇게 말했다. "직접 결정하세요." 그는 10달러 지폐(요즘 화폐가치로 계산하면 50달러에 해당한다) 한 장을 뽑았고, 별다른 말없이 자리를 떴다. 잠시 후, 보도 위에서 친구를 기다리고 있는 내 손에는 제복 한 벌이 들려 있었다. 오래된 신문지에 싸인 부츠도 함께였다.

해롤드는 2011년에 세상을 떠났다. 나는 '시도 Vs. 실행'을 논증할 때마다 종종 그를 생각한다. 오래전 쟁취한 승리의 순간과 그 결과로 얻은 번뜩이는 통찰력을 떠올린다. 내가 그 제복을 건넸을 때 해롤드가 얼마나 기뻐하고 행복해했는지를 회상할 때면 아직도 마음이 따뜻해진다.

한번은 한국의 서울에서 전문가 집단을 대상으로 워크숍을 개최했다. '시도 Vs. 실행' 훈련에 어느 젊은 여성이 자원했다. 내 손에서 물건을 빼앗아보라고 요청하자, 그녀는 대번에 내 안경을 낚아채서는 그 물건을 내놓지 않으면 안경을 부수겠다고 나를 협박했다. 나는 물건을 건네며 안경을 무사히 돌려받았다. 다소 무시무시한 방법이기는 했지만 그녀는 분명히 창의적인 접근법을 활용했다!

이 사건엔 윤리와 도덕 문제가 제기된다. 극단적인 사례를 하나 생각해보자. 만약 시도에서 실행으로 옮겨가기 위해 살인을 저질러야 한다면 어떨까? 정상적인 경우라면 마음을 고쳐먹고 그 일을 실행하지 않겠다고 결심할 것이다. 훈련의 목적은 시도와 실행의 차이를 알아보는 것이지, 윤리나 도덕에 관해 말하려는 것이 아니다. 어떤 경계를 침범할 참이라면 결정은 스스로 내려야 한다. 무언가를 실행하기 위해 반드시 불법을 저지를 수밖에 없는 상황이라면, 아마도 당신의 실행 의도를 비실행 의도로 바꾸어야 할 시기인지도 모른다.

그 여성이 내 안경을 정말로 망가뜨릴 작정이었는지는 확실치 않다. 다만 그녀의 이전 행동을 고려해볼 때, 그녀가 그 위협을 실행에 옮겼을 가능성은 커 보인다. 그녀가 안경을 망가뜨렸다면 나는 새 안경을 장만할 수 있었을 것이다. 어떤 경우든 그녀는 그 물건을 차지할 정도로 굳건한 의도를 가지고 있었다. 내가 볼 때 그녀는 어떤 심각한 윤리적 혹은 도덕적 경계를 침범하지 않았다.

최근에 나는 가족과 시간을 보내면서 시도와 실행의 차이가 아름답게 입증되는 광경을 목격했다. 아내 루스와 나는 샌프란시스코에서 저녁 시간을 보내고 있었다. 저녁을 먹은 뒤 우리는 차를 타고 평소에 자주 방문하는 동네 영화관인 '록시'를 지나다가, 한 무리의 사람들과 흥미롭게 보이는 영화 한 편을 발견했다. 나는 아내에게 내가 주차 장소를 찾아보는 동안 영화표를 구매하는 게 어떤지 물었다. 아내는 그 영화에는 별 관심이 없었지만 나의 계획에 동의했다.

10분 뒤에 록시로 돌아온 나는 아내가 줄을 서지 않았다는 것을 알고 깜짝 놀랐다. 영화표를 사려고 했지만 매진되었다고 했다. 영화가 정말로 보고 싶었던 나는 곧바로 행동을 개시했다. 매표소로 달려가서 직원에게 혹시 취소표가 없는지 물은 것이다. 직원은 내 이름을 적어두기로 합의했고, 나는 근처에서 기다리겠다고 했다. 그리고 나서 나는 극장 앞에 줄을 선 사람들에게 혹시 여분의 표가 있는지 물어보기 시작했다. 결국은 환불을 받으려고 매표소에 다가서는 사람에게서 나는 표 한 장을 구입했고, 줄을 서 있다가 친구로부터 극장에 못 온다는 연락을 받은 사람에게서 표 한 장을 더 구했다. 나는 무언가를 실행하고 있었다.

이 사건에서는 몇 가지 기본적인 요점이 분명히 드러난다. 매표소 직원으로부터 영화표가 매진되었다는 말을 들은 아내는 그 영화가 정말로 보고 싶은 것은 아니었으므로 영화를 보지 않아도 될 꽤나 좋은 이유를 얻었다. 반면에 영화를 보기로 결심한 내게 표가 매진되었다는 사실은 극복해야만 할 가로등 기둥에 불과했다. 나는 '매진'이라는 이유가 헛소리임을 알고 있었다. 여기서 얻은 교훈은 이것이다. 당신이 무언가를 정말로 하고 싶어 하지 않는다면 세상은 친절하게도 당신이 그 일을 실행하지 못할 꽤나 좋은 이유를 선사한다. 반대로, 그 일을 하고 싶은 마음이 진심이라면 세상이 제시한 이유들이 당신을 막지 못할 것이다.

사실 이 사건의 경우, 우리가 실행하지 않고 시도만 했더라면 상황이 한결 좋았을 것이다. 그 영화와 라이브 쇼는 끔찍했기 때문이다. 흔히 말하듯, 소원을 빌 때는 조심해야 한다.

우리는 시도와 실행이라는 개념을 행동이 아닌 사람에게 적용할 수도 있다. 자기 자신을 시도 대신 시도하는 사람으로, 실행 대신 실천하는 사람으로 간주하는 것이다. 극단적인 'A 유형의 성격(심장병 전문의 메이어 프리드먼Meyer Friedman과 레이 로즈먼Ray Roseman은 사람의 성격을 A형과 B형으로 나눴다. A형은 야심이 크고, 경쟁심이 강하며, 성취욕이 강하고, 성격이 급하고, 능력에 맞지 않게 많은 일을 떠맡으며, 스트레스를 잘 받는 반면, B형은 느긋하고, 여가를 즐기며, 스트레스를 덜 받고, 성실하며, 성취를 즐기는 경향이 있다-옮긴 이)'이 아니라면, 당신은 시도하는 사람과 실천하는 사람을 자신의 자아상에 포함시키고 이 두 가지를 각각 적절하게 활용함으로써 더 나은 삶을 영위할 수 있다. 어쩌면 당신은 두 가지 특성을 결합해야 할지도 모른다. A 유형 성격에 해당된다면 특히 더 그렇다. 시도를 조금 더 늘리고 실행을 조금 더 줄이면 수명이 연장될지도 모른다.

확언, 변화를 위한 도구?

성형외과 의사인 맥스웰 몰츠Maxwell Maltz는 수술이 아무리 기술적인 면에서 성공적이었다고 해도 환자들이 수술 결과에 만족하지 못할 때가 많다는 사실을 알게 되었다. 그는 그 주된 이유가 환자들이 건강하지 못한 자아상을 가지고 있기 때문이라고 생각했다. 환자들의 자아상 개선에 도움이 될 법한 일련의 방법들을 개발하는 것이 그가 마련한 해결책이었다.

몰츠가 개발한 방법 중 하나는, 환자들이 일련의 목표들을 설정하고 나서 정신적 시각화Mental visualization 기법을 활용해 원하는 바를 달성하는 모습을 상상하도록 만드는 것이었다. 그는 정신과 신체의 연관성과, 자기 긍정Self-affirmation과 정신적 시각화의 힘에 의존했다. 1960년에는 자신의 생각을 정리한 책,《성공의 법칙*Psycho-Cybernetics*》을 발간했다. 이 직설적인 자기계발 서적은 마침내 3,000만 부 이상의 판매고를 올렸다. 그 뒤로 '확언Affirmation'을 자아상 변화의 도구로 사용하는 산업이 엄청나게 성장했고, 이와 관련된 문헌도 많이 발표됐다. 내가 가르친 학생들 중 몇몇은 몰츠의 확언 훈련이 유용하다고 생각했다.

확언이란, 당신 스스로가 자주 되풀이하고 종이에 적을 수도 있는 신중히 구성된 진술을 말한다. 확언을 실행하는 사람들은 확언의 뒷받침을 받은 긍정적인 정신 태도가 거의 모든 일을 가능하게 만들어준다고 강력히 주장한다. 또 이 방법이 효과를 내려면 긍정적이고, 개인적이며, 구체적인, 현재형의 확언을 만들 필요가 있다고 말한다. 변화시키거나 강화하고 싶은 목표가 있다면 이를 선택해서 날마다 시간을 내 목표가 달성되었다고 자신에게 이야기한다. 예를 들어, 확언을 이용해서 자아상을 개선하고 싶다면 자신에게 이렇게 반복하면 된다. "나는 딸과 소통할 때 상냥한 사람이다."

긍정적인 정신 태도가 삶에 커다란 이점이 되는 것은 분명하다. 확언은 어떤 사람들에게는 효과적이다. 하지만 모든 사람에게 적용되는 것은 아니다. 나는 긍정적인 이야기가 정말 사실이라고 확신하기 어렵다. 이 지점에서 영화 《백설 공주와 일곱 난쟁이*Snow White and the Seven Dwarfs*》의 한 부분이 떠오른다. 영화 속에서 사악한 여왕은 마법의 거울을 보며 날마다 이렇게 묻는다. "이 나라에서 누가 제일 예쁘지?" 원하는 답을 듣는다 해도 여왕은 그 말을 믿지 않았던 것 같다. 만약 그 말을 믿었다면 계속 거울 앞으로 되돌아가서 확인할 필요가 없었을 것이다.

내가 보기에 자기 긍정 운동의 문제는, 긍정적인 확언은 종종 거짓처럼 여기면서도 자신의 부정적인 자아상은 선뜻 진실로 받아들인다는 것이다. 이는 유리잔의 물을 보며 반이 없다거나 반이 남았다고 보는 전형적인 사례에 해당한다. 우리들 대부분은 유리잔에 물이 반이 없다고 보는 것을 진짜라고 생각하고, 반이 남았다는 보는 것을 거짓이라고 판단한다. 아마도 유리잔은 반이 빈 동시에 반이 찬 상태일 테고, 우리는 어느 쪽으로 생각할 것인지 결정하게 된다. 여기서 요점은 잔이 반이나 찼다는 관점의 외적인 증거가 충분해야만 우리의 자아상이 정말로 변화하고, 자신이 누구이고 또 어떤 사람인지 알아내기 위해 머릿속에 있는 마법의 거울로 계속 되돌아갈 필요가 없어진다는 것이다.

그렇게 하는 한 가지 방법은, 확언을 다소 간접적인 방식으로 이용하는 것이다. 우리는 바라던 성과를 직접적으로 다루지 않고 확언을 이용해 행동을 교정할 수 있다. 그러면 교정된 행동이 바라던 성과를 간접적으로 유발한다.

예를 들어, 어느 연구에서는 학업적 측면에서 자아 존중감이 낮은 학생들에게 자기 자신을 전과 다르게 생각하라고 요청하지 않았다. 대신 교육과 진로 준비와 관련해 자신의 성격 중 긍정적이라 생각할 만한 부분을 열거하고 이를 주제로 글을 써보라고 요청했다. 그러자 이 학생들이 또래 학생들에 비해 학교를 계속 다니는 비율이 훨씬 높아졌다.

이러한 방법은 아이들의 성과보다는 노력을 확인하기 위해 부모와 교사 들이 자주 건네는 충고와 밀접한 관련이 있다. 여기서 요점은 확언을 할 때는 바람직한 특성을 강화해야 한다는 것이다. 다시 말해, 일시적인 실패를 견디고 뛰어넘는 노력을 강화해야 한다. 오직 성과에만 근거를 두어 강화하게 된다면 인생에서 경험할 수밖에 없는 실망을 극복하는 데 필요한 회복력을 기를 수 없다.

그저 실행하라
—

이 책의 일부분에 기초를 제공한 어느 과목을 가르치기 시작했을 때, 나는 내가 무엇을 원하는지 알고 있었다. 학생들이 자신의 삶과 관련이 있는 프로젝트를 선택해주었으면 한 것이다. 마침 나는 휴렛팩커드Hewlett-Packard 같은 대기업에서 근무하면서 자기 회사를 차리겠다는 꿈을 가진 실리콘밸리의 수많은 공학자들을 만나본 뒤였다. 때는 1960년대인 데다, 엔젤 투자와 벤처 펀드도 없었으며, 스타트업 문화가 자리 잡기도 전이었다.

그들은 꿈에 대해 그저 이야기만 할 뿐 실제 아무 일도 일어나지 않았다. 그 상황을 지켜보던 나는 유진 오닐Eugene O'Neill의 희곡 《얼음 장수의 왕림 The Iceman Cometh》이 떠올랐다. 등장인물들은 극이 진행되는 내내 방안에 앉아서 떠나야겠다고 이야기하지만 아무도 떠나지 않기 때문이다. 마침내 나와 친분이 있던 닉은 실제 휴렛팩커드를 나와 회사를 차렸다. 대단히 기뻤던 나는 그에게 샴페인 한 상자를 선물했다. 그로부터 40년이 지난 지금까지 그는 내가 왜 그랬는지 여전히 궁금해할지도 모르겠다.

이 사건을 계기로 나는 학생들이 졸업할 때까지 꼭 기다릴 필요가 없다는 것을 배워야 한다고 생각하게 됐다. 대부분의 학생들은 예정된 경로를 따라갈 의무가 있다고 생각한다. 학위를 받기 전에 무언가를 성취하는 일을 허용하지 않는 것이다. 자유의사에 따라 목표를 실행하는 습관을 익혀두지 않으면 졸업한 뒤에도 이런 성향은 변하지 않는다. 대단한 기업가들은 대부분 대학 재학시절에 이미 회사를 세웠고 이들 중 대다수는 대학을 졸업하지 못했다. 마크 주커버그Mark Zuckerberg와 네 명의 동료 학생들이 이를 보여주는 명확한 사례다. 이들은 하버드 대학교 기숙사에서 페이스북을 설립했다.

결국 이러한 생각을 기반으로 교실 프로젝트를 진행하면서, 나는 학생들에게 이렇게 지시하기로 마음먹었다. "정말로 하고 싶었지만 결코 실행하지 못했던 일을 하거나, 아니면 자기 인생 앞에 놓인 문제를 해결하라."

당신은 더 이상 고도(아일랜드의 극작가 사무엘 베케트Samuel Beckett의 희곡, 《고도를 기다리며 *Waiting for Godot*》에서 두 명의 주인공들은 무의미한 대화를 나누며 오지 않는 고도라는 인물을 기다린다—옮긴 이)를 기다릴 필요가 없으며, 늘 원하던 일을 실행하는 법을 배울 수 있다. 만약 무언가를 실행하기 시작하고 스스로 원치 않았던 문제에서 벗어나는 방향으로 이 책에서 제시한 생각들을 적용한다면, 당신은 한층 더 흥미롭고 충실한 삶을 살아갈 가능성이 크다.

TV 드라마 〈하우스*House*〉에서 의사로 등장하는 휴 로리Hugh Laurie는 주간지 〈타임 아웃 뉴욕*Time Out New york*〉과의 인터뷰에서 이렇게 말했다. "살면서 준비가 될 때까지 기다리는 것은 끔찍한 일인 것 같아요. 무언가를 실행할 준비가 된 사람은 사실상 아무도 없기 때문에 이런 기분이 드는 거죠. 세상에 준비 같은 건 없어요. 오직 현재만 존재하죠. 그러니 지금 실행하는 편이 좋아요. 그러니까, 제가 조만간 번지 점프라도 할 것처럼 자신 있게 이야기할 수는 있죠. 하지만 안 할 거예요. 전 광적인 모험가가 아니거든요. 하지만 일반적으로 말해서 지금이 가장 좋은 시기라고 생각해요."

자전거를 타는 것처럼

—

최근에 한 친구가 내게 자전거 타는 법을 배우고 싶다고 말했다. 30대인 그녀가 어째서 어렸을 때 자전거를 배우지 못했는지가 궁금했다. 지금까지 자전거를 배우지 못하도록 그녀를 방해한 핵심 요인은 무엇이었을까? 내 첫 번째 추측은 분명히 그녀가 번잡한 도시에서 살았다는 것이었다.

"아뇨, 교외에 살았어요. 배우려고 시도는 해봤는데 제가 균형 감각이 엉망이거든요. 도저히 안 되더라고요." 그녀가 말했다.

이는 디자인 싱킹을 통해 문제가 해결되는 것을 확인해볼 수 있는 좋은 기회였으므로 우리는 단계를 밟아갔다. 첫째, 나는 그녀가 올바른 문제를 해결하고 있었는지 확인해야 했다. 그녀는 정말로 자전거 타는 법을 배우고 싶었을까, 아니면 그녀가 해결해야 할 더 높은 수준의 문제가 있었을까? 그래서 나는 그녀에게 지금 자전거를 배우고 싶은 이유가 무엇인지 물어보았다.

"딸아이가 막 자전거를 배웠거든요. 아주 잘 타요. 지금은 제가 아이의 옆에 나란히 뛰어가며 보조를 맞출 수 있지만 얼마 안 가 그렇게 하기 힘들어질 거예요. 딸이랑 같이 자전거를 탈 수 있도록 지금 타는 법을 배우고 싶어요."

한 수준 위의 문제는 그녀가 딸과 보조를 맞추고 싶다는 것이었다. 나는 이 말에 충분히 공감할 수 있었고 그녀의 눈에서 그 마음을 읽을 수 있었다. 자전거 배우기가 그 문제를 해결하는 좋은 방법처럼 보였다. 이제 아이디어를 창출할 시간이었다. 어떻게 하면 그녀가 자전거 타는 법을 배울 수 있을까?

"그냥 자전거 가게에 가서 자전거를 탈 수 있는 제일 쉬운 방법을 알려달라고 부탁하면 될 것 같아요." 그녀가 말했다. 이것도 한 가지 해결책이지만 만약 어렸을 때와 마찬가지로 균형 감각이 부족하다는 문제에 부딪히면 어쩔 셈인가? 그녀는 쉽게 어지러움을 느끼는 유형처럼 보였다.

이야기를 나누며 우리는 좋은 아이디어 몇 가지를 생각해냈다. 우선, 균형 감각을 기르기 위해 요가 수업을 듣는 것이다. 의사를 만나서 혹시 균형 감각과 관련된 귓속의 문제를 약물로 치료할 필요가 있는지도 확인해볼 수 있다. 아니면 자전거 강좌를 수강하거나 성인용 자전거에 보조바퀴를 달아도 된다. 이 아이디어에 그녀는 크게 웃었지만, 다행히 이 아이디어가 보다 그럴듯한 해결책을 유발했다.

"아시겠지만, 성인용 세발자전거도 있어요." 내가 말했다. 전구에 불이 탁 들어왔다. 그녀는 미처 그 점을 고려하지 못했던 것이다. 더 매끈한 로드 자전거와 비교하면 성인용 세발자전거가 조금 이상해 보일 수는 있지만, 자전거 타는 법을 배우지 않아도 분명 그녀의 문제를 쉽게 해결할 수 있었다. 그녀는 딸과 보조를 맞추고(이것이 한 단계 위의 문제였다), 균형 감각 문제도 건너뛸 수 있었다. 이는 노화된 신체로는 일반적인 자전거 타기가 힘든 줄 알면서도 마음으로는 포기가 안 되던 순간에 그녀가 이루어낸 성과였다.

그녀가 이 해결책을 무척 마음에 들어 했으므로 나는 그녀가 자전거를 타는 딸과 보조를 맞출 수 있는 다른 방법들을 굳이 더 찾아보지 않았다.

이것이야말로 파트너 혹은 팀과 함께하는 공동 작업의 힘이다. 우리는 저마다 다른 경험을 해왔고 다른 관점을 지니고 있다. 그녀가 너무 어려워 보인다는 이유로 계속해서 해결을 미루어왔던 문제에 대해, 나는 즉각적인 해결책을 제시해줄 수 있었다. 그로 인해 그녀는 생각을 멈추고 행동을 시작할 수 있게 됐다.

중압감을 느끼며 행동하기
—

내 강의 시간에는 존 스타인벡John Steinbeck의 《분노의 포도The Grapes of Wrath》에서 발췌한 '트랙터 경작Tractoring Off'이라는 글을 읽는다. 은행에 담보로 잡혔던 땅을 빼앗긴 모래 지대의 농부와 땅 경작을 위해 채용된 젊은 트랙터 운전수가 겪는 갈등에 관한 이야기인데, 그 과정에서 농부의 집과 농장이 망가진다. 사실 트랙터 운전수는 어린 시절부터 이웃에 살았기 때문에 농부는 그와 그의 아버지를 잘 알고 있다.

수강생들이 이 이야기를 모두 읽으면, 나는 그들에게 묻는다. 식구들을 부양할 수 있는 더 나은 방법이 없을 경우 트랙터 운전을 선택할 사람은 손을 들어보라고 말이다. 그러고 나서 그럼에도 트랙터를 몰지 않을 사람, 어떻게 할지 확신이 서지 않는 사람은 몇이나 되는지 묻는다. 대체로 트랙터를 몰겠다는 사람과 몰지 않겠다는 사람이 각각 45퍼센트 정도 되고, 어느 쪽이든 결정하지 못한 사람이 10퍼센트 정도 된다.

이 이야기는 전형적인 도덕적 문제를 대변한다. 트랙터 운전수는 자신이 하는 일이 이웃 농부와 그 가족들의 삶을 파괴한다는 사실을 알지만 자기 가족을 부양하기 위해서는 별다른 대안이 없다. 결국은 자기가 그 일을 하지 않아도 다른 누군가가 와서 땅을 경작하고 농장을 파괴할 것이라고 이야기하면서, 트랙터 운전수는 농부에게 자신의 입장을 정당화하는 발언을 한다. 만약 농부가 그를 총으로 쏘아 죽인다고 해도 다른 사람이 내일 와서 그 일을 대신할 것이다. 사실 일상에서 "내가 하지 않으면 다른 누군가가 한다" 같은 합리화와 정당화는 대단히 흔히 일어난다. 이 발언을 변형시킨 "우리 가족은 내가 돌봐야만 한다"라는 말과 "저는 그저 명령을 따를 뿐입니다"처럼 철학이 다소 부족한 표현도 마찬가지다.

나는 이 이야기가 마음에 든다. 장차 이와 비슷한 도덕적 딜레마에 실제로 부딪히게 되면 아마 학생들은 자신이 어떻게 행동해야 할지 모를 텐데, 이 이야기가 나의 믿음을 학생들과 공유할 수 있는 좋은 기회를 제공해주기 때문이다. 나는 학생들에게 항상 이렇게 말한다. 인생에서 위기의 순간들을 겪어 보니, 내가 언제나 자아상에 맞춰 행동한 것은 아니었다고 말이다.

한번은 아내 루스와 함께 자동차를 타고 프랑스를 여행하고 있었다. 아내가 운전을 했고 작은 아들이 뒷좌석에 앉아 있었다. 언덕 꼭대기에서 모퉁이를 돌자 언덕 아래의 신호등 앞까지 차들이 한 줄로 서 있는 모습이 눈에 들어왔다. 루스는 속도를 늦추려고 노력했지만 아무 변화가 없었다. 그녀는 브레이크가 멈추지 않는다고 소리쳤다. 공포의 순간이 지나면서 적어도 우리 세 사람이 함께 죽겠구나 하는 생각이 들자, 나는 오히려 마음이 놓이고 위로가 됐다. 다행스럽게도 이 사고로 죽은 것은 자동차뿐이었다. 자동차는 완전히 망가졌지만 우리 가족과 우리가 들이받은 운 나쁜 프랑스 가족도 부상을 입지는 않았다.

사실, 프랑스인 운전자는 아주 상냥했다. 가족 휴가를 떠나는 길에 자동차에 매달고 온 트레일러가 우리 때문에 망가졌는데도 그는 점심 시간이 지나야 렌터카 업체와 견인 회사가 영업을 재개할 테니 두 가족이 함께 점심을 먹는 게 어떻겠냐는 제안까지 했다. 당시만 해도 나는 어찌나 심란했던지 그의 관대하고 예의바른 제안을 받아들이지 못했다.

충돌이 있은 지 얼마 지나지 않았을 때서야 나는 무슨 일이 벌어진 건지 이해할 수 있었다. 자동차에 수동 변속기가 장착되어 있었는데, 자동 변속기에 익숙했던 루스가 브레이크 대신 클러치에 실수로 발을 올리고만 것이다. 정말로 바보가 된 듯한 기분이었다! 죽음의 목전에서 살아났다고 환희에 젖을 것이 아니라, 내 발을 뻗어 브레이크를 밟았어야 했다(아니면, 아내에게 그렇게 하라고 말하든가). 또는 비상 브레이크를 잡아당기든, 자동차에 후진 기어를 넣든, 한 가지 행동만 빼고 무엇이든 했어야 했다! 평소에는 머리가 잘 돌아가고 위급 상황에서 즉시 행동을 취하는 편인데, 내게 무슨 일이 일어났던 걸까? 그날은 내가 아는 내 모습이 아니었다.

나는 좋은 친구이자 동료가 승진 대상에 올랐을 때도 이와 비슷한 경험을 한 적이 있다. 교무처장실에서 그의 강의 능력에 대해서 한 가지 의문이 제기되었다. 그리고 그가 당시 하고 있던 수업을 조사하는 업무가 내게 맡겨졌다. 학생들에게 강의 평가서를 작성하도록 시키는 것이 내가 요청받은 업무였다. 나는 그 일을 해냈고 작성된 강의 평가서를 걷었다. 그러고는 사무실로 돌아와 혼자서 강의 평가서를 살펴보다가 학생들 몇 명이 곤란한 상황을 만들었다는 것을 알게 되었다. 내가 이 서류들을 교무처장실에 보내면 그의 승진은 수포로 돌아갈 참이었다.

나는 망설였다. 비록 그의 수업방식이 비정통적이었고 모든 학생들이 창의적인 접근법을 환영하는 것도 아니었지만 그가 좋은 선생이라는 사실만은 잘 알고 있었기 때문이다. 게다가 그 설문 양식이 그의 강의를 평가하는 좋은 척도라고 믿지도 않았다. 무엇보다 나 자신이 그 동료에게 신의를 지키는 사람이라고 생각했고, 교무처가 사람을 평가하기 위해 사용한 가치관 중 상당수에 분명코 동의하기 어려웠다. 이렇게 강의 평가서 몇 장쯤은 '잃어버려도' 좋은 요인들이 수두룩한 데다 당시 자아상을 보더라도 나는 서류를 제출하지 않을 가능성이 컸다. 그럼에도 불구하고 나는 결국 서류를 전부 제출하고 말았다.

나는 스스로 하지 않을 것이라고 확신한 행동을 정확히 실행함으로써 도덕적 위기를 해결했다. 다행히 생사가 걸린 문제는 아니었다. 내 친구는 한동안 불만스러워했지만 그의 승진은 겨우 1년 늦춰졌을 뿐이었고 그 뒤로 뛰어난 경력을 쌓아나가 그 뒤로도 영원히 그럭저럭 행복하게 살았다.

다른 사람의 상황을 글로 읽고 자신이 그 입장이라면 어떻게 다른 방식으로 해결했을지 재단하는 일은 흥미진진하겠지만, 더 좋은 것은 우리 자신의 인생을 살펴보는 것이다. 당신은 자신의 합리화와 도덕적 타협을 검토함으로써 다른 사람들의 윤리적이고 도덕적인 결정들의 복잡함과 예측 불가능성을 더 잘 이해할 수 있다.

나 역시 딜레마에 직면한 순간이 있다. 데이브는 버클리에서 사용자 정의 자동화 장비를 디자인하는 회사 CEO인데, 그로부터 점심 초대를 받아 이사회 가입 문제로 이야기를 나누었을 때였다. 실제 사람이 일을 하는 것이 아니라 자동화 장비를 사용하는 것과 관련해 데이브가 세운 일부 계획은 나의 심기를 불편하게 만들었다. 어려운 문제였다. 나는 사람들의 일자리를 앗아가는 계획에 관여하고 싶지 않았지만 그 제안에 구미가 당기기도 했다. 이 제안에는 상당한 스톡옵션이 포함되어 있었기 때문이다. 그에게 반대 의견을 이야기하면 제안이 취소될 것이 분명했다.

실로 중압감이 느껴지는 순간에 나는 그에게 대답을 해야만 했다. 나는 그 제안을 수락하지 않겠다고 말했다. 그는 그렇게 결정한 이유를 설명해달라고 요청했다. 나의 반대 의견을 자세히 들은 그는 나의 우려에 공감하고 있으며 내가 반대하는 일은 결코 하지 않겠다고 장담했다. 그 말을 나는 정말로 믿었을까? 확신할 수 없다. 어찌됐든 자동화란 인간의 일자리를 빼앗아가기 위해 고안된 것이니까. 하지만 내가 양심을 슬쩍 무시하도록 만드는 데는 약간의 설득력만 있으면 충분했다. 나는 이러한 문제를 묵인하고 이사회에 합류하겠다고 동의했다.

내가 이사회에서 경험한 일은 기술적인 면에서나 개인적인 면에서 상당히 긍정적이었다. 몇 년 뒤, 그 회사는 어느 대기업에 매각되었고 그 주식은 내가 살아가면서 얻은 가장 큰 경제적 이익 가운데 하나가 되었다. 과거를 되돌아볼 때마다 나는 그 식사 자리에서 반대 의견을 제시하면 거래가 성사되지 않을 것이라고 얼마나 확신했는지 기억한다. 실제로 벌어진 상황은 그와 정반대였다.

그날 나는 두 가지 큰 교훈을 얻었다. 첫째, 다른 사람이 어떻게 반응할지 알 수 있다고 믿었지만 사실은 불가능했다. 다른 사람이 어떤 생각을 하고 있는지는 절대 누구도 확신할 수 없다. 둘째, 내가 유혹을 거부할 것이라고 확신했지만 막상 결정적 순간이 다가왔을 때 누군가가 그럴 듯한 변명거리를 만들어주자 나는 원칙을 너무도 쉽게 합리화했다. 덕분에 나는 결정적인 순간에 트랙터를 운전하겠다고 결정한 친구들에 대해 깊은 연민을 품게 되었다.

긴급한 상황에서 어떻게 행동할 것인가에 대한 불안감을 깊이 있게 묘사한 대표적 작품은, 스티븐 크레인Stephen Crane의 소설 《붉은 무공 훈장Red Badge of Courage》이다. 이 소설에는 포화 속에서 공포가 엄습할 것이라는 불안감에 시달리는 어느 젊은 병사의 심리가 대단히 생생하게 묘사되어 있다. 처음에는 비겁한 면모를 드러내던 그가 전쟁이 이어지면서 결국은 영웅적인 자질을 보인다. 이 젊은 병사와 마찬가지로, 우리가 어떤 자아상을 가지고 있든 관계없이 우리가 중압감을 느낄 때 실제로 어떻게 행동할지를 미리 짐작하는 것은 어렵다.

연구와 통계자료

—

당신이 '연구'를 기반으로 결정을 내릴 때는 연구자들의 편견으로 인해 잘못된 방향으로 이끌리기 쉽다. 이 편견이 연구자들로 하여금 거짓된 주장과 과장을 하도록 유도하기도 한다.

직장생활 대부분의 시간을 연구 논문 발표에 쏟아왔기에, 나는 연구에 대해 잘 안다고 생각한다. 우선, 과학적인 연구 과정과 그 한계를 잘 이해하고 있으며, 더욱이 가장 친한 친구들 가운데 일부는 과학자들이다. 그중에는 심리학과 행동과학을 전문적으로 연구하는 사람도 있고, 그들의 실험 몇 가지를 직접 지켜보기도 했다(심지어 피험자로 참여한 적도 있다).

이 모든 경험을 기반으로 생각해볼 때, 인간의 행동을 연구하면서 선언적 진술들을 제시하는 것은 대단히 어려운 일이다. 오해와 과장의 여지도 큰 데다 의도는 좋았으나 그저 결과가 잘못된 과학이 탄생할 가능성도 크기 때문이다. 그러므로 나는 '과학적으로 입증된 바에 따르면' '어느 연구에 의하면' '사실은, 이 뒤에는 과학이 있다' 등의 표현을 발견하게 될 때마다 흥미를 잃게 되는 경우가 많다. 세상에 제기된 모든 주장을 우리가 정말로 잘 안다면 얼마나 좋겠는가? 비록 좋은 과학, 아니 심지어 위대한 과학도 많이 있지만 인간의 행동에 관해서는 과학적으로 증명된 주장들이 때때로 과장되고 부적절한 것처럼 여겨진다.

과학이 도를 넘어서게 된 데는 입증되지 않은 수많은 주장들과 우스꽝스러운 신념체계가 사람들의 입에 오르내린 영향이 큰 것 같다. 그리고 이러한 사기, 착취, 그리고 단순한 무지와 싸우기 위해 일종의 과학적 자경주의가 개발됐다. 어떤 사람들은 과학의 승인이 없으면 아무것도 타당하지 않다고 생각한다. 내가 주로 걱정하는 부분은 우리가 과학적 진실을 말한다고 주장하다가 공식적인 실험적 검증과 별개로 존재하는 개인적 지혜의 중요한 원천을 깎아내리거나 심지어 배제할 수 있다는 것이다.

안타깝게도, 실험적 검증이란 그 자체로 불완전한 도구이기도 하다. 과학 혹은 연구라는 단어를 사용하는 사람은 밝혀진 진실에 접근하는 어떤 전능한 존재들에 대해 이야기하는 것이 아니라, 현재 인정되는 패러다임 속에서 일하며 과학 집단과 직업 구조에 적응하고 동화된, 실수하기 쉬운 인간들이 하는 작업을 이야기하는 것이다. 내가 보기에는 이 사실을 이해하는 것이야말로 중요한 것 같다. 한마디로 요약하면, 과학과 연구가 이미 인간의 신념체계에 꼭 들어맞지 않는 이상, 실험을 통해 어떤 주장을 납득이 가도록 입증하거나 그 오류를 밝히는 것은 어려운 일이다.[1]

다음 행동을 시도하지 말고 실행하라. 당신의 핵심적인 믿음을 최대한 많이 열거하고 각각의 믿음에 어떤 근거가 있는지 자문해보라. 놀라운 일도 아니지만, 경험에 의하면 나의 수많은 핵심적 믿음들은 부모님, 내가 성장한 사회적 환경과 심리적 환경, 다양한 또래 집단에서 비롯되었다. 그다음에는 이런 질문을 던져보라. 그 신념들 가운데 여전히 도움이 되는 것은 무엇이며, 제대로 기능을 하지 않아서 버리기 잘했다 싶은 것은 무엇인가?

모든 결혼의 절반이 이혼으로 끝난다는 사실처럼 설사 데이터가 믿을 만하다 해도 실패율이 높다는 이유로 결혼을 포기해야만 하는 것일까? 통계 자료가 당신의 경향을 보여줄 수는 있지만 당신의 인생을 예측하지는 못한다.

이와 마찬가지로, 대단한 성과를 낼 가능성은 언제나 희박하다고 생각하라. 만약 재정적인 성공 가능성 한 가지를 기준으로 진로를 결정해야 한다면, 우리는 영화배우나 작가, 시인, 음악가가 되려고 하지 않을 것이다. 물론 라디오를 켜면 이런 사연을 가진 수백 명의 사람들의 이야기를 들을 수 있지만, 어떤 사람이 자립할 수 있을 정도의 전문 음악가가 될 가능성은 대단히 작다. 더욱이 비틀스Beatles, 엘비스 프레슬리Elvis Presley, 그레이트풀 데드Grateful Dead가 될 가능성은 희박하다. 이렇게 성공한 가수들 역시 '과학적인' 태도를 취함으로써 보다 이치에 맞는 진로를 선택할 수도 있었다. 그런데 만약 진짜 그랬더라면 이 세상이 얼마나 큰 손실을 입었겠는가!

당신이 성공을 거둔다면 확률은 아무 의미가 없다. 어떤 길을 가든 성공률은 2퍼센트밖에 되지 않겠지만, 만약 그 2퍼센트 안에 들어가기만 한다면 당신의 성공 가능성은 100퍼센트인 셈이다. 승산없는 싸움이 최고의 보답을 안겨줄 때가 종종 있다.

실패라는 선물

―

오프라 윈프리Oprah Winfrey는 처음으로 얻은 TV 앵커 자리에서 해고당했다. 이는 좋은 일이었다. 만약 볼티모어에서 리포터로 안정된 위치에 올라섰다면 그녀가 어떤 기회를 놓쳤을지 상상할 수 있겠는가? 닥터 수스Dr. Seuss의 첫 번째 저서는 수십 곳의 출판사로부터 거절 당했고 한 친구가 직접 출판하겠다고 합의한 덕분에 겨우 세상의 빛을 보게 되었다. 토머스 에디슨Thomas Edison은 전구를 생산하려고 시도하면서 실패를 수없이 경험했다. 수많은 실패를 겪으면서 그가 남긴 명언이 있다. "나는 실패하지 않았다. 효과가 없는 방법을 만 가지 발견했을 뿐이다."

거의 예외 없이, 위대한 업적을 남긴 사람들은 대단한 실패를 경험하기도 했다. 그리고 대부분의 경우, 해고 혹은 이와 비슷하게 통렬한 실패는 이들이 궁극적으로 대단한 성공을 하도록 만들어준 선물이었음이 밝혀졌다.

지금쯤은 당신도 알게 되었을 거라 생각하는데, 디 스쿨의 기본 원칙 가운데 하나는 행동 지향성이다. 즉, 아무것도 하지 않고 올바른 행동 방향이 눈앞에 나타나기만을 기다리기보다는 무언가를 행동하기 시작해 실패하는 편이 더 낫다. 실패는 당신이 행동 지향성을 가지고 있을 때 기대할 수 있는 결과의 일부분이다.

여기서 핵심은, 불확실하다는 생각이 들 때 얼어붙지 말라는 것이다. 만약 무언가를 실행하고 그것이 효과를 거둔다면 대단히 좋은 일이다! 만약 무언가를 실행하고 실패한다면 한층 더 잘 된 일인지도 모른다. 당신은 행동하고 실패하며 배운다. 다시 행동하고 다시 실패하며 무언가를 좀 더 배운다. 만약 자신이 지금까지 한 행동을 유념한다면 실패가 가르침을 줄 것이다. 운이 조금 더 좋다면 충분한 실패를 거친 뒤에 성공을 거둔다. 대부분의 경우, 오랫동안 조사한 끝에 올바른 진행 방법을 갖게 되는 것보다는 이 편이 훨씬 더 좋은 접근법이다.

실패하고 싶은 사람은 아무도 없지만 누구나 실패한다. 실패를 두려워하지 마라. 실패는 당신이 행동한 것에 대해 치르는 대가의 일부다. 비밀로 덮어둘 필요도 없고 존재하지 않는 척할 필요도 없다. 실패를 인정하는 가장 홀가분한 방법은 축하하는 것이다.

서커스의 광대를 살펴보라. 그들은 곡예를 부리다가 본의 아니게 소품을 떨어뜨리면 만면에 미소를 띠운 채 폴짝 뛰며 팔을 양쪽으로 벌리고 '짜잔!'하고 외친다. 한때 나의 동료였던 롤프 페이스트는 워크숍의 참가자들에게 일을 망칠 때마다 '짜잔'하고 외치는 광대식 인사를 하도록 시켰다. 이 방법은 놀라울 정도로 효과가 컸다. 자신의 실수를 보여주고 굳이 감추지 않아도 괜찮도록 만들었기 때문이다. 마음을 열고 활용하기만 한다면 반복된 실수를 받아들이는 것이 실패를 두려워할 때보다 한결 훌륭한 해결책을 가져오기도 한다. 성공으로 가는 길에 실패가 생긴다는 사실을 받아들이지 않고 실패를 처벌하는 조직은 창의력을 말살시킨다.

사람들에겐 '실패가 생산적'이라는 개념을 추상적이라고 보는 성향이 있고, 현실에서는 이 개념을 뒷받침하는 환경에 처하지 않는 이상 실패를 받아들이기 어렵다고 생각한다. 디 스쿨은 그런 환경을 창조하는 데 커다란 성공을 거두었다. 대학원생들이 실수를 저지르는 것이 나쁘다는, 심지어 엄청난 재앙이라는 원칙에 평생 매달려 지내다가 거기서 자유로워지는 모습을 지켜보는 것은 가히 놀라울 정도다. 그들은 중압감을 떨치고 다시 태어난 기분을 느끼며 종종 놀라운 결과를 만들어낸다.

이건 성공이야, 바보야!

—

중학교 1~2학년 시절의 기억 중, 내가 만든 병 절단기에 관한 일을 제외하면 기억에 남는 것이 거의 없을 정도다. 이 한 가지 경험은 유난히 도드라진다. 그 프로젝트의 세부 사항 하나하나까지 다 기억나며, 청과시장에서 분해하여 나무 받침대로 쓸 수 있는 나무상자를 발견했던 일까지 떠오를 정도다. 또 니크롬선을 90cm가량 구매했던 일도 생각난다. 니크롬으로 만들어진 가느다란 선은 전기 저항이 크고 토스터나 헤어드라이어처럼 전기가 통과하면 빨갛게 달아오른다. 유리병에 선을 돌돌 감아 빨갛게 달아오른 선으로 유리병을 뜨겁게 만든 후 갑자기 찬물에 병을 집어넣으면 선이 감긴 유리 부분에 금이 간다(당시에는 플라스틱이 없었다!). 선을 충분히 가늘고 단단히 감으면 유리병은 완벽하게 갈라져서 두 개의 조각, 즉 목 부분과 아랫부분으로 분리된다. 사실 어떤 이유로 병을 절단해야 했는지는 전혀 기억나지 않지만, 나는 이 작업이 마법 같은 일이라고 생각했다.

아직도 나의 뇌리에 남아 있는 유일한 선생님은 과학을 가르쳐주셨던 딜 선생님이다. 그분은 내 프로젝트에 영감을 주셨고 내가 수업이 끝난 뒤에 조언을 얻으려고 찾아갈 때마다 살짝 짜증이 난 척하셨다. 게다가 집안 전체의 퓨즈를 나가게 하고 싶지 않으면, 그 장치에 내가 만든 별도의 퓨즈를 연결해야 한다는 사실을 어렵게 터득했던 일도 생생히 기억난다.

내 기억에는 무언가를 혼자의 힘으로 만든 것이 그때가 처음이었기 때문에 그 경험을 잊을 수가 없는 것 같다. 그때 세상에 실질적인 무언가를 내가 만들어낼 수 있다는 것을 알게 되었다. 이 경험이 내게 자부심과 자기 효능감을 키워주었고 내 성격 형성에 중요한 역할을 했다. 비록 당시에는 깨닫지 못했지만 그 작은 성공은 혼자 힘으로 일을 실행하는 방법을 알아내고 문제를 해결하는 것에서 대단한 만족감을 이끌어내는 삶의 전조가 되었다.

나는 이와 비슷한 어린 시절의 경험이 대다수의 동료들에게도 남아 있다는 것을 알게 되었다. 데이비드 켈리는 어렸을 때 자신이 가족용 피아노를 분해하는 데 성공했던 방법을 이야기한다. 내 친구 빅은 자신에게 명성을 안겨준 정교한 로봇 디자인보다 어린 시절의 과학 프로젝트에 대해 더 많이 이야기한다.

나의 독서 같은 습관들 역시 작은 성공이 쌓이면서 몸에 익히게 된 것이다. 어렸을 때 처음으로 책 한 권을 끝까지 읽은 뒤, 내게 대단히 큰 힘이 생긴 것 같은 기분이 들었던 것을 기억한다. 그날 이후로 나는 독자가 되었다. 사실 나중에 직장생활을 하느라 바빠지면서 독서하는 습관을 잃어버렸는데, 그러한 이유로 '사회 속의 디자이너' 수업을 시작하면서 독서를 커리큘럼에 포함시켰다. 학생들을 위하는 것만큼이나 나 자신을 위한 일이기도 했다. 나는 학생들에게 8주 동안 매주 한 권씩 책을 읽으라고 요구했고, 이 규칙적인 활동으로 인해 우리 모두는 생활 속에서 독서할 시간을 만드는 데 익숙해졌다. 나는 독서 습관을 다시 얻었고 수많은 학생들은 내 수업에서 예기치 않은 부가 효과를 얻게 된 것에 대해 내게 고마워했다.

성공은 자부심을 키우는 문을 열어준다. 인생의 이른 시기에 찾아온 성공은 장래의 방향을 형성하는 데 많은 역할을 한다. 설사 이른 시기에 온 것이 아니더라도 성공은 여전히 성취 가능하다. 다른 형태와 방식을 시도해보고, 자신을 성장시키거나 충족시키지 못한다면 그 한 가지 방법만 고수하지 않는 것이 중요하다.

실패에 대한 공포는 종종 우리가 불만족스러운 일과를 반복하게 만든다. 변화에 대한 헛된 공상에 잠기지 말고 새로운 것에 손을 내밀고 이를 시도하라. 성공이 수반되는 작은 단계들을 밟아가다 보면 중요한 인생의 전환기에 도달하게 된다.

실전 연습 8

어린 시절에 혼자 힘으로 무언가를 성취해본 경험이 있는가? 그 경험의 본질을 돌이켜 생각해보라. 자신의 현재 삶을 들여다보면서, 만약 실패하거나 모양새가 나빠 보이는 것을 두려워하지 않았다면 어떻게 다르게 행동했을지 생각해보자. 다음주에는 이 중에서 무언가 새로운 것을 시도해보자. 처음에는 작게 한 발짝 앞으로 나아가는 것이다. 그러고 나서 그다음 3주 동안 매주 추가적인 단계를 밟아보자. 혹여 발을 헛디디더라도 벌떡 일어나서 계속 앞으로 나아가자.

이번 장은 당신의 생활에서 시험하기 쉬운 내용으로 주로 구성했다. 자신에게 정직해지고, 자아상과 자신의 실제 행동방식 사이의 차이점을 알아차려라. 의도와 주의, 무언가를 시도하는 것과 실제로 실행하는 것의 차이점을 알아보라. 마지막으로, 직접적인 경험과 실패에 대한 두려움을 극복함으로써 자신의 꿈에 맞게 행동하는 습관이 어떻게 형성되는지 유념하라.

06장

말을
조심하라

THE
ACHIEVEMENT
HABIT

만약 진심을 꾸며낼 수 있다면
당신은 이미 진실한 사람이다.

– **조지 번스**George Burns, 미국의 희극배우

당신의 의사소통방식은 당신에 대한 사람들의 평가에 큰 영향을 미친다. 말의 내용도 중요하지만 말을 전하는 태도나 방법도 중요하다. 의사소통을 잘하면 관계가 개선되고, 좋은 일자리를 얻을 기회가 생기며, 전달하고 싶은 메시지를 더 많은 청중들에게 전달할 수 있다.

언어는 우리가 사물이나 상황을 바라보는 방식에 영향을 미친다. 홍보 전문가와 광고인 들은 이를 확실히 알고 있기에 이 점을 활용한다. 정치가와 정부를 비롯해 사람들의 마음을 움직여야 하는 각종 직업군의 사람들도 마찬가지다. 동일한 대상에 다른 이름을 붙이면 다른 행동이 유발된다는 것은 이미 오래전부터 알려진 사실이다. 우

리의 목적을 위해 스스로 선택한 단어와 사용한 언어 들이 자신에게 어떤 영향을 미치는지 이해하는 것이 중요하다. 일단 자신이 어떤 어법을 사용하는지 인식하고 나면, 자신의 진짜 의도와 현재 상황에 더 잘 맞도록 언어를 조절하는 것이 가능해진다.

예스와 노

우선 승낙과 거절이라는 단순한 이분법에서부터 출발해보자. A라고 말하면서도 실은 B를 의미하는 상황들이 있다. 예를 들어, 어떤 문화에서는 특정한 상황에서 제안을 거절하면 무례하다고 간주된다. 또 어떤 문화에서는 승낙을 의미하면서도 겉으로는 거절하는 것이 예의바른 행동이라고 간주되기도 한다. 가령, 이란에서는 집주인이 음식이나 음료를 권할 때 처음에는 거절하는 것이 예의다. 집주인이 강권하다시피 한 뒤에야 손님이 그 제안을 승낙한다.

나는 간단한 훈련에서 '예스Yes'와 '노No'를 종종 이용한다. 사람들을 둘씩 짝짓고 두 사람에게 대화를 나누라고 요청하되, 한 사람은 '예스'라는 말을 반복하고 그때마다 다른 사람은 '노'라고 대답하게 만든다. 몇 분이 지난 뒤, 사람들에게 역할을 바꾸라고 요청한다. '예스'라고 하던 사람은 이제 '노'만 하게 되고 '노'만 하던 사람은 이제 '예스'라고만 이야기하는 것이다.

대부분의 사람들은 승낙하는 역할이 더 쉽다고 생각한다. 하지만 꽤 많은 사람이 거절할 때 마음이 더 편하다고 대답하며, 차이가 없다고 대답하는 사람은 극히 드물다. 내가 흥미를 갖는 부분은 두 사람 사이의 역학이다. 이는 다양한 형태로 나타날 수 있다. 논쟁의 형태로 나타나기도 하고, 간단하지만 진지한 대화, 굉장한 농담, 심지어 구애로 표현되기도 한다. 여기서 핵심은 참가자들이 대화 속에서 가사Lyrics와 음악Music 사이의 엄청난 차이를 경험한다는 것이다. 이 훈련에서 나는 가사(예스, 노, 예스, 노, 예스, 노)를 썼지만, 참가자들은 음악을 작곡하고 심지어 안무(상대에게 예스나 노라고 말할 때 어떤 어조와 보디랭귀지를 사용할 것인지 구성했다)까지 짜야 했다. 이 훈련을 통해 사람들은 스스로 선택한 음악 속에서 자신을 더 깊이 이해하는 데 도움이 되는 요소를 종종 발견하게 된다.

그리고와 그러나
—

순접과 역접의 단어들 때문에 가사가 음악을 압도할 때도 있다. 실제 상황에서는 거의 언제나 '그러나But'가 아니라 '그리고And'가 필요하다. 하지만 우리는 '그리고'를 쓸 자리에 '그러나'를 사용하는 경우가 종종 있다. 이런 치환이 너무 흔하게 일어나서 맞는 말처럼 들릴 정도다. 유감스럽게도, 두 단어를 치환하면 중립적인 진술을 부정적인 진술로 변화시키는 효과가 일어날 때가 많다.

예를 들어보자. "나는 영화를 보러 가고 싶다. 그러나 할 일이 있다.” 이 문장은 역접 접속사 ‘그러나’를 사용해서 ‘영화를 보러 가고 싶다’와 ‘할 일이 있다’라는 두 개의 구절을 하나로 묶었다. 실제 상황에서 두 가지 모두 진실이라고 가정해보자. 사실, 실제 상황은 “나는 영화를 보러 가고 싶다. 그리고 할 일이 있다”이다. 영화와 일은 서로 반대의 입장이 아니다. ‘그러나’라는 단어는 일상적인 용법에서 허용된다. 그리고 이것은 진짜 상황을 나타내지 않는다.

‘그러나’라는 단어를 사용할 때 당신은 실제로 존재하지 않는 갈등을 (그리고 때로는 이유를) 스스로 창조한다. ‘그리고’라는 단어를 사용할 때는 논란거리가 없다. 영화를 보거나 일을 하겠다는 선택을 할 수도, 하지 않을 수도 있다. ‘그러나’라는 단어를 사용하면 대화의 장이 차단되는 반면, ‘그리고’라는 단어를 사용하면 대화의 장이 열린다. 더욱이 ‘그러나’ 다음에는 종종 헛소리 같은 이유가 등장한다. 즉 홍연주의 용어로 표현하면, ‘그러나’라는 말은 다른 연주자의 제안을 저지하는 일종의 블로킹Blocking이므로 최대한 피하는 편이 좋다.

당신은 ‘그러나’라는 말을 어디에 붙이는가?

당신이 성취하려고 노력하는 것이 무엇이든 간에 자신이 ‘그러나’라는 말로 대화를 차단함으로써 스스로 저지하고 있는 부분이 어딘지 살펴보라. 가령, 당신의 목표가 인기 좋은 인턴 자리를 구하는 것이고 이 일을 하려면 여행을 자주 다녀야 한다고 생각해보자. 당신은 자신에게 이렇게 말한다. “이 인턴 자리를 꼭 따내고 싶어. 그러나 비행이 두려워.” 그러면 당신의 뇌에는 이렇게 들릴 것이다. “음…, 그게 인생이지. 이 인턴 자리는 안 될 것 같아.”

이와는 다르게 당신이 "그리고 비행이 두려워"라는 말로 대화의 장을 연다면, 뇌는 문장의 양쪽 절을 어떻게 다루어야 할지 고심하게 된다. 그러다가 심리치료사와 그 문제에 대해 상의할 수도 있고, 명상을 실시할 수도 있다.

문제는, 대화에서 오직 '그리고'라는 접속사만 사용하면 말이 어색하게 들린다는 것이다. 몇 년 전에 나는 이에 관한 실험을 하느라 주말 내내 '그러나' 대신에 '그리고'를 사용했다. 장담하는데, 절대 나를 따라 하고 싶지 않을 것이다.

나는 '그러나'라고 소리 내어 말할 필요가 있다고 생각할 때마다 마음속으로 그 단어를 '그리고'로 동시에 전환함으로써 상황을 종종 해결한다. 이 방법은 잘 통하지만 예외도 있다. 나의 워크숍에 들어온 일부 참가자들은 내가 '그러나'라고 말하면 공개적으로 그 말을 바로잡음으로써 자신의 영리함을 과시하기 때문이다. 나는 미소를 짓는다. 그리고 그런 상황이 싫다. 제발 우쭐거리며 잘난 체하지 말기 바란다. 그냥 자신의 말만 고쳐라. 만약 친구들과 가족들의 말을 고쳐주고 싶다면 그저 이 책을 선물하라. 그러는 편이 인간관계에 훨씬 도움이 될 것이다.

실전 연습 9

이 방법을 살짝 맛보고 싶다면 '그러나'라는 단어를 지금부터 다섯 번 사용하라. 마음속에서 '그러나'를 '그리고'로 바꾸기만 하면 된다. 자신이 방금 소리 내어 한 말을 접속사 하나만 바꿔서 마음속으로 반복하는 방식으로 조용히 실행하라. 어떤 기분이 드는지 유념해서 살펴보라.

해야 한다와 하고 싶다
—

그다음으로 가능한 한 적게 사용해야 할 표현은 '해야 한다Have to'이다. 일반적으로 실제 상황을 가장 잘 묘사하는 표현은 '하고 싶다Want to'이다. 나는 이 문제로 논쟁을 벌이기보다는 사람들에게 간단한 훈련을 시킨다. 이 훈련은 파트너와 함께할 때 가장 큰 효과를 거둔다. 당신이 '나는 ~을(를) 해야 한다'로 시작되는 문장을 만들면 파트너가 이를 '너는 ~을(를) 하고 싶다'로 대체한 뒤 그 문장을 반복해서 말하는 것이다. 예를 들어, 당신이 "나는 이 일을 끝내야 한다"라고 말하면 파트너가 "너는 일을 끝내고 싶다"라고 대답하는 것이다.

이 방법은 거의 모든 상황에서 효과적일 뿐만 아니라, 당신이 자신의 의지와 관계없다고 생각하는 결정에서 자신이 직접 내린 선택과 직접 느낀 욕망이 얼마나 큰 역할을 하는지 확인하게 만들기도 한다. 가령, "나는 숨을 쉬어야 한다"는 "나는 숨을 쉬고 싶다"로 바뀐다.

당신이 이렇게 말할지도 모르겠다. "뭐라고요? 나는 정말로 숨을 쉬어야 한다고요!"

그건 사실이다. 당신이 계속 살고 싶다면 말이다. 당신은 스스로 목숨을 끊음으로써 숨을 그만 쉬도록 선택할 수도 있다. 계속 살아가고 싶을 때 숨을 계속 쉬겠다고 선택하는 것은 훌륭한 작전이다.

실전 연습 10

이 방법을 맛보고 싶다면 다음에 '~을(를) 해야 한다'라고 말해야 할 순간이 올 때 마음속으로 '해야 한다'를 '하고 싶다'로 몇 번 바꾸어보라. 방금 소리 내 말한 문장을 그냥 한 부분만 바꾸어 마음속으로 반복하면서 조용히 이 방법을 실행하라.

이 훈련은 사람들이 살아가면서 하는 행동, 심지어 불쾌하다고 생각하는 행동조차 실은 스스로 선택한 행동임을 깨닫게 만드는 데 대단히 효과적이다. 때때로 우리는 한두 가지 항목에서 막히게 된다. 나의 좋은 친구 오즈거가 경험한 일이 좋은 사례다. 대학원에서 내 수업을 수강하는 동안 그는 석사 학위 프로그램의 필수과목인 수학 과목들을 수강해야 했는데, 그의 입에서는 이 과목을 수강하고 싶다는 말이 차마 나오지 않았다. 사실은 그 과목들을 확실히 수강하고 싶지 않았고, 필수과목이 아니라면 결코 수강하지 않을 것이었기 때문이다.

졸업한 뒤 그는 1년 동안 회사에서 근무하다가 박사 학위 과정을 밟기 위해 스탠퍼드로 돌아왔다. 학교에 돌아와서 그가 가장 먼저 실행한 일은 나를 찾아와 샌프란시스코의 터키 식당으로 저녁 초대를 한 것이었다. 식사자리에서 그는 석사 학위 과정의 필수과목이었던 수학을 여전히 싫어한다고 말했다. 수학을 배워서 얻는 이익이 불편함보다 훨씬 더 많다는 것이 이유였다. 이 만남은 꽤나 가치 있는 시간이었다. 내가 터키 음식을 좋아하기도 했지만 그날의 식사를 기점으로 하나의 전통이 시작됐기 때문이다. 향후 몇 년 동안 우리는 그 지역의 모든 터키 식당의 음식을 맛볼 수 있었다.

비록 오즈거가 늦게나마 수학 필수과목에 대한 깨달음을 얻은 것은 아니지만, 해야 한다와 하고 싶다 훈련의 핵심은 그에게 전달됐을 것이다. 일상의 삶이 정확한 과학이 아니라는 것을 깨닫는 것이 중요하다. 수학 같은 일부 분야에서는 하나의 반례만으로도 어떤 것이 효과가 없다고 입증할 수 있다. 그와는 달리, 내 인생관에 따르면 당신이 무언가를 실행하고 거의 대부분 효과를 거두었다고 해도 그 일을 하나의 지침 정도로만 삼는 편이 좋다.

만약 자신의 인생 전체를 검토한 끝에 반드시 해야 하지만 하고 싶지는 않다고 생각한 것이 수학 필수과목 하나뿐이었다면, 오즈거는 지금까지 모든 일을 자신이 원해서 한 것이라고 생각하며 인생을 살아가도 좋을 것이다. 혹시 이런 표현을 들어보았는가? "예외가 있다는 것은 곧 규칙이 있다는 말이다." 단 하나의 예외를 찾아내려고 애써 노력해야 한다면, 규칙이 타당하다고 생각하며 인생을 살아가도 좋을 것이다.[1]

할 수 없다와 하지 않을 것이다

—

그다음으로는 '할 수 없다can't'를 살펴보고, '하지 않을 것이다won't'와 비교해서 실험해보자. 두 가지를 실험하는 좋은 방법은 앞선 훈련과 동일한 절차를 활용하는 것이다. 예를 들어, "나는 숨 쉬기를 멈출 수 없다"라고 소리 내 말하고 나서 "나는 숨 쉬기를 멈추지 않을 것이다"라고 마음속으로 말해보라. '할 수 없다'를 '하지 않을 것이다'라고 바꾸는 것만으로도 힘이 생길 때가 많다. '할 수 없다'는 무력함을 암시하지만, '하지 않을 것이다'는 의욕과 선택을 의미하기 때문이다.

당신이 실행하면 좋을 이와 비슷한 단어 변환 훈련이 있다. '필요하다need'를 '원한다want'로, '~을(를) 하기 두렵다I'm afraid to'를 '~을(를) 하고 싶다I'd likd to'로 변환하는 것이다. 다음번에 당신이 '필요하다' 혹은 '~을(를) 하기 두렵다'라는 표현을 써야 할 때 이렇게 대체해보라. 이 단순한 표현의 치환이 변화를 일으킨다. 치환된 표현들이 자기 자신과 자신의 행동에 대해 느끼는 감정에 힘을 실어줄 것이다.

도와주다, 해야만 한다

—

아예 사용하지 말거나 사용 빈도를 줄이는 편이 좋은 단어가 두 개 더 있다. '도와주다Help'와 '~을(를) 해야만 한다Should'이다. '도와주다'와 '지원하다Assist'를 비교해서 생각해보면 '도와주다'라는 표현을 사용하는 것이 어떤 점에서 안 좋은지 분명히 알 수 있다. 누군가를 도와준다고 할 때는 상대는 무력하고 오직 자기에게만 능력이 있는 것처럼 생각될 수 있다. 이와 다르게 누군가를 지원한다고 할 때는 상대를 위엄 있게 대하고 그 사람 역시 능력이 있다고 믿는 셈이다. '지원'은 상대에게 힘을 실어주는 말인 반면, '도와주기'는 때때로 상대의 영향력을 앗아가는 언어이기도 하다.

'~을(를) 해야만 한다'는 말 역시 상대의 영향력을 앗아간다. 또 여기엔 어떤 의무감 때문에 그 일을 실행한다는 의미가 들어 있어서, '바람'보다는 일종의 '의무'라는 의미가 강하다. 이 단어로 실행할 수 있는 훈련에는 한 쌍의 참가자가 필요하다. 한 명이 "나는 ~을(를) 해야만 한다"라는 문장을 만들어 말하면, 또 다른 한 명은 "해야만 하는 것이 무엇인가?"라고 질문형으로 대답한다. 이 터무니없는 대화를 2분간 주고받으면 "나는 ~을(를) 해야만 한다"라고 말한 사람이 깨달음을 얻게 된다. 그 후엔 다른 사람이 대부분의 의무 사항이 불합리하다는 사실을 깨달을 수 있도록 서로 역할을 바꾸면 된다. 이 훈련의 두 가지 역할을 혼자 해보는 것도 거의 비슷하게 재미있다.

이유를 묻는 질문

—

다른 사람과 의사소통을 할 때 가능하면 그 이유를 묻는 질문은 피하라. 상대방에게 어떤 행동이나 결정을 하게 된 이유를 묻게 되면 마치 상대를 탐탁지 않게 여기는 듯한 다소 부정적인 느낌이 들어가므로 상대가 방어할 필요를 느끼게 된다.

대신 소위 '내 탓 진술'이라 부르는 '나-화법I statement'을 이용해 자신의 입장을 명확하게 말하라. "여러분과 함께할 공동대표로 왜 제인을 선택했나요?"라고 질문을 던지는 대신 이렇게 말하는 것이다. "여러분이 저를 공동대표로 선택하지 않아서 마음이 상했습니다."

솔직하고 정직한 대화는 시간을 절약해주고 당신의 목적을 효과적으로 달성시켜준다. 이 사례에서, 어째서 제인을 선택했느냐는 질문에 대한 대답은 무엇이든 퍽이나 좋은 이유가 될 테고 당신의 마음이 상했다고 말할 수 있는 기회를 마련해주지 않을 가능성이 크다.

일반적인 질문

사실적인 질문, 의견성 질문, 수사적인 질문은 일상적인 대화에서 가장 흔하게 사용되는 질문이다. 중요한 것은 모든 질문이 진실한 질문은 아니라는 사실을 깨닫는 것이다. 대부분의 사람들은 다음과 같은 관례적인 인사말에는 진짜 질문이 숨어 있지 않다는 것을 잘 알고 있다. "안녕하세요?" "좋은 하루 보내고 계세요?" "기분이 어떠세요?" 사람들은 진짜 대답을 기대하지 않는다.

이 무의미해 보이는 질문들은 누군가의 선의를 입증하고 다른 사람의 인간성을 인정하기 위해 사용되기도 한다. 낯선 사람에게서 이런 질문을 받을 때 나는 대체로 그들에게 선의가 있다고 추측하고 상대에게 예상된 대답을 들려줌으로써 정해진 규칙을 따른다. 그러나 상대방이 이런 인사말을 업무적으로 사전에 숙지한 것이 분명하다면 예의바르게 처신하기 힘들다. 언젠가 한 번은 사악한 생각에 휩싸였다. 나는 슈퍼마켓의 계산대 직원과 다음의 대화를 나누었다.

> 직원: 안녕하세요?
> 나: 암으로 죽어가고 있어요.
> 직원: 잘됐네요.
> 나: 좋은 하루 보내세요.

그녀는 습관처럼 인사를 건넨 것이 분명하며 내 대답엔 신경 쓰지도 않았고, 심지어 귀 기울여 듣지도 않았다.

질문을 인사로 활용하는 것 외에도 일부 사람들은 단지 대화가 끊기는 것을 견디지 못해 정기적으로 질문을 하기도 한다. 그들은 무슨 말이라도 해야겠다는 생각에 질문을 던진다. 계산대 점원처럼 상대의 대답에는 신경을 쓰지 않는다. 주의가 산만하고 심지어 상대의 대답을 실제로 듣지도 않는다. 때로는 상대방이 대답을 마치기도 전에 다른 질문을 던진다. 이런 경우에 구체적인 질문들이 아무 관계가 없다는 게 분명하다. 만약 질문을 던진 사람이 대답을 신경 쓰지 않는다면, 이는 진정한 질문이 아니다.

사제 간 혹은 노사 간의 관계에서 질문은 지위의 상징처럼 사용되기도 한다. 만약 교사인 내게 학생들이 질문을 던진다면, 이는 그들이 나를 존경한다는 뜻이다. 그들은 나의 대답을 알고 싶은 것이다! 내가 똑똑하다고 생각하는 것이다. 그렇지 않은가?

아니면, 사실은 이와 정반대의 상황일 수도 있다. 그들은 자신이 영리한 질문을 던지는 것처럼 보이고 싶은 것이다. 어떤 사람이 회의에서 의장에게 질문을 던지는 척하며 과장된 어휘를 사용해 끊임없이 실없는 이야기를 늘어놓는다면 어떤가? 그가 회의실 안의 다른 사람들이 자기 말을 들어주기를 바라는 것처럼 보이지 않는가? "좋은 질문이네요!"라는 대답을 듣는 사람은 높은 지위를 얻게 된다. 대등하게 보이는 입장에서 권위 있는 사람과 관계를 맺는 것처럼 보이는 것이 질문자의 목적일 수도 있다.

어느 여름, 나는 흑해의 불가리아 리조트에서 젊은 연구원들을 대상으로 강의를 진행했다. 기나긴 일주일이 지나고 나는 마지막 날 저녁 송별 파티를 기대하고 있었다. 내가 파티 장소에 도착했을 무렵에는 파티가 이미 무르익은 상태였다. 나는 음료 테이블로 걸어가서 와인 한 잔을 따랐다. 방을 둘러보니 모든 사람이 바닥에 앉아서 나를 쳐다보고 있었다. 나는 담당교수에게 무슨 일이냐고 물었다. 그는 학생들이 내게 질문을 하고 싶어 한다고 했다.

온갖 질문에 대답하며 저녁 시간을 보내는 것은 결코 상상하고 싶지 않은 일이었지만, 나는 무례하게 굴고 싶지 않았다. 책임감 있는 모습을 보여야 한다고 느꼈다. 그래서 질문이 있는 사람은 손을 들어보라고 했다. 질문이 없는 사람이 없었다. 잠시 동안 도락에 빠져 즐거운 저녁을 보내겠다던 나의 희망이 사라져가는 듯했다. 절박해진 나는 학생들에게 모두 눈을 감은 뒤 내게 말을 걸고 질문을 던지는 장면을 상상해보라고 요청했다. 그러고 나서 내가 그 질문에 대답하는 상상도 해보게 했다. 마침내 나는 학생들에게 눈을 뜨고, 대답을 얻지 못한 사람만 손을 들어보라고 부탁했다. 누구도 손을 들지 않았다. 그리고 내가 말했다. "좋아요. 모두 일어나세요. 이제 파티를 즐겨볼까요?"

나는 오늘까지도, 당시 그 방안에는 진짜 질문을 하고 싶었던 사람이 없었다고 확신한다. 학생들에겐 일주일 내내 원하는 것은 무엇이든 내게 물어볼 기회가 있었기 때문이다. 질문을 던지자고 계획한 사람이 누구였든, 나는 그에게 꾀어 넘어가지 않아서 특히 기분이 좋았다. 그들이 자신에게 어떤 대답을 주었든 간에 우리가 진심으로 즐거운 저녁 시간을 보내는 데 방해가 되지 않았다.

그 질문이 진짜가 되기 위해서는 질문을 던진 사람이 정보를 구해야 한다. 예를 들어, "이름이 뭐예요?" "지금 몇 시예요?" "공항까지 제일 빨리 가는 방법이 뭐죠?" 같은 질문은 하나같이 진짜처럼 보인다. 그러나 질문을 던진 사람이 그 정보를 정말로 알고 싶어 하는지 알아내기 전까지는 그 질문이 진짜라고 확신할 수 없다. "이름이 뭐예요?"는 그저 대화가 끊어지는 순간을 견디지 못해 만든 질문에 불과할 수도 있다. "지금 몇 시예요?"는 가볍게 관심을 보이는 표현이기도 하다. "공항까지 제일 빨리 가는 방법이 뭐죠?"는 재미있는 여행을 계획한 동료가 당신의 호기심을 자극해 자신의 여행과 관련된 질문이 나오도록 유도하려는 수작일 수도 있다.

어떤 질문들은 변형적인Transformative 대화를 조성한다는 점에서 위력적이다. 무언가에 대해 질문할 때 자신과 다른 사람들이 그 문제에 대해 생각하도록 만들려는 의도가 있다면, 당신은 생성적인Generative 질문을 던지는 것이다. 게다가 그 질문에 진심으로 관심이 있다면 그 질문들은 진실한 동시에 생산적이다. 양쪽 모두가 상대방의 말에 귀를 기울이고 온전히 참여할 수 있는 대화를 조성하기 때문이다. 질문자는 그저 '올바른 대답'만 얻게 되는 것이 아니다. 이 질문은 대답자와 질문자 사이에 대화를 조성하여 질문과 주장이 번갈아 일어나게 만든다. 정말로 생성적인 질문들은 대화와 관련된 모든 사람에게 생산적이다. 그러므로 알려진 정보를 단순히 전달하는 것 이상의 결과가 나온다.

성취는 대인관계와 결부되는 경우가 많다. 간략히 말해, 인간은 혼자일 때보다 함께일 때가 더 낫다. 동료와 상사 들에게 존중받는 사람이 더 성공하는 경향이 있다. 당신이 친구들에게 진심으로 마음을 쓰고 있다는 느낌을 줄 때 보다 지속적이고 의미 있는 우정이 형성된다. 당신이 그저 흘려버리는 질문을 던지면 상대는 심지어 잠재의식에서도 이를 알아차린다. 대화가 끊기는 것이 두렵다는 이유로 공허한 말을 던지지 마라. 만약 동료에게 "오늘은 어때?"라고 물어봤다면 그 답변에 충실히 귀를 기울여라.

맥락

—

단어를 사용하게 되는 맥락은 그 말이 어떤 의미로 받아들여질 것인가에 커다란 영향을 미친다. 한 가지 경험을 소개하자면, 나는 상대에게 어떤 말을 건넸다가 그 말이 상대에게 완전히 다르게 들렸다는 사실을 알고 깜짝 놀란 적이 있다.

아내와 나는 파티가 열렸던 스탠퍼드 교직원 클럽을 나서고 있었다. 정문을 막 빠져나왔을 무렵 아내 루스가 내게 말했다. "세상에, 거기서 빠져나오니 참 좋네."

그때 우리 과의 학과장이자 파티의 주최자인 론이 "루스, 그렇게 나쁘지는 않았어요. 안 그래요?"라고 말했다. 그가 바로 우리 뒤에 서 있다가 아내의 말을 우연히 들은 것이다. 아내는 구두가 너무 죄어서 발이 아팠기에 얼른 차로 가서 구두를 벗어버리고 싶어서 한 말이라는 설명을 덧붙였다. 그리고 파티는 아주 즐거웠다고 그를 안심시켰다. 사실이었다. 하지만 론이 아내의 말을 정말로 믿었는지는 지금까지도 확신이 서지 않는다.

오해를 불러일으키는 원인은 매우 다양하지만, 그중에서도 대화가 이루어지는 맥락이 대단히 중요하다. 학생들을 가르칠 때는 어긋난 맥락이야말로 오해를 불러일으키는 가장 큰 요인이 된다. 루스와 론의 경우처럼 학생이 자기 구두에 대해 이야기한다 해도 교사는 파티에 대한 이야기로 듣는 것이다. 분명히 동일한 말이라고 해도 맥락이 공유되지 않으면 전혀 다른 생각을 내포하게 된다.

수업 중에 모두가 동일한 맥락을 공유하도록 만드는 좋은 방법은, 학생들에게 교재에 관해 질문하게끔 하는 것이다. 나는 정기적으로 학생들에게 질문을 하라고 요구한다. 만약 수업 인원이 스무 명 미만이라면 한 명의 수강생도 빠지지 않고 모두 질문하게 만든다. 규모가 더 큰 수업에서는 질문할 학생을 그냥 무작위로 정한다. 그때마다 일부 학생들이 파악한 맥락이 나의 예측과 얼마나 다른지 알게 되어 종종 깜짝 놀라곤 한다. 학생들에게 어떤 질문도 괜찮으니 해보라고 부추긴다. 멍청한 질문일수록 더 좋다고 말이다. 그러면 학생들 일부가 수업 내용을 완전히 오해하고 있었다는 사실이 밝혀진다. 이 방법은 한 명이라도 회복하기 어려울 정도로 길을 잃기 전에 모두가 동일한 맥락을 공유하게 만드는 대단히 좋은 도구다.

나는 서로 다른 교육을 받은 다양한 국가 출신의 동료들과 수많은 작업을 한다. 의미 있는 대화를 나눌 때도 맥락은 대단히 중요하다. 오래전에 나는 동료들에게 '컴퓨터를 이용한 설계Computer0Aided Design'라는 수업을 소개했다. 가까운 친구이자 동료인 더그가 수업에 참석하고 싶어 했다. 우리는 모두 수학 분야의 이력이 두드러졌다. 나는 기계 시스템을 연구하고 있었고 그는 화학 시스템을 연구하는 중이었다. 실제 우리 둘은 격의 없이 서로에게 마음을 터놓는 사이였는데, 아마도 학생들은 한 교수가 강의를 하는 동안 다른 교수가 자리에 앉아 청강을 하면서 이따금 "헛소리!"라고 소리를 질러대는 광경을 이전에 경험한 적이 없는 것은 물론이요, 앞으로도 경험할 일이 없을 것이다.

다만 수업이 끝난 뒤에 우리는 전혀 다른 맥락에 놓여 있음을 깨달았다. 똑같은 말이 우리가 각기 전공하는 분야에서 전혀 다른 뜻으로 해석된 것이다. 더그와 나는 좋은 시간을 보냈고 그 광경이 학생들에게 힘을 불어넣어주었으므로 결과적으로는 모두 잘된 셈이었다. 만약 우리가 직접적이고 솔직하게 의사소통을 하지 않았더라면 결과는 엉망이 되었을 것이다.

대화

—

언어를 통한 의사소통에서는 가사와 음악 모두 중요하다. 그럼에도 사람들은 음악의 중요성을 크게 인정하지 않는 경우가 많다. 심지어 '예스와 노' 훈련 같은 간단한 방법을 통해서도 다양한 경험을 할 수 있다. 이 훈련은 격렬한 방법, 지루한 방법, 흥미로운 방법, 재미있는 방법, 짜증나는 방법, 재미없는 방법, 유혹적인 방법, 사랑스러운 방법 등으로 실행될 수 있는데, 우리는 여기서 음악이 가사보다 더 중요할 수도 있다는 교훈을 얻을 수 있다.

가사가 그리 중요하지 않다는 말은 사실이기도 하다. 예를 들어, 대부분의 팝송에서 가사는 분위기를 만들어내고 우리의 주의를 끄는 역할을 한다. 문자 그대로 받아들여지도록 만들어지지 않았다. 이와 유사하게, 우리가 처해진 상황에 대해 불평하는 것은 상대의 충고를 원하지 않더라도 사람들의 주의를 사로잡고 우리에게 관심을 갖도록 만드는 데 효과적이다.

만약 당신이 친구들에게 투덜거리거나 불평을 늘어놓았는데 친구가 그에 대해 어떤 충고를 해주었다고 하자. 어떤 일이 일어날까? 당신은 친구들에게 고마워하며 그 충고를 달게 받아들이는가, 아니면 이런 반응을 보이는가? "그렇기는 하지만…," 만약 후자에 해당된다면 이는 당신이 친구들에게 그저 자신의 이야기를 들려주고 싶었을 뿐 문제해결에는 큰 관심이 없었다는 강한 신호다.

이는 어느 쪽이든 마찬가지다. 당신이 친구들에게 조언을 해줌으로써 그들의 문제해결을 도와주었는데 그들이 "그렇기는 하지만…,"이라는 반응을 보인다면, 이는 그들이 문제를 해결하는 데 당신의 도움을 원하지 않는다는 신호로 봐야 한다. 그들은 그저 자기 이야기를 하고 싶었던 것이다. 마음속에 품은 것을 분출하고 공유하고 싶었을 뿐이다. 당신이 자신들의 노래에 귀를 기울여주기를 바라는 것이다. 이때 당신이 보여야 할 적절한 반응은 공감어린 태도로 상대의 이야기를 경청하고 그들의 감정과 경험을 지지하는 것이다.

나는 아내의 친구들이 감기 증상이 있을 때 서로 항히스타민제를 먹으라고 조언하는 것을 볼 때마다 기분이 유쾌해진다. 이들은 자녀들을 성인으로 길러내기까지 감기를 비롯한 여러 흔한 질병들을 수없이 겪었다. 따라서 그들은 그저 속사정을 털어놓고 싶은 것이다. 친구의 의학적 조언은 필요하지 않으며, 약간의 공감을 원할 뿐이다. 이들 중 대부분은 친구들과 유대감을 갖길 원한다. 장성한 자녀들이 더 이상 자신의 말을 들어주지 않기 때문이다.

세상에는 다양한 양식의 의사소통이 존재한다. 장성한 우리 아들 중 하나는 엄마가 좋아하는, 즉 전화로 장시간 수다를 떠는 방식에는 관심이 없다. 처음에는 이 문제로 감정이 상하기도 했다. 결국 두 사람은 하나의 체계를 고안해냈다. 아들은 정말로 수다를 떨고 싶지 않을 땐 엄마에게 이렇게 말한다. "이건 업무상 전화예요." 심지어 통화 중에 그 명칭을 변경하는 것도 허락받은 상태다. 이 방법은 두 사람이 통화에서 요구하는 바가 서로 다르다는 것을 마음 편히 받아들이는 데 큰 도움이 되었다.

당신은 이러한 방식으로 동료들을 대하는 방법을 배울 수 있다. 이야기를 계속 늘어놓기만 하지 말고 반드시 상대방이 빠져나갈 수 있는 구실을 제공하라. 이렇게 한번 말해보면 어떨까? "바쁘면 내가 요점만 말해줄 수도 있어." "이 이야기를 지금 듣고 싶어?"

내 주변에는 한 사람을 목표로 정해 그에게 매달리기를 좋아하는 친구가 있다. 그는 정찬 모임에서 옆에 앉은 사람과 나누는 대화에 깊이 빠져들곤 한다. 그의 이러한 행동 때문에 종종 같은 테이블에 앉은 다른 사람들은 무시당한 듯한 느낌을 받게 된다. 더욱이 그는 대화를 할 때 주로 혼자서 이야기하는 편인데 자신의 모험담을 늘어놓는다. 몇 년 전, 우리는 대규모 파티에 참석했다. 그는 저녁 내내 내가 모르는 어떤 여성과 이야기를 나누고 있었다. 다음날 그는 파티가 정말 즐거웠다고 말했다. 나는 그에게 전날 그가 대화를 나누던 여성에 대해 물어보았다. 그는 그녀에 관해 사실상 아무것도 모르고 있었다. 저녁 내내 자기 이야기를 하는 데만 열을 올렸기 때문이다.

그 미지의 여인은 분명히 훌륭하고 참을성 있는 경청자였다.

　내가 아는 어느 부부는 매번 주변 사람들에게 자신들이 경험한 우연한 만남을 매우 상세하게 들려주는 것을 좋아한다. 두 사람은 이를 '결과 보고Debriefing'라고 부르는데, 결과 보고를 함으로써 대단한 만족감을 느끼는 듯하다. 그들은 결과 보고가 본래의 경험을 강화시키고 자신들의 모험을 다시 한 번 되살리는 데 도움이 된다고 여긴다. 게다가 이 방법은 두 사람이 다른 사람들과 관계를 맺는 중요한 수단이기도 하다.

　반면에 나는 자신이 경험한 내용을 누군가에게 상세히 말하는 것이 마음속으로 혼자 그 경험에 대해 음미하고 그와 관련된 글을 쓰는 것보다 만족감이 훨씬 떨어진다고 생각한다. 그래서 누군가가 내게 결과 보고를 해달라고 부탁하면 의도적으로 그들의 요구를 '간략 보고Be brief'라고 잘못 듣는다. 물론, 내게도 사람들과 관계를 맺고 내 인간성을 공유하고 싶은 욕구가 있다. 하지만 내 경험상 대체로 그런 경험이 적을수록 효과가 큰 것 같다.

　대단히 다른 성향을 지닌 사람들끼리도 효과적으로 의사소통을 할 수 있다. 예를 들어, 우리 가족은 의사소통 양식이 제각기 다르지만 의사소통이 가능하도록 만든다. 다른 사람과 의사소통을 한 경험이 많지 않다면 자신의 메시지를 전달하는 적절한 방법을 잘 알고 있기 힘든 법이다. 새로운 환경이 등장할 때마다 매번 그 나름의 도전 과제가 생긴다. 다음은 내가 유용하다고 생각한 몇 가지 지침이다.

- 먼저, 최대한 자신의 경험과 감정에서 우러나온 이야기를 하라. 그렇게 하면 당신은 자신이 하는 말을 직접적으로 책임지게 되고 다른 사람들도 당신이 보인 모범을 따라서 자신의 이야기에 책임지게 된다. 다른 사람을 비판할 때는 그것이 그저 자신의 의견을 제시하는 데 불과하다는 점을 스스로 깨달을 필요가 있다. 언제나 상대방에게 자신의 생각에 대해 말을 할 때는 어떻게 그런 기분을 느끼게 되었는지, 혹은 개인적으로 어떤 생각을 믿는지부터 이야기하는 편이 좋다. 자신의 개인적 판단을 일반화시키거나 보편화하지 마라. '나-화법'을 사용하라.

- 대화를 할 때 어려운 것 중 하나는 다른 사람이 하는 이야기에 귀를 기울이고 중간에 말을 끊지 않는 것이다. 대부분의 사람들은 지금 말을 하지 않으면 혹여 자기가 하고 싶은 말을 잊어버리지 않을까, 혹은 나중이 되면 관련성이 없어지지 않을까 걱정돼 남의 말을 끊어버린다. 여기서 최선의 방법은 그냥 내버려두는 것이다. 상대의 말이 끝난 뒤에도 여전히 자신이 하려던 말이 적절해 보이거든 그때 말하라. 만약 당신이 하고 싶었던 말을 잊어버리거나 여전히 말하지 못한 채 대화가 끝났다고 해도 결코 세상은 알아채지 못할 것이다! 입 밖으로 나왔다면 정말 훌륭하고 멋진 표현이었다 해도 상관없다.

- 상대의 이야기를 들어줄 때 두 번째로 어려워할 수 있는 것은 자신의 이야기를 곧장 덧붙이지 못한다는 것이다. 그런데 생각과 달리 당신의 이야기가 주제와 관련이 없을지도 모른다. 그렇게 되면

본래의 이야기를 한 사람은 당신이 자신의 이야기를 제대로 듣지 않았거나 자신의 말을 이해하지 못했다고 생각할 것이다. 반대로 당신의 이야기가 핵심을 찌르고 더 낫기까지 하다면 당신이 남보다 한 발 앞서기 위해 술책을 부리는 사람처럼 보일 수 있다. 상대방의 이야기는 연관성을 잃어버리고 그는 당신의 이야기로 인해 위축되거나 지지받지 못한 기분을 느낄 수도 있다.

나의 좋은 친구 하나는 오랜 결혼생활을 마무리하고 이혼을 하게 됐다. 그는 아내와 헤어지자마자 가까운 친구들을 찾아다니며 개별적으로 이혼 소식을 알려주었다. 그가 이혼 소식을 전할 때마다 이야기를 들은 사람들 대부분은 각자가 결혼생활에서 겪었던 위기상황을 털어놓았다. 나를 포함한 다른 친구들이 그의 사정을 충분히 이해하고 있음을 알리기 위해 노력한 것이었다. 그런데 실제로 그는 아무도 자신의 이야기를 들어주지 않는다고 느꼈다. 돌이켜 보니, 불편한 마음을 잠시 옆으로 밀어두고 내 이야기가 아니라 그의 감정에 대해 이야기했다면 그에게 좋은 친구가 되었을 것 같다.

의도성 질문은 모든 의사소통의 이면에 숨어 있다. 의사소통을 할 때 당신은 무엇을 의도하는가? 단지 무언가를 말한다고 해서 의사소통이 이루어졌다고 볼 수는 없다. 내가 이 사실을 깨달은 것은 교수가 된 지 얼마 지나지 않았을 때였다. 여러 상황에서 특정한 말을 할 때 나는 그 부분을 대단히 강조하고 있다는 걸 분명히 알리려는 의도를 품고 있었다. 필연적으로, 내가 어떤 사항에 관해 시험형 질문을 던지면 언제나 학생들은 이렇게 대답하곤 했다. "이건 불공평해요. 강의시간에 거의 다루지도 않으셨잖아요." 덕분에 나는 교사들의 세계와 학생들의 세계가 매우 다르다는 사실을 깨달았고, 나의 말을 본래의 의도대로 책임지고 잘 전달해야겠다고 뼈저리게 느꼈다.

지금까지 이야기한 내용에 대해 양측이 모두 동의한다거나 서명한 서면 합의서가 존재한다고 해도, 모든 사람이 동일한 문제에 정말로 동의하는지는 알 수 없다. 명백한 오해가 생기는 경우도 많다.

이런 상황이 벌어지는 주된 이유는 사람들이 자신의 말이 아니라 의미가 공유되었는지는 명확히 확인하지 않기 때문이다. 명심하자. 성공적인 의사소통에는 의도와 주의가 모두 필요하다. 의미를 공유하기 위해서는 명백한 의도가 반드시 필요하고, 의미가 공유되었다는 것을 확인하기 위해서는 노골적으로 주의를 기울일 필요가 있다. 경험을 통해 누군가와 강한 유대감을 쌓지 못한다면 말만으로 제대로 의사소통하기에 충분하지 않을 수 있다. 배우들은 자기가 맡은 등장인물이 어떤 생각을 하는지 알지 못하면 그 역할을 제대로 연기할 수 없다는 사실을 잘 안다.[2] 이와 비슷하게, 모든 참가자가 상대방의 사고방식을 이해할 때야 비로소 진정한 의사소통이 원활히 이루어진다.

다음은 대인관계에서 바람직한 의사소통을 위해 내가 가장 권장하는 사항들이다.

1. 자신의 생각을 말하라. "누구나 알듯이" "우리 모두 생각하듯" "우리 모두 느끼듯"이 아니라, "내가 알기로는" "내가 생각하기에" "내가 느끼기로는"이라고 말하라. 자신이 하는 말을 다른 사람들의 탓으로 돌리기보다 오롯이 자신이 책임지는 편이 훨씬 좋다. 우리는 자신이 실제로 무슨 생각을 하는지도 잘 알지 못하므로 다른 사람들의 생각은 말할 필요도 없다.

2. 비판적인 태도를 취하지 마라. 특히 논쟁을 하거나 격앙된 상황에서 비판적인 태도를 취할 필요가 있거든 자신의 감정과 생각에 대해 이야기하라(1번에서 그랬듯이).

3. 다른 사람들의 문제를 인정하라. 사람들은 당신이 자신의 이야기를 듣고 있는지 알고 싶어 한다. 그들의 문제를 인정하기만 하라. 그들이 솔직하게 요청하지 않는 이상 상대의 문제를 해결하려고 노력하지 마라. 그들은 당신의 충고를 원하지 않으며 당신이 비슷한 경험을 했는지도 알고 싶어 하지 않는다. 그저 당신이 자신의 이야기에 귀를 기울이고 있는지 알고 싶을 뿐이다. 그 이야기는 그들에 관한 것이지 당신에 관한 것이 아니다!

4. 이유를 묻는 질문을 던지지 마라. 자신의 입장에 관한 선언적 진술을 하라. 상대에게 행동의 이유를 묻는 것은 그를 방어적으로 대처하게 만든다.

5. 진심으로 귀 기울여라. 비록 상대가 이야기할 말을 안다거나 예전에 들어본 적이 있다고 해도 도중에 말을 끊거나 무시하지 마라. 상대가 말을 하는 동안 당신이 내놓을 대답을 머릿속으로 준비하지 마라. 아무리 멋지고 훌륭한 생각을 했더라도 기꺼이 포기하라.

6. 이야기를 할 때는 요점을 분명하게 전달하라. 상대가 잘못 이해하거나 해석할 수 있다는 것에 대비하라. 만약 정말로 대단히 중요한 이야기라면, 당신의 메시지를 자신에게 반복함으로써 그 의미가 분명히 전달되도록 하라.

7. 당신의 말이 의도한 그대로 상대에게 전해지도록 노력하라. 단순히 메시지를 전달하는 수준을 넘어서라. 당신이 애초에 전달하고자 한 의미 그대로 전달하고 싶다면 의도를 가지고 주의를 기울여라.

8. 당신이 전달하고자 하는 말은 스스로도 반드시 이해하도록 하라.

단순히 상대의 말을 잘 들어주는 수준을 넘어서라. 당신이 단지 말뿐 아니라 그 의도까지 알고 있는 지점으로 가라. 만약 조금이라도 의심이 들거든 상대가 한 표현을 쉽게 고친 후 되물어보라. "그러니까, 제가 들은 말이, …" 혹은 "이렇게 느끼신 것처럼 들리는데요…," 라고 말하라. 상대가 요구하는 것이나 느끼는 바의 핵심을 이해하려고 노력하고, 당신이 올바로 이해했는지 반드시 확인하라. 토머스 고든Thomas Gordon은 이를 두고 '적극적인 경청Active listening'이라고 표현했다.[3] 이렇게 다른 사람이 한 말을 여러 차례 고쳐 표현하고 반복하는 것은 대부분의 사람들이 평소에 하지 않는 일이다. 따라서 이 방법을 처음 몇 번 시도할 때는 가짜처럼 느껴질 수도 있다. 그러나 이 방법이 대단한 힘을 발휘할 수 있다. 그들이 상대를 이해시켰다는 기분을 받게 되면, 그에게 엄청난 선물을 준 것이나 마찬가지다.

하기 힘든 말

—

어떤 집단이 잘 돌아가기 위해서는 꺼내기 어려운 주제를 대화로 풀 줄도 알아야 한다. 자신의 감정과 곤란한 문제들에 깊숙이 파고드는 대화는 피하게 되기 쉽다. 얄궂게도, 하기 힘든 말이라고 해서 피하기만 하다 보면 상황이 개선되기는커녕 악화되는 일이 비일비재하다. 적절하게 실행되기만 한다면 어려운 주제의 대화가 문제를 크게 개선하고 상황을 긍정적인 방향으로 완전히 변화시킬 수 있다.

나는 이 방법이 직장이나 가정에서 모두 효과적이라는 것을 알게 됐다. 한 사람이 솔선수범하면 다른 사람들이 대체로 그 뒤를 따른다. 당신이 할 일이라고는 자신의 기분이 어떤지, 걱정이 무엇인지 말하고 상대방을 공격하려는 뜻이 아님을 밝히는 것뿐이다.

나는 30년 전 교수회의에서 느꼈던 흥분감과 긍정적인 집단 결집력을 아직도 기억한다. 당시 디자인 부는 용기를 내 가장 젊은 교수에게 부서를 떠나주면 좋겠다고 이야기했다. 그가 스탠퍼드 대학교에서 강사로 계속 근무한다면 박사 학위 논문을 결코 완성하지 못할 것이 분명했다.

우리가 해고하려던 사람을 포함해 모든 사람들이 진심으로 마음에서 우러나오는 이야기를 솔직하게 털어놨다. 만약 한 사람이 진심으로 이야기하고 다른 사람들도 그렇게 한다면 집단의 공동체 의식과 헌신감이 증가한다는 사실을 나는 몇 번이고 반복해서 깨달았다. 반면, 그 토론이 피상적이고 비인격적인 수준에 머무른다면 좌절감과 소외감만 가득해진다.

사회학자들은 현실적인 갈등과 비현실적인 갈등에 대해 이야기한다. 현실적인 갈등이란 목표 지향적인 의견 차이를 말한다. 다시 말해, 서로 대립하는 당사자들이 반드시 해결해야 하는 구체적인 문제에 관한 것이다. 원활한 인간관계에서 이런 갈등이 발생하면 이들은 갈등을 해결함으로써 결과적으로 목표를 향해 전진하기도 한다.

비현실적인 갈등이란 사실은 지금 논의되는 주제가 아니라 다른 무언가에 관한 것이다. 적어도 참가자들 중 한쪽의 주된 목적은 긴장감을 표출하는 것이다. 문제해결을 진정한 목적으로 삼고 있지 않다는 뜻이다. 대개 집단 안에 진정한 상호성Mutuality이 존재하지 않을 때 이런 갈등이 발생한다. 대신 사람들이 다른 사람들과의 관계를 사실과 다른 무언가로 가장할 때는 거짓 친밀성Pseudomutuality이 존재한다.

어쩌면 이들은 빈약한 자아상이나 소외감 혹은 질투심을 감추는 것인지도 모른다. 그 근본 원인이 무엇이든 긴장감을 쌓아올리는 불편한 상황에 시달리는 중이다. 비현실적인 갈등을 유발할 때 사람들은 이미 형성된 긴장감을 일시적으로 분출하려고 노력한다. 긴장감의 근본 원인에 대해 조치를 취하지 않으면 이런 갈등은 나쁜 상황을 일시적으로 감추는 반창고에 불과하다.

좋은 의사소통 기술은 인생 전반에 영향을 미친다. 이 기술로 인해 구직에 성공하거나 실패하기도 하고, 누군가와 중요한 관계를 맺거나 맺지 못하기도 하며, 명성에 큰 손상을 입지 않고 공개적인 위기에서 살아남거나 환영받지 못하는 사람이 되기도 한다. 우리는 대통령을 선출할 때 다른 어떤 기준보다 의사소통방식에 큰 비중을 둔다. 숨김없이 정직하게 의사소통하는 사람을 높이 평가하며, 궁지에 몰리거나 30분 동안 전화통화에 붙잡히길 싫어하는 사회적 신호를 알아차리지 못하는 사람을 피한다. 고급스러운 표현들을 많이 알고 있는 사람이 반드시 의사소통에 뛰어난 사람은 아니다. 오히려 주의를 기울이고 상대의 말을 경청하고 있음을 보여주는 사람이 의사소통에 가장 뛰어난 사람이다.

07장

함께하는
습관의 힘

THE
ACHIEVEMENT
HABIT

GROUP HABITS

나: 해롤드, 깜박이를 좀 켜지 그래?
해롤드: 낯선 사람들에게 내 사정을 알리고 싶지 않아.

─ 뉴욕 시에서 운전하는 친구 해롤드와 내가 나눈 대화

집단에 참여하는 것은 우리의 인간성을 표출하는 중요한 방법 중 하나다. 우리 중 대부분은 여러 집단에 가입한다. 가족 외에도 다양한 친구 집단이 존재한다. 학교, 직장, 정치 단체, 건강 관련 단체 등 종류는 각양각색이다. 당신이 이 집단에서 사람들과 어떻게 교류하느냐에 따라 각 상황에 대한 감정이 변할 수도 있고, 인생이 풍부해지거나 엉망이 될 수도 있다.

이번 장에서는 당신이 다양한 집단에서 더 좋은 이익을 얻을 수 있도록 협동 작업, 물리적 공간, 보디랭귀지, 의사소통을 생산적으로 변화시키는 방법에 대해 이야기해보자.

협동 작업

—

나는 디 스쿨의 아카데믹 디렉터로서 강의와 행정 업무를 담당하면서 하루의 대부분을 다양한 집단 경험으로 채우고 있다. 디 스쿨의 모든 수업은 반드시 협동 강의로 진행된다. 우리가 강의를 진행하는 방식은 스탠퍼드 대학교의 다른 협동 강의 수업과는 차이가 있다. 디 스쿨에서는 협동 강의에 참여하는 교수진이 모든 수업에 빠짐없이 참석해 언제나 참여할 준비를 갖춘다. 예외가 있기는 하지만, 스탠퍼드 대학교의 다른 독립 부서들은 대체로 협동 강의를 릴레이 경기처럼 진행한다. 한 명의 교수가 자기 순서를 뛰고 나면 바통을 다음 교수에게 넘기고 경기장을 떠나는 식이다.

우리는 교수진 전체가 참여한다면 학생들이 더욱 풍부한 경험을 할 수 있을 거라 생각했다. 동료 짐 애덤스는 이러한 형태의 강의를 좋아한다. 그는 이렇게 말했다. "난 협동 강의가 좋아. 그래야 우리 교수들끼리 독설을 퍼붓는 모습을 보며 학생들이 교수들의 인간적인 면모와 그 세계의 속성을 더 잘 간파할 수 있잖아." 안됐지만, 대부분의 동료들은 독설의 미덕에 관해 짐과 같은 수준의 깨달음에는 도달하지 못했다. 그래도 같은 강의실에서 서로 다른 관점을 가진다는 것은 모든 사람에게 득이 된다.

협동 강의의 장점을 잘 보여주는 상징적 사례가 발생한 것은 나의 첫 번째 강의가 있던 날 저녁, 빌의 전화를 받았을 때였다. 그와 나는 '변형적인 디자인Transformative Design'이라는 수업을 협동 강의하는 교수단의 일원이었다. 나는 빌과 함께 일하게 되어 몹시 기뻤다. 그는 나와 대단히 가까운 친구일 뿐만 아니라, 최초의 랩톱 컴퓨터를 설계한 세계적인 디자이너이자 디자인 컨설팅 기업 IDEO를 세운 세 명의 창립자 가운데 한 사람이다. 당시의 전화통화 내용은 다음과 같았다.

빌: 오늘 오후 강의에 대해 어떻게 생각하는지 궁금해.

나: 아주 좋았어. 자네 생각은 어때?

빌: 그래, 나도 마음에 들었어.

나: 좋아!

빌: 그런데 나 좀 도와주게. 다음 강의하기 전날 저녁에 자네의 파워 포인트 슬라이드를 나한테 좀 줄 수 있어?

나: 내가 어떻게 대답할지는 이미 알고 있잖아. 그런데 그 자료가 왜 필요해?

빌: 콘텐츠 때문이 아냐. 자네가 쓴 폰트를 고치고 싶어서.

나: 농담하는 거야?

빌: 아닌데.

이틀 뒤 저녁, 나는 빌과 그의 아내 카린을 저녁식사에 초대했고 그들이 우리 집에 왔다. 나는 카린과 아내 루스에게 내 파워포인트 슬라이드를 보여주었다. 두 사람 모두 디자이너였고 미적 감수성이 대단히 뛰어났기 때문이다. 두 사람은 내가 사용한 폰트가 나쁘지 않다는 데 동의하면서 내 기분을 맞춰주었다. 하지만 곧 빌의 이야기가 옳았다는 것을 알게 되었다. 나의 잘못이 한두 가지가 아니었던 것이다. 그는 앞으로 나와서 결함들을 지적했다. 폰트의 종류와 크기가 너무 다양했고, 양식에 일관성이 없었으며, 그중에서도 최악은 내가 디 스쿨의 공식 폰트를 사용하지 않았다는 점이었다. 그의 설명이 끝났을 때 카린은 그에게 '폰트 나치 빌'이라는 별명을 붙였다. 우리는 모두 크게 웃었다.

물론 그다음 주 강의에서 나는 학생들에게 이 이야기를 들려주었다. 그 사건은 내게 남은 학기 내내 활용할 수 있는 하나의 주문을 제공했다. "폰트를 고쳐라. 그렇지 않으면 빌이 너를 괴롭힐 것이다." 이 모든 상황은 상당히 재미있었다.

이 사건 뒤에는 설득력 있는 교훈이 숨어 있다. 나는 공학도로서 교육을 받았고 주로 콘텐츠에만 관심을 갖는 데 익숙하다. 이에 비해 빌은 디자이너 교육을 받았고 미적 감각이 떨어지는 대상을 보면 본능적으로 신경에 거슬린다. 만약 내가 그 수업을 혼자서 진행했다면 학생들은 자연스럽게 드러나는 빌의 감수성을 접할 기회가 없었을 것이다. 감수성과 다양한 관점을 공유하면 학생과 교수 들의 교육적 경험이 풍부해지고, 이런 현상은 다양한 배경을 가진 교수들이 한 강의실에 모일 때 일어난다.

굳이 말할 필요도 없이, 빌은 향후 수업에서 사용할 파워포인트 슬라이드와 인쇄물, 인터넷 게시물 등을 모두 준비했다. 이 모든 것이 디 스쿨의 공식 폰트를 통해 같은 양식으로 우아하게 작성됐다.

나는 폰트를 볼 때마다 즐거운 마음으로 빌을 떠올린다. 이와 동시에, 그가 받아들일 수 있는 최소한의 수준에 맞춰서 프레젠테이션을 준비하느라 나의 시간과 노력을 추가로 투자해야 한다는 이유로 그에게 저주를 퍼붓기도 한다.

학생들의 협동 작업

—

우리는 학생들에게도 협동 작업을 필수 과제로 요구한다. 디 스쿨의 수업은 대부분 여러 학문 분야를 공부하는 학생 팀들이 진행하는 프로젝트가 기반이 된다. 일반적으로 교수들은 학생들이 팀을 조직하는 방식에 조금이라도 개입해 체계를 부여하려 하지 않는다.

다시 한 번 말하지만, 우리의 방식은 주류 교육과는 차이가 있다. 다른 수많은 학과들은 팀의 구조를 지시하고 그 팀 안에서 학생들이 맡을 다양한 책임을 할당한다. 팀의 구성원들이 구체적인 역할을 할당받아야 한다고 생각하는 교수진의 관점은, 내가 초등학교 3학년 때 겪은 일과 대체로 유사해 보인다. 당시의 선생님은 현실 사회에 적응할 수 있도록 학생들을 준비시켜야 한다는 생각으로 당신 나름의 체계를 부여했다. 사실, 이 방법은 진취성을 말살시키는 효과가 있다. 따라서 학생들이 각각의 구체적 상황에 맞는 적절한 체계를 찾아낼 만큼 책임감 있고 융통성 있는 사람이 되는 데 필요한 기술들을 배우지 못하게 만든다.

프로젝트를 공동으로 진행하기 위해서는 혼자 작업할 때 사용하는 것과는 다른 일련의 기술이 필요하다. 6장의 '대화' 부분에서 논의한 내용은 하나같이 협동 작업에 적용할 수 있다.

게다가 여러 사람들이 빚어내는 역학도 가미된다. 일반적으로 학생들의 집단은 네 명으로 구성된다. 그래야 갈등을 다루는 방식에서 다양한 분열이 일어나는 것이 가능해진다. 때때로 우리는 학생들이 3대 1, 혹은 1 대 3으로 대결하게 한다. 때로는 둘씩 두 쌍, 한 쌍과 각각의 두 명, 아니면 네 명이 서로 대립각을 세우게 할 때도 있다. 놀랍게도, 대부분의 팀들은 원활하게 운영되고 갈등은 대체로 생산적인 방식으로 해결된다. 실제로 우리는 교수진에 전문 심리학자를 포함시킨다. 디 스쿨의 이름을 따서 그를 '디 정신과 의사'라고 부르는데, 그는 대화의 장을 열어주는 아이디어를 권장함으로써 협동 작업의 성과를 한층 끌어올린다.

다양한 성격과 기술 유형에 맞도록 팀을 구성하는 방법에 관해서는 다양한 이론이 존재한다.[1] 내가 생각하기에 다양한 성격 유형에 관해 연구하면서 배우게 되는 가장 중요한 것은, 사람들 사이에는 기본적인 차이가 존재한다는 사실을 마음으로 수용하는 것이다. 사람들은 서로 다르다. 학교에서 전공한 분야가 다를 뿐 아니라 무언가를 배우고 실행하는 방식도 저마다 다르기 때문이다. 각 개인은 자신의 방식이 반드시 유일하게 옳은 것은 아니라는 점을 알아야 한다. 이렇게 생각하면 일을 할 때는 물론 가정에서도 도움이 된다.

지금쯤은 당신도 내가 농담을 얼마나 좋아하는지 짐작할 것이다.

그렇지 않은가? 그럼, 한번 해볼까?

법정에서 소송 사건이 진행되는 동안 원고의 주장을 들은 판사가 이렇게 말한다. "맞습니다."

피고는 흥분해서 판사에게 이렇게 말한다. "하지만 존경하는 판사님. 실제 정황은 ……."

그러자 판사가 피고에게 이렇게 말한다. "맞습니다."

이 말을 들은 법정의 방청객이 이렇게 말한다. "잠깐만요, 존경하는 판사님. 두 사람 주장이 모두 맞을 수는 없습니다."

그러자 판사가 이렇게 대답한다. "맞습니다."

이 이야기의 핵심은 겉으로는 모순적으로 보이는 일들이라고 해도 모두 옳을 수도 있다는 것이다. 현실 세계에서의 행동들은 대부분 제로섬 게임이 아니다. 팀원 모두, 아니 특히 그 팀이 앞으로 나아가는 방법을 찾는 것은 가능하다. 만약 존중하고 아끼는 마음에서 이루어진 일이라면 논쟁이 그리 나쁜 것만은 아니다. 심지어 좋은 일이 될 수도 있다. 다만, 논쟁이 인신공격으로 흐르지 않고 팀의 상호지원과 이해의 정신을 해치지 않는 것이 중요하다.

또 팀원 모두에게 작업을 진행시킬 의도가 있어야 한다. 사람마다 헌신하는 정도에 차이가 있고, 팀을 위해 세운 목표가 다를 경우 작업은 실패한다. 작업이 원활하게 진행되지 않으면 일부 팀원들이 독선적인 태도를 드러내기 쉽다. 진실을 알면 좋고, 진실 그 자체가 구체적인 행동을 드러내지 않는다는 점을 알아두는 것도 좋다. 1장에서 지적했듯이 당신은 모든 것에 의미를 부여한다. 그러므로 임무를 완수하기 위해서는 기운을 내고 팀을 지원하라.

건설적인 비평
—

워크숍에서 우리는 고故 조지 M 프린스George M. Prince의 '시넥틱스 Synectics 워크숍'에서 내가 처음 배운 비평방식을 적용했다.[2] 학생들의 작업이 긍정적으로 발전하도록 격려하는 방식으로 비평을 하자는 것이었다. 방법은 '나는 좋다' 진술을 두 가지 말한 뒤, '나는 바란다' 진술을 한 가지 말하는 것이다. 예를 들면, 이렇게 말할 수 있다. "나는 네가 안전에 관한 우려를 고려했다는 것이 좋다. 그리고 나는 그것의 외관이 좋다." 그러고 나서 잠시 있다가 이렇게 계속한다. "나는 우리가 그것을 더 작게 만들 방법을 찾기를 바란다."

이 피드백에서 가장 먼저 주목해야 할 점은 '나는 좋다'와 '나는 바란다' 사이에 '그러나' 접속사가 없다는 것이다. 두 문장은 오직 짧은 쉼표로만 분리될 뿐 그 사이에 다른 아무것도 없다. 두 번째로 주목할 점은 '나는 바란다' 진술이 긍정적인 태도로 추가 개선을 권장하는 방식으로 제기된다는 것이다. 그로 인해, 이 말을 언급한 사람을 비롯해 이 말을 들은 사람들은 누구나 해결책을 강구하는 작업에 참여하게 된다. 같은 의미라도 다음과 같은 방식으로 표현해서는 안

된다. "이건 안 되겠어. 너무 크게 만들었잖아." 이 말은 그 이상의 반응이나 대화를 차단하는 일종의 블로킹 진술인 반면, '나는 바란다' 같은 진술은 이렇게 표현된다. "좋아, 그리고."

학생들의 작업에 대한 이러한 비평방식은 우리의 제품 디자인 프로그램에서 오랫동안 활용됐다. 이제는 이 방식이 디 스쿨에서 일종의 붙박이가 되어, 학생들에게 피드백을 주거나 학생들로부터 피드백을 받을 때 두루 사용된다. 이러한 평가는 매 수업이 끝나면 교수진과 참여를 원하는 특정 학생들에 의해 실행된다. 게다가 수강생과 교수진 전체가 관여하는 평가는 몇 주에 한 번씩 수업시간에 진행된다. 이를 바탕으로 다음 수업과 향후 개설되는 교과목에 변화가 이루어진다.

현재 사용하는 '나는 좋다/나는 바란다' 진술방식에는 진술의 순서나 숫자를 제한하지 않는다. 때로는 한 집단이 '나는 좋다' 진술을 모두 먼저 말하고 '나는 바란다' 진술을 모두 나중에 말하기도 한다. 이 수정된 형태는 '나는 바란다' 뒤에 숨겨진 애초의 생각을 따르지 않는 사람들이 도입했다. 이들은 개선 방향을 제안하지 않고 자신들이 바꾸고 싶은 것을 단순히 진술하기 위해 '나는 바란다' 구문을 사용한다. 그러고 나서 '~을(를)하면 어떻게 될까?' 형태의 세 번째 진술을 추가한다. 이 세 번째 진술은 '나는 바란다'의 본래 용법이 지니고 있는 문제해결 양상의 기능을 담당한다. 더욱 새로워진 형태에서 우리는 다음과 같은 피드백을 받게 된다. "나는 단체 모임이 좋았다" 혹은 "나는 우리가 단체로 더 많은 시간을 보내기를 바란다"라고 말하고 나서 "수업이 끝나고 만나면 어떨까?" 하는 식이다.

학생들의 작업을 비평할 때 개인적으로는 원래의 '나는 좋다/나는 바란다' 형태를 더 선호한다. '나는 바란다'는 개선해야 할 영역을 제안할 때 활용하면 효과가 좋다. 이런 형태의 문장에는 "우리는 어떻게" 형태의 질문과 비슷한 긍정적인 영향력이 담겨 있다. "나는 ~을(를) 수행할 방법이 있기를 바란다"와 "우리는 어떻게 ~을(를) 수행할 수 있을까?"는 사람들이 주도적으로 문제를 해결하려는 마음가짐을 갖고 앞으로 나아갈 수 있게 만드는 좋은 방법이다.

어떤 형태의 진술을 사용하든 관계없이 이 피드백방식은 효과적이다. 지속적으로 강의 개선을 추구하는 디 스쿨에서는 말로 표현할 수 없을 정도로 소중하다. 학생들과 교수진은 이 방식을 좋아하고 이는 수업에 공동체의식을 심어준다. 다양한 상황에서 건설적인 비판을 시행할 때도 유익하게 활용할 수 있다. 분명한 것은 이 방식이 학생들의 작업이나 학계에만 제한적으로 적용할 수 있는 것이 아니라는 점이다. 개인생활과 직장생활에도 유용하게 적용할 수 있다.

한번은 디 스쿨에서 한 번도 학생을 가르쳐본 적이 없고, 형식적인 유럽의 학문적 전통에 익숙한 나이 많은 교수를 교수진으로 받아들인 적이 있었다. 첫 번째 수업이 끝났을 때 스탠퍼드 대학교의 교수 한 명이 그에게, '나는 좋다/나를 바란다' 피드백 시간을 위해 모이는 것이 관례라고 설명하자 그는 참석하겠다고 했다. 하지만 이 피드백 시간에 학생들도 참여한다는 사실을 알게 된 그는 깜짝 놀라고 말았다. 학생이 교수에게 어떤 점이 마음에 들지 않았다고 말하는 것이 무례하다고 여긴 것이다. 그럼에도 그는 좋은 사람이었으므로 그 과정을 굳세게 견뎌냈다. 그 뒤로 몇 번의 피드백 시간을 가진 후부터 그는 이 방식을 열렬히 지지하게 되었다. 심지어 수업이 길어져 다른 교수들이 피드백 시간을 생략하고 싶어 할 때마다 그는 이 시간을 완수해야 한다고 홀로 주장하기도 했다.

행동방식과 문화

─

아내 루스의 독서 클럽은 이 책의 초기 원고를 읽어보는 데 동의했다. 클럽의 일원인 마르샤는 이메일을 보내 내게 고맙다는 인사를 건네면서 원고가 마음에 든다고 했다. 그러나 '실전 연습' 훈련이 두렵다고 했다. 그 말을 듣고 나는 깜짝 놀랐다.

"수줍은 사람들은 어떻게 해요?" 그녀가 물었다.

그 말은 내게 깊은 인상을 남겼다. 이는 내가 억눌러왔던 끔찍한 기억을 되살려냈다. 어쩌면 내가 강의를 하면서 저지른 최악의 실수였을지도 모를 그 기억을 말이다.

나는 대학원에서 디자인용 기계 장치에 관해 수업하고 있었다. 그날 수업은 '4-바 메커니즘Four-bar mechanism'이라 불리는 부분이었다. 나는 학생들로 하여금 주변 환경에서 기계 장치를 찾아 이를 우리의 학습 내용과 연결시켜 분석하고, 그 결과를 학생들 앞에서 한 명씩 돌아가며 발표하게 했다. 프레젠테이션이 순조롭게 진행되어가던 중 어느 여학생이 우리가 수업시간에 사용해왔던 어휘를 고려하지 않고 발표를 했다. 나는 비행기 꼬리의 고양력 장치를 작동시키는 4-바 메커니즘을 보여주는 그녀의 도표를 가리키고는, 그 부분의 명칭이 무엇인지 물었다. 그녀는 대답하지 못했다.

나는 화가 나서 불쑥 이렇게 말해버렸다. "오늘이 5주째 수업이야. 자네가 4-바 메커니즘을 알아보지도 못한다는 것은 상상조차 할 수 없는 일이지. 첫 번째 수업부터 이 부분에 대해 일주일에 두 번씩 이야기해왔어. 대체 자네는 그동안 어디에 있었지?"

그 여학생은 한마디도 하지 않았다. 눈물을 흘리며 강의실을 나선 학생은 다시는 돌아오지 않았다. 중국에서 온 그녀는 모든 학생들 앞에서 그녀의 체면을 손상시킨 나의 행동을 유난히 굴욕적으로 받아들였다. 내가 무슨 행동을 저질렀는지 깨닫게 되자 마음이 무척 아팠다. 몇 주가 지나도록 나는 그녀가 돌아오기를 바랐다. 오늘까지도 내가 먼저 손을 내밀어 그녀에게 연락을 취하지 못한 것이 후회스럽다.

2년 뒤, 그녀는 내가 셰리 셰퍼드Sheri Sheppard와 협동 강의를 하는 수업에 나타났다. 이 수업은 여성 대학원생들을 지원하기 위해 계획된 것이었다. 셰리는 그 당시 스탠퍼드 대학교 기계공학과의 유일한 여성 교수였다. 우리는 책에 제시된 방법들을 몇 가지 활용했고 그 강의는 무사히 잘 지나갔다. 다만, 이 학생이 얼마나 수줍음이 많은 성격인지 나는 그제야 비로소 알아차렸다. 그녀가 디자인 과목을 듣는 수강생들 앞에 서는 일이 얼마나 무시무시한 경험이었는지를 마침내 깨닫게 된 것이다.

마지막 피드백 시간에 그 학생은 내게 말했다. "교수님은 지난번보다 이번 수업에서 훨씬 더 친절하셨어요." 그 말을 듣고 나서야 지난번에 그녀의 수줍은 성격을 알아채지 못하고 무신경하게 굴었던 죄책감이 조금 가셨다.

스탠퍼드 대학교에는 외국에서 온 학생들이 많다. 그중 일부는 상당히 적극적인 문화권에서 와 곧바로 잘 어울리지만, 대다수의 경우는 '학생이란 모름지기 수동적인 자세로 지식을 받아들여야 하며, 교수는 감히 접근하기 어려운 존재이기에 거의 신성시하는' 문화권에서 온다. 그런 문화권에서 자란 학생들과 태생적으로 수줍음이 많은 미국 학생들에게는 실리콘밸리의 문화가 특히 괴로울 수 있다. 자기 홍보, 집단 작업, 낯선 사람들에게 다가가기, 도움 구하기, 정규 면담 시간에 강사 만나기, 수업시간에 큰 소리로 말하기 등의 행동들이 어렵게 느껴질 것이다.

요즘에는 자신이 태어나지 않은 곳에서 일하고 공부하며 생활하는 사람들이 세계 각처에서 이와 유사한 문화적 어려움을 겪고 있다. 당신 주변에 다른 문화권 출신의 사람들이 있다면 이 상황을 특히 주목해보기 바란다. 어떤 사람이 당신 나라의 언어를 잘 구사한다고 해서 당신 나라의 문화마저 편안하게 여긴다고 추측해서는 안 된다. 다른 사람들과 교류할 때는 국외자들을 찾아 살펴보고 당신에게는 대단히 자연스럽지만 그들에게는 불편한 부분이 무엇인지 고려해볼 필요가 있다.

국외자들은 각계각층에서 생길 수 있다. 내가 가르친 상하이 출신의 어느 박사과정 학생은 누구보다 특이했다. 경제가 급성장하기 전에 중화인민공화국에서 온 대부분의 학생들은 정부의 원조를 받는 형편이었고, 검소하게 생활하고, 부지런히 일하며, 자전거를 타거나 걸어다녔다. 이들은 고향으로 가져갈 물건을 사기 위해 버는 모든 돈을 저축했다. 그런데 내가 소개한 젊은이는 이와 같은 전형적인 모습을 보이지 않았다. 처음 몇 달 만에 자동차를 구입하더니 주간 면담 시간에 오지 않기 시작했다. 그가 다시 나타났을 때 내놓는 것들에서도 나는 좋은 인상을 받지 못했다.

나는 이 학생에게 사소한 질책을 몇 차례 했지만 그의 행동은 여전히 불규칙적이었다. 마침내 나는 진절머리가 났다. 비록 상하이에 있는 나와 가까운 동료로부터 추천받은 학생이긴 했지만 이 관계를 청산할 때가 된 것 같았다. 나는 그에게 더 이상 함께 작업을 계속하고 싶지 않으니 다른 논문 지도 교수를 찾아보라고 했다. 그러자 그는 이런 방식으로 자신을 내보내는 것은 정당하지 않다고 말했다. 나는 깜짝 놀라 그 학생에게 어떻게 하는 것이 정당한 것인지 물었다. 그는 자동차과에서 사용하는 것과 비슷한 점수 제도를 제안했다. 한 가지 위반 행위에 따라 구체적인 점수를 할당해놓고, 만약 총점이 특정 점수를 초과하면 '자격'을 박탈하는 방식 말이다.

그냥 거절하기에는 너무 재미있는 방식이었다. 우리는 점수 제도를 실행하기로 합의했다. 놀랍게도, 그 학생은 나와 합의한 직후부터 태도를 개선했고 그 뒤로는 자격을 박탈해야 할 위기에 놓인 적이 없었다. 그는 합당한 기간 안에 좋은 논문을 완성했다. 졸업한 뒤에는 이스트 코스트East Coast에서 일자리를 구했고 결혼을 하고 아이를 낳았으며, 다시 중국으로 돌아가지 않았다.

이 사례의 대척점이 있다. 나는 해외에 나갈 때마다 나 자신이 종종 국외자라는 생각이 든다. 캘리포니아의 대화형 교육법을 외국에 소개할 때는 어느 정도 용기가 필요하기 때문이다. 한번은 뭄바이 근처의 지역 대학에서 수강생들을 만났다. 40분 동안 어색한 분위기를 없애기 위해 열심히 노력한 뒤에야 학생들은 마음을 겨우 열었고, 우리 사이에 근사한 상호작용이 일어나기 시작했다. 그런데 몇 분 동안 지켜보고 있던 책임자가 나를 도와주기로 마음먹었는지 강의실로 걸어 들어와서는 큰 소리로 이렇게 외쳤다. "강의가 끝날 때까지 학생들은 교수님 말씀을 방해하지 말도록!"

눈길을 주는 것만으로도 사람을 죽일 수 있다면, 나는 그렇게 했을 것이다! 어떤 집단에서나 문화 차이 때문이든 단지 행동방식의 차이 때문이든 간에 모든 사람의 생각이 당신과 같을 수는 없다고 깨닫는 것이 중요하다. 상대가 의사소통에서 무엇을 선호하는지 이해하고 서로 배우려고 노력하라.

마지막으로 한 게 언제죠?
—

경험에 비추어 볼 때, 수업에 결석한 학생들이 뒤에 나를 찾아와 강의록을 요청할 때가 많았다. 나의 수업방식은 즉흥적이었기 때문에 학생들에게 건네줄 강의록이라고 할 만한 것이 정말 없었다. 대신, 나는 스스로 완벽하게 합당한 대안이라고 여기는 것을 그들에게 제안했다. 다른 수강생의 노트를 복사해서 자세히 살펴본 후 확실하게 이해하지 못한 부분에 대해 함께 논의하는 것이었다. 나중에 보니, 학생들은 아는 수강생이 없어서 누구에게 노트를 빌려달라고 해야 할지 확신하지 못하는 경우가 많았다. 이처럼 같은 강의실에 있는 학생들은 마치 한밤중에 떠다니는 배들처럼 그저 부딪히지 않을 만큼만 상대를 알아보고 서로 스쳐 지나간다.

학생들이 이런 익명의 베일을 벗어던지도록 도와주고 싶은 충동이 한 가지 요인이 되어, 나는 마침내 학생들이 서로 상호작용할 수 있는 수업을 개설했다. 이런 맥락에서 나는 사람들이 서로 친해지도록 만드는 데 상당히 효과적인 훈련을 고안했다. 이 친근함은 같은 환경에 있으면서도 서로 관계를 맺지 않는 '한밤중에 떠다니는 배' 현상을 극복하는 데 도움이 된다. 그 전형적인 사례로 차츰 발전한 것은 비행기 여행이다. 비행기에서 사람들은 오랜 시간을 함께 보내고 나란히 앉아 잠을 자면서도 대화를 나누지 않기 때문이다.

집단 안에서의 어색함을 누그러뜨리는 효과적인 방법은 학생들을 두 사람씩 짝을 지어주고 서로 자신이 어떤 사람인지 상대에게 이야기하도록 시키는 것이다. 이렇게 하면 말하기와 듣기 모두에서 좋은 경험을 쌓을 수 있다. 그리고 나서 학생들은 상대에 관해 들은 이야기를 다른 팀들의 상대에게 이야기하라는 요청을 받는다. 이 방법은 우리가 다른 사람의 이야기를 얼마나 잘 듣지 않는지, 그 내용을 얼마나 기억하지 못하는지 깨닫는 데 효과적이다.

첫 번째 경험이 끝나고 난 뒤 규모가 더 큰 집단과 친해지는 좋은 방법이 있다. 여섯에서 여덟 명씩 원을 만든 뒤 순서를 돌아가며 동일한 문장을 완성하는 것이다. 나는 언제나 "마지막으로 ~을(를) 한 게 언제죠?"라는 문장을 사용한다. 한 사람도 빠짐없이 주어진 질문에 대답하고 나면 다음 문장을 각 집단에 제시한다. 이번에는 다른 사람이 먼저 시작하고, 이번 회가 끝나면 새로운 사람이 다음 문장을 시작하는 식이다. 매 회마다 나는 다른 경험을 활용한다. 따라서 학생들은 결국 다음과 같은 문장들을 완성하게 된다.

- 마지막으로 내가 웃었던 때는 …….
- 마지막으로 내가 울었던 때는 …….
- 마지막으로 내가 불면증을 겪었던 때는 …….
- 마지막으로 내가 좋은 일을 했던 때는 …….
- 마지막으로 내가 화를 냈던 때는 …….
- 마지막으로 내가 무언가 기발한 일을 했던 때는 …….
- 마지막으로 내가 무언가 어리석은 짓을 했던 때는 …….
- 마지막으로 내가 불가사의한 경험을 했던 때는 …….
- 마지막으로 내가 무언가를 훔친 때는 …….
- 마지막으로 내가 거짓말을 한 때는 …….
- 마지막으로 내가 자살에 대해 생각한 때는 …….
- 마지막으로 내가 사랑을 느꼈던 때는 …….

나는 이 방법이 대학교를 벗어난 다른 집단에서도 대단히 효과적이라는 것을 알게 됐다.

이 훈련은 여러모로 대단히 유용하다. 사람들로 하여금 서로에 대해 조금씩 알아가고 집단 내의 다른 사람들과 관계를 형성하게 만든다. 뿐만 아니라, 사람들은 누구나 공통의 경험 기반을 공유한다는 사실을 깨닫게 하는 방법이기도 하다. 우리는 누구나 웃고, 울고, 밤에 잠을 못 이루고 걱정하며, 스스로 자랑스러운 행동, 스스로 자랑스러워하지 않는 행동, 스스로 후회하는 행동, 스스로 부끄러워하는 행동을 한다. 이것이 모두 인간의 경험을 구성한다.

우리는 다른 사람들이 이해하지 못하거나 못마땅해 할지도 모른다는 이유로 자신의 일부를 숨길 때가 많다. 다른 사람들은 이와 비슷한 행동을 하지 않을 거라고 확신하는 것이다. 내 경험에 비추어볼 때, 세계 각지에서 온 학생들 모두 비슷한 정서적 경험을 한다. 우리는 모두 인간이기 때문이다. 이러한 사실은 학생들이 자신의 이야기를 상대에게 이야기하면서 신뢰감을 형성하는 데 큰 도움이 된다. 나는 그들의 대화 내용과 반응이 내게 들리지 않도록 강의실을 배치했다. 학생들끼리 경험을 공유하는 자리임을 강조하기 위해서다.

결과적으로 보건대, 언제나 자신에 대해 더 많은 정보를 드러내는 사람일수록 더 많은 사람들에게 호감을 얻게 된다. 거절이 두렵다는 이유로 자신의 모습을 숨기는 것은 역설적이다. 거절을 불러일으키는 것은 드러내기가 아니라 감추기다.

이와 동일한 생각을 사적인 대화에도 적용해보라. 다음번에 누군가와 느긋한 대화를 나눌 때 당신이 자신을 어떤 사람이라고 생각하는지 그에게 말해주고, 그에 관한 이야기도 들려달라고 부탁해보라. 그러고 나서 마지막으로 당신이 밤을 지새웠던 날에 대해 이야기한 뒤 상대에게도 마지막으로 그런 일을 경험한 것이 언제였는지 물어보라. 여기서부터 마지막으로 당신이 크게 웃었던 때, 마지막으로 나쁜 실수를 저질렀던 때 등에 관한 이야기를 번갈아 털어놓기 시작하라. 대화가 끝나거든 당신이 털어놓은 세부 사항들로 인해 상대와의 관계가 어떻게 달라졌는지 주의해서 살펴보라.

이름 게임

—

어떤 사람은 자기 이름에 강한 동질감을 느끼고, 어떤 사람은 자기 이름을 싫어하며, 대다수의 사람들은 자기 이름에 대해 다소 중립적인 감정을 보인다. 나는 학생들에게 자기 이름에 대해 느끼는 감정을 1점에서 10점 사이 중 하나로 평가해달라고 요구했다. 학생들이 매긴 점수는 고르게 분포됐다.

나는 예전에 종종 이런한 훈련을 실시했다. 학생들에게 눈을 감고 자신을 가장 잘 묘사하는 새로운 이름에 대해 생각해보거나, 이미 자기 이름이 자신에게 꼭 맞다고 해도 그냥 괜찮다 싶은 이름을 하나 더 골라보라고 요구하는 것이었다. 그러고 나서 나는 학생들에게 새로운 이름이 자신에게 부여한 모습을 유지한 채 강의실을 돌아다니며 사람들과 교감을 나누라고 했다. 이는 간단하게 '성격 바꾸기'를 실행해볼 수 있는 흥미로운 방법이다.

만약 당신의 이름이 만족스럽지 않다면 거기에 관해 어떤 조치를 취하는 것은 비교적 쉽다. 공문서에 사용되는 것이 아닐 경우 합법적으로 다른 이름을 사용하겠다고 선택하면 된다.

어떤 사람들은 출신 민족을 숨기거나 경시하기 위해 자기 이름을 의도적으로 왜곡시켜 발음하는 반면, 또 어떤 사람들은 제3자의 눈에 과장되게 보이는 자기 민족 특유의 진짜 발음을 고집한다. 민족적 성향이 거의 드러나지 않는 이름을 선택하는 것은 연예계에서 가장 흔하게 나타나는 현상이다. 그러나 이런 일은 일반적인 직장에서도 나타난다. '호세 자모라José Zamora'라는 남자는 수백 통의 이력서를 보냈지만 아무런 대답을 받지 못하다가 철자를 하나 지워 이름을 '조Joe'로 바꾸고 나서야 비로소 응답을 받았다. 이는 대단히 불공정한 일이지만 실험을 통해 꾸준히 입증된 바에 따르면, 라틴계 이름의 지원자(라키샤 워싱턴Lakisha Washington이나 자말 존스Jamal Jones 같은)나 흑인으로 추측되는 이름을 가진 지원자(에밀리 월시Emily Walsh나 브렌든 베이커Brendan Baker 같은)는 백인으로 추측되는 이름의 지원자들만큼 면접을 보러 오라는 응답을 많이 받지 못한다.

사람과 이름의 관계는 복잡하다. 그러므로 아무것도 추측하지 않는 편이 가장 좋다. 그래도 한 가지는 확실하다. 만약 당신이 누군가의 이름을 부르면 이름을 부르지 않았을 때보다 관계를 한 단계 진전시킨 셈이다. 대다수의 사람들은 자신이 이름을 잘 외우지 못한다고 생각한다. 지금까지의 경험을 통해, 나는 이처럼 패배주의적인 태도를 보이는 원인이 사실 의도 부족과 주의 부족 때문임을 알게 되었다.

어떤 집단은 시간을 내서 한 사람씩 자기 이름을 큰 소리로 말하게 한다. 하지만 이 방법은 이름을 외우게 만드는 데 도움이 되지 않으며, 확실히 책임지고 이름을 익히게 해주기보다 그저 시늉만 하게 할 뿐이다. 또 이름표를 다는 것도 이름 익히기 문제를 실제로 다루는 방법을 회피하기 좋은 일반적인 방법이다. 이름표를 달고 있으면 사람들이 상대의 이름을 아는 척하기 쉽기 때문이다.

만약 같은 집단에 속한 사람들의 이름을 정말로 익히고 싶다면 방법은 대단히 다양하다. 우선, 사람들을 둘씩 짝짓게 하고 거기서부터 관계를 차근차근 쌓아가는 것도 한 가지 방법이다. 이 경우 각각의 상대에게서 기억할 만한 정보를 얻어내는 것이 중요하다. 이를 쉽게 실행하는 방법은 두 사람이 공유할 만한 독특한 특징을 생각해내는 것이다. 이는 일종의 '갈고리Hook' 역할을 한다. 이름을 비롯해 무엇이든 기억할 내용이 있으면 몇 번이고 곱씹어 반복해야 한다. 당신 팀이 다른 한 팀과 합류하게 되면 당신은 새로 만난 두 사람에게 서로를 소개하고 양측이 모두 공유하는 갈고리를 이 사이에 부여한다. 이런 식으로 집단의 규모를 계속 늘려나가고 모든 사람이 각 개인의 이름과 그 이름에 수반되는 갈고리를 되풀이하는 것이다.

서른 명 남짓의 집단일 경우, 나는 집단 전체를 직접 상대하는 것을 선호한다. 모두가 원형으로 서서 각자가 자신의 이름을 교대로 말하는 것이다. 스트레스를 적게 받도록 형태를 조금 수정하면 학생들은 자신이 방금 들은 이름을 일제히 반복한다. 스트레스가 큰 형태로 바꾸면 각각의 학생들이 자기 이름과 자기보다 먼저 등장한 모든 사람들의 이름을 차례대로 이야기하는 것이다. 어느 쪽이든 만약 자신의 이름을 외치는 동시에 전신을 사용한 몸짓으로 자신을 소개한다면 이 훈련은 더욱 즐거워지며 이름을 외우는 것도 한결 쉬워진다(입에 '더 착 달라붙을' 것이다). 그다음 나머지 사람들은 그 이름과 몸짓을 반복한다. 몸짓은 수월하게 외워지므로 이름을 더 기억하기 쉽게 만든다.

집으로 가져갈 수 있는 이름 목록을 만들고, 가능하다면 사진까지 첨부해 이 학습을 강화한다면 더욱 도움이 된다. 향후 집단 모임에서 쉽게 참고할 수 있도록 나는 사진과 이름을 강의실에 게시한다.

집단에서 우리가 어떤 행동을 하든 관계없이 언제나 나는 스스로 가능한 한 빨리 이름을 외우는 것을 하나의 과제로 삼는다. 대체로 두 번째 모임에 참석할 때까지는 이름을 외운다. 많은 교수들이 학생들의 이름을 외우지 않는다. 나도 과거에는 그랬다. 굳이 무슨 이유로 외우겠는가? 이제 생각해보면, 나는 단지 이름을 외우는 데 조금의 노력도 기울이고 싶지 않았던 것이다. 예전에는 이름이 자동적으로 외워지지 않으면 이름을 외울 능력이 없기 때문이라고 생각했다. 사실, 이름 외우기는 능력과 아무 관계가 없다. 이는 의도를 실현하는 데 꼭 필요한 주의를 기울이지 않는 전형적인 사례에 불과하다. 이것이야말로 성취하지 못하는 습관을 기르는 확실한 방법이다.

암기라는 엄청난 업적을 달성한 사람들은 자신들이 암기하려는 대상에 주의를 기울이기 위해 온갖 특별한 노력을 기울인다. 그들은 특별한 주의를 기울이지 않고서는 무언가를 외우지 못한다는 사실을 알고 있다. 그들과 당신의 차이를 만드는 것은 뇌구조가 아니라 '마음챙김Mindfulness'이다.

반면, 당신은 다른 사람들이 당신의 이름을 외우도록 도와줄 수 있다. 당신이 자신을 소개할 때 기억할 만한 갈고리를 추가한다면 당신의 이름이 더 쉽게 기억될 것이다. 어려운 이름을 가진 사람들은 철자를 하나씩 불러줌으로써 다른 사람들에게 도움을 줄 수 있다. 오히려 단순한 이름들은 헷갈릴 때가 많다. 내가 성을 말하면 사람들은 때때로 'Roth'가 아닌 'Ross'라고 듣는다. 그래서 나는 낯선 사람에게 이야기하거나 전화통화를 할 때 언제나 철자를 불러준다.

이름을 사용하면 관계가 변화한다. 나는 아내가 다녔던 대학의 생물학 교수에게서 이 교훈을 배웠어야 했다. 그는 첫 번째 강의를 하기 전에 학생들의 이름을 모두 암기했다. 수많은 학생들이 그랬듯이 내 아내도 그를 금세 사랑하게 되었다. 59년이 지난 오늘날까지도 아내는 여전히 그 짝사랑 상대를 마음속에 품고 있다.

이처럼 이름 외우기는 사람들 사이의 친밀감을 한결 돈독하게 만들어준다.

책임자가 누구인가?

—

여러 사람들이 함께 일을 하다 보면 리더십 문제가 발생한다. 이 단체를 누가 이끌고 어떻게 이끌어나갈 것인지의 문제는 말로 표현되기도 하고, 이심전심으로 통하기도 하며, 공식적으로나 비공식적으로 정해지기도 한다. 리더십과 리더십 양식에 관한 글은 무수히 작성되었다. 미국에서 자라난 나는 어느 조직에든 한 명의 리더를 우두머리로 삼는 형식 구조가 필요하다고 믿게끔 세뇌 당했다.

초등학교 3학년 때, 선생님이 우리에게 단체를 구성해보라고 했을 때 우리가 가장 먼저 한 행동은 대표와 부대표, 서기, 회계를 선출하는 것이었다. 이는 우리를 좋은 시민이 되도록 준비시키는 선생님의 방법이었다. 그 구조가 기능적으로 아무 의미가 없다는 것은 누구도 알아차리지 못한 듯했다.

6학년 때 우리는 학교의 시장을 선출했다. 내 친구 세이무어가 브롱스의 공립학교 96의 시장으로 선출됐고, 그는 그의 당선 포스터를 등사판으로 인쇄했던 나를 경찰청장에 임명했다. 이러한 방법은 현실을 대비하는 데 좋은 훈련이었던 것 같다. 내가 저지른 지각과 무단결석 같은 범죄를 은닉하기 위해 나의 높은 지위를 이용했던 기억이 나기 때문이다. 돌이켜 생각해보면, 이 두 가지 경험은 내가 자기실현을 통해 사회에 공헌하는 시민으로 성장하게 만들기보다 우리 모두가 계급 제도 속에서 일할 필요가 있다고 믿게끔 나를 세뇌하는 데 더 많은 역할을 한 것 같다.

스탠퍼드 대학교에서 내가 동료 집단, 학생 집단과 협동 작업을 하면서 리더십에 관해 경험한 일들은 놀라우면서도 다소 예외적이기도 하다. 애초에 나는 기계공학과 교수였지만, 스물다섯 명으로 구성된 학과 교수진이 세 개의 부서로 나누어지면서 디자인 부서에 배치됐다. 학과장은 세 부서에 한 명씩 책임자를 선정했다. 이는 효율적인 배치방식이었다. 스물다섯 명의 교수를 모두 다루는 대신 세 명의 교수만 상대하면 되기 때문이다. 다른 사람이 부서의 행정적인 업무를 처리하고 자신들은 각자의 연구와 강의에 시간을 투자할 수 있었으므로 교수들은 대부분 만족했다. 그러나 나는 경력이 쌓여갈수록 이 조직 구조의 결함을 알아채기 시작했다.

학과장은 부서 책임자의 행동에 대해 쉽게 자신의 영향력을 행사할 수 있었다. 그들에게 할당하는 예산에 대해 막강한 통제권을 갖고 있었기 때문이다. 책임자가 젊을 경우, 그들의 장래 경력을 좌지우지할 수 있을 정도였다. 어려운 문제가 대두될 때면, 부서 책임자는 자신이 대변하는 사람들의 이익에 반해 자기 개인의 이익을 추구할 때가 종종 있었다. 더욱이 이들은 부서의 다른 구성원들을 진정으로 대변하지 못할 때가 많았다. 디자인 부서는 당시의 책임자가 휴가를 가면서 상황이 위기로 치달았다. 그와 학과장이 부서의 교수진과 상의도 없이 적합하지 않은 후임자를 채용하려고 시도했던 것이다.

때는 1970년대 중반이었고 사람들은 사회체제 안의 수많은 문제들을 다시 돌아보고 있었다. 학생들의 불만, 사회 저항, 전통적인 사회구조와 가치관에 대한 의문이 떠오르던 시기였다. 당시에 디자인 부서에는 여덟 명의 교수가 있었는데 우리는 만장일치로 이 집단을 재구성해 책임자 없이 평면 조직으로 운영하겠다고 결정했다. 학과장은 우리의 새로운 구조에 여러 차례 반대 의사를 표명했다. 그의 반대를 논박하는 과정에서 나는 우리가 강한 힘이 잠재되어 있는 새로운 형태를 창조했다는 것을 깨닫게 되었다. 우리는 좋은 생각을 해냈다. 그 덕분에 이 새로운 구조는 40년 동안 번창해왔고 지금 디자인 부서는 그 어느 때보다 훨씬 더 큰 성공을 거두고 있다.[3]

우리가 만든 새로운 구조에서 가장 중요한 것은 디자인 부서의 모든 교직원에게 개방되는 1시간짜리 주간회의였다. 이 회의에는 의장이 없다. 우리는 그저 탁자에 둘러앉아서 돌아가며 부서에서 결정해야 할 새로운 쟁점들을 제기하고, 지난 사건을 보고하며, 앞으로의 행사들을 발표한다. 우리의 운영방식은 합의와 협상으로, 어떤 문제에 대해서도 투표를 해본 적이 없다. 적개심이라고는 거의 찾아볼 수 없고 사람들은 존경하고 협력하는 태도와 공동의 목표 및 공동체의식을 가지고 상대를 대한다.

조직을 재편하기 전까지만 해도 우리가 서로 만나는 일은 극히 드물었다. 책임자를 제외하고는 부서의 상황이 어떻게 돌아가는지 아는 사람이 없었고, 사람들은 '공동의 문제'에 대해 거의 혹은 전혀 책임지지 않았다. 새로운 체계가 세워지자 중대한 변화가 일어났고, 이는 몹시 흥미로웠다. 우리 모두가 책임을 졌고 우리 모두가 일이 잘 되기를 원하게 된 것이다.

우리가 조직 재편을 시작했을 때, 학과장은 자신 앞에서 부서의 이익을 대변해줄 한 명의 책임자가 없으므로 우리가 통제불능의 상태에 빠질 것이라는 이유로 반대했다. 결국 완전히 정반대의 결과가 나왔다. 이제 우리는 학과에서 가장 강력한 형태의 조직이 되었다. 여러 사람이 한 목소리를 내는 대규모 단체이기 때문이다.

학과장이나 학장이 한 사람을 매수하는 것은 불가능해졌다. 각 사안을 여덟 명의 교수진이 지지하고 있기 때문이다. 만약 우리 가운데 한 명이 승진, 임금, 혹은 지원이 필요한 다른 어떤 문제로 어려움을 겪게 되면 여덟 명 전체 혹은 몇 명으로 구성된 교수단이든 학과장이나 학장을 찾아가서 만날 수 있었다. 이 구조는 대단히 효과적인 새로운 형태였으며, 한 명의 책임자가 운영하는 전통적인 구조도 그 안에 포용했다. 필요하다면 한 사람을 '그날의 책임자'로 지목할 수도 있었던 것이다. 그런데 실제로 그렇게 한 적은 한 번도 없었다.

우리는 업무를 분배해 돌아가면서 책임을 지기로 결정했다. 효율성을 높이고 다른 사람들이 우리를 상대하기 쉽게 하기 위해서였다. 우리 가운데 한 명은 재정 문제를 책임졌고, 다른 한 명은 강좌 시간표를 처리했으며, 다른 한 명은 우리의 대표로서 다른 부서의 책임자들과 함께 학과장의 주간회의에 참석했다. 한편으로, 또 한 사람은 교원 문제를 다루었고, 그중에서도 가장 따분한 직위는 연구실과 강의실 공간 문제를 다룬 사람에게 돌아갔다. 일종의 보상을 해주기 위해 우리는 그에게 '공간의 황제'라는 고귀한 직함을 부여하기로 결정한 것이다.

이러한 업무의 담당자들은 모두 정기적으로 교대됐고 새로운 직위들은 필요에 따른 근거를 기반으로 만들어냈다. 우리는 모두 동등한 목소리를 가졌다. 어떤 쟁점에 가장 많은 관심을 보인 사람이 지휘권을 잡고 그 문제를 해결했다. 만약 아무도 관심을 보이지 않으면 우리는 누군가가 해결하고 싶어 할 때까지 그 문제에 별다른 조치를 취하지 않았다.

이 새로운 체계는 독특하고 강력한 문화를 창조하는 데 도움이 됐다. 흥미롭게도, 부서를 확장시키기 위해서나 은퇴나 다른 이유로 생긴 공석을 채우기 위해서 우리가 새로운 교수를 받아들일 때마다, 그들 역시 재빨리 적응해서 이 독특한 집단에 충분히 기여하는 구성원이 됐다. 세월이 흐르면서 우리의 회의도 조금씩 수정됐다. 지금은 학생 대표도 매번 회의에 참석하고 있으며 교수가 아닌 일반 직원들도 격주로 회의에 참석한다. 그리고 철학적 토론이 벌어질 것을 감안해 두 번째 회의시간도 추가했다.

40년 동안 이 고기능 디자인 부서에서 일하며 얻은 경험 덕분에 나는 평면 조직의 힘을 점점 더 존중하게 됐다. 더욱이 그로 인해 대다수의 고위층 간부들이 하는 역할이 지나치게 과대평가되었다고 믿게 됐다. 간부들은 자기 임기 중에 발생하는 모든 일에 대한 공훈을 가로채는 경향이 있다. 이는 그들이 받을 자격도 없는 공로를 인정받고 있으며, 위계 조직제도가 실제보다 더 효율적으로 보일 뿐이라는 사실을 의미한다. 나는 다른 대학교로부터 더 높은 행정직을 제안받아서 이곳을 떠나게 된, 전 디자인 부서 책임자가 제출했던 이력서를 기억한다. 그는 임기 중에 디자인 부서의 예산이 3배로 증가한 것을 자신이 이룬 행정 성과의 하나로 포함시켰다. 반면에, 예산이 전체적으로 증가한 원인은 특정 교수가 받은 연구 보조금 때문이며 그 돈을 마련하거나 지출하는 데 자신이 기여한 바가 전혀 없다는 사실은 언급하지 않았다. 그를 비난할 마음은 없다. 그의 입장이라면 나 역시 똑같이 행동했을 테니까.

그리고 나는 한 사람을 집단의 우두머리로 선출하게 되면 어떻게 병목현상이 일어나는지에 대해서도 주목하고 있다. 위계 조직에서는 특정 사안을 결정하려면 리더들이 시간을 낼 수 있어야 하며, 이 때문에 리더들을 기다리느라 특정 사안이 보류되는 일도 생긴다. 심지어 리더가 잘못된 결정을 내리면 조직 전체가 몰락할 수도 있다. 사실 한 사람이 책임자가 되어야 한다는 생각에 찬성하는 주장은 역사가 오래되었다. 이는 애덤 스미스Adam Smith가《국부론The Wealth of Nations》을 집필하던 시절로 한참 거슬러 올라간다. 프리드리히 엥겔스Friedrich Engels도 "배 한 척에는 선장 한 명이 필요하다"는 스미스의 의견에 동의했다.

나는 배에 관한 전문가가 아닐 뿐더러 자본주의와 공산주의의 선각자들에게 반대 의사를 표명할 생각도 없지만, 이 주장은 내 경험과 완전히 상충한다. 우리가 개발한 평면적이고 참여적인 모델은 대단히 효율적으로 운영됐고 내 성격과도 완벽하게 잘 맞는다. 스탠퍼드 대학교에 몸담은 이래 대부분의 시간을 이러한 제도 아래서 일할 수 있게 된 것이 축복인 것 같다.

보장하건대, 우리가 개발한 이 모델은 스탠퍼드에 무수히 등장한 전통적인 대안들보다 훨씬 더 효율적이다. 학계와 산업계를 비롯한 다른 분야에 종사하는 독자들도 실험을 통해 자신의 상황에 적합한 모델을 찾아볼 것을 강력히 권한다. 만약 전통적인 지혜의 속박을 끊어버릴 수 있다면, 당신은 자신이 성취하고 싶은 목표를 탄탄하게 뒷받침하는 관리구조를 발견할 수 있을 것이다.

최소화된 경쟁

—

당신에게 단체의 운영방식에 대한 선택권이 없을 수 있다. 당신은 위계에 따른 직위와 급여체계 속에서 사다리 위로 올라가기 위해 다른 사람을 밟고 일어서려는 사람들을 만난 적이 있을 것이다. 당신은 그들을 사무실의 험담가, 중상 모략가, 남을 이용하는 사람, 사기꾼 정도로 알 것이다. 나는 당신에게 이 문화 전체를 멀리 하라고 권하고 싶다. 물론, 그런 사람들이 결코 높은 지위에 오르지 못할 거라고 말할 수는 없다. 그런 이들이 출세하는 일은 비일비재하기 때문이다. 비록 그런 사람이 되어 원하는 직위를 얻게 된다고 해도, 그로 인해 어떤 종류의 만족을 구하려고 하는지 자문해보는 것이 중요하다. 더 근사한 자동차를 얻기 위해 인간성을 잃어버려서는 안 된다.

수많은 기업과 학술 단체는 경쟁을 구성원들에게 최선을 다하라고 채찍질하기 위한 수단으로 활용한다. 이들은 사람들을 서로 대적하게 만듦으로써 문자 그대로 각종 경연대회를 벌인다. 비록 우리의 문화가 승자독식의 운동경기와 여타 제로섬 게임에 익숙해져 있긴 하지만 나는 이 문화가 마음에 들지 않는다. 승자가 되면 엄청나게 유리한 반면, 나머지 모든 사람들은 엄청나게 불리해진다. 이런 식의 구조는 의욕을 저하시키고 질투심을 키우며 관계를 해친다.

중요한 것은 주변에 어떤 문제가 벌어지든 관계없이 최선을 다하도록 동기를 부여하는 방법을 배우는 것이다. 나는 학생들이 경쟁하게 되면 최악의 모습을 드러내는 반면, 협동하고 공유하면 최고의 모습을 드러낸다는 것을 알게 되었다.

만약 서로를 굳건히 지지하는 협동 강의가 역할모델이 되는 교육 환경을 접하고 충분한 자율성을 부여받게 된다면, 학생들은 경쟁에 내재된 패배와 낙담을 경험할 필요 없이 스스로 신이 나서 헌신할 마음을 품게 될 것이다. 사람들은 일반적으로 경쟁이 좋은 동기요인이라고 믿는다. 이 의견에는 동의하지만 경쟁이 유일한 동기요인은 아니다. 우리는 경쟁이 아니라 협동의 산물인 프로젝트 프레젠테이션에 대한 학생들의 동기를 정기적으로 최대한 북돋아준다. 또한 수많은 사람들을 초대해 이 프레젠테이션을 지켜보게 한다.[4] 긍정적인 동기부여는 경쟁의 파괴적인 단점이 없는 대신 그만큼의 효과를 발휘한다.

경쟁보다는 포용하는 방법을 찾아라. 그저 개인의 승리가 아니라 팀 전체의 승리를 견인할 수 있는 방법을 찾아라. 당신에게는 직장에서 경쟁하겠다는 생각을 마음속에서부터 지우려고 최대한 노력할 의무가 있다. 당신이 착수한 목표를 아무리 성공적으로 달성한다하더라도 경쟁은 중상모략, 험담 그리고 대체로 부정적인 감정들을 유발한다. 어쩌면 급여가 인상될 수도 있지만 그와 동시에 우정을 잃을 수도 있고 그 이후로 계속 뒤를 조심해야 할지도 모른다.

힘의 역학은 이런 경쟁을 유발하는 경우가 많다. 조직에 수많은 단계와 층위가 존재한다면 당신은 상사, 그 상사의 상사 등을 모시게 될 것이다. 어쩌면 어떤 동료가 당신보다 더 큰 영향력을 가지거나 더 많은 돈을 벌고 있는지도 모른다.

이러한 문제는 하나같이 아무 의미가 없다. 이러한 것들 중에서 인생에서, 아니 '진짜 인생'에서 중요한 것은 하나도 없다. 당신은 오직 자신에게 만족해야 한다. 동료들이 무슨 일을 하느라 바쁘게 지내는지는 신경 쓰지 마라.

권력 투쟁을 없앨 수 있는 한 가지 좋은 방법은 함께 걸어가는 쪽을 택하는 것이다. 가령, 내 연구실에서 동료와 회의를 한다면 내가 권력이 있는 사람이고 만약 동료의 연구실에서 회의가 열린다면 그 동료가 권력을 쥔 것이다. 그렇게 하는 대신 우리 둘이 같이 걸으면 된다. 그러면 위계가 사라진다.

기회가 닿을 때마다 한 사람이 책상 뒤에 앉게 되는 상황을 없애라. 책상은 거리와 힘의 불균형을 만들어, 상대방이 남의 시선을 의식하고 '자신이 남보다 부족하다'는 생각을 하게 만든다. 양측이 평등한 중립지대에서 만나라.

개인 연구실이 꼭 필요할까?

—

스탠퍼드 공과대학교의 모든 교수들은 개인 연구실이라 부르는 폐쇄적인 공간을 하나씩 가지고 있다. 나 역시 43년 동안 개인 연구실에서 지내며 만족해왔다.

내 연구실에는 엄청난 장서와 논문 들, 과학기술 관련 논문의 인쇄물, 모든 서류철이 보관되어 있었다. 또 오래전 멕시코의 치아파스에 여행가서 찍은 사진들도 액자에 담겨 걸렸다. 게다가 나는 연구실에 방문하는 이들을 즐겁게 만들 수 있고 스스로 과거의 경험을 떠올릴 수 있도록 그동안 내가 강의에서 사용한 기계모델들도 모아두었다. 그런데 내가 디 스쿨에 참여한 후로부터 연구실의 양상이 달라졌다.

디 스쿨에는 개인 연구실이 없다. 대신 개별 공간은 벽이 없는 탁 트인 공간으로 이뤄져 있다. 이는 내가 처음 직장을 구해 뉴욕 시립대학교City College of New York에서 다른 강사들과 공유하던 공간과 비슷한데, 이는 컬럼비아 대학교Columbia University의 다른 박사과정 학생들과 함께 사용하는 공간이었다. 연륜이 쌓인 석좌 정교수가 으레 예상할 만큼 훌륭한 연구실이 전혀 아니다. 그러나 나는 디 스쿨의 교직원 공간에서 점점 더 많은 시간을 보내게 되었고, 개인 연구실에서 보내는 시간은 점점 줄어들었다.

이 자리배치는 4년이 넘도록 지속됐다. 그러다가 내 인생에 두 가지 중요한 사건이 발생했다. 네 번의 이사를 거친 끝에 디 스쿨은 마침내 영구적인 보금자리를 마련했고, 내 개인 기계공학 디자인 그룹 연구실이 있던 건물이 폐기처분됐다. 지금 디 스쿨이 자리한 바로 그 건물의 별관에 새롭고 더 작은 개인 연구실이 내게 배정됐다.

나는 소장하고 있던 장서와 연구 서류 들을 캘리포니아 데이비스 대학교University of California-Davis의 특별 도서관에 기증했고, 나머지 소지품은 새로운 개인 연구실로 옮겼다. 하지만 그곳에 들르는 일은 거의 없다. 대신 공간이 꼭 필요한 사람들에게 그곳을 빌려준다. 나는 모든 시간을 디 스쿨에서 보내기 때문이다.

현재 디 스쿨에는 사람들의 공간을 구분해줄 파티션도 설치되지 않은 상태다. 스무 명 이상의 직원들이 한 공간을 공유하며 탁 트인 공간에 책상 몇 개와 선반 같은 데스크톱 여러 개, 휴대용 파일, 데스크톱 컴퓨터들을 놓고 지낸다. 누가 어느 자리에 앉을 것인지를 결정하는 위계가 없으며, 주기적으로 본거지를 자발적으로 이동한다.

영구적인 디 스쿨의 공간으로 처음 이주하기 직전에 우리는 킴이라는 여성을 재무 책임자로 고용했다. 이전에 학장실에서 오랫동안 근무했던 그녀는 스탠퍼드 대학교의 재무체계에 대해 익히 알고 있었다. 그런데 2주가 지나자 킴은 나를 찾아와 개방적인 디 스쿨의 공간에서 업무를 보기가 힘들다고 했다. 나는 즉시 그녀의 문제를 해결해줄 수 있다고 대답했다. 우리는 그녀가 쓸 새로운 데스크톱 컴퓨터를 구입해서 내 개인 연구실에 그녀의 공간을 마련해주었다. 나는 내 연구실 열쇠를 건네며 그녀가 그 사무실의 유일한 주인이라고 확실히 말해주었다.

10일쯤 지났을 때, 킴은 개방적인 공동 사무실에 있던 원래의 컴퓨터 앞으로 돌아와 있었다. 그 뒤로도 그녀는 개인 사무실로 다시 돌아가지 않았다. 일단 동지애를 경험한 후부터는 예전처럼 개인 사무실의 은둔생활로 되돌아갈 수 없었던 것이다. 혼자 격리되는 듯한 느낌이 들었기 때문이다. 나는 그녀의 기분을 정확히 알고 있었다. 결국 우리는 개인 사무실에서 컴퓨터를 꺼내 공동 공간에 설치했다. 컴퓨터 역시 안도감을 느꼈을지 궁금하다.

개방적인 사무공간으로 이사하기 전까지는 나 역시 직장생활을 하는 내내 개인 연구실에서 지내왔다. 지금은 디 스쿨이 개인과 집단의 관계에 대처할 수 있는 준비를 더 잘 갖추고 있다는 걸 알게 되었다. 게다가 정보의 흐름과 의사소통에도 놀라울 정도로 효율적이다. 나는 출근을 하면서 마치 가족이 있는 집으로 돌아가는 것과 비슷한 기분을 느낀다.

물론, 우리 모두에게는 다른 이의 방해를 받지 않고 생각하거나 일을 해야 할 때가 있다. 그럴 경우에는 간단한 신호가 있다. 누군가가 헤드폰을 착용하면 나머지 사람들은 그를 방해하지 않는다. 뿐만 아니라, 조용한 공간이 필요한 사람이 공용 공간에서 자발적으로 물러나서 개인적인 공간으로 들어가면 된다.

만약 당신의 작업장에 이 방식을 조금이라도 도입하고 싶다면, 비교적 비위계적인 조직에서 이 방법을 활용해보라. 충분한 시간을 두고 스스로 그것에 익숙해져보라. 그리고 나서 협동작업 환경에서 일의 효율성이 더욱 커지는지 살펴보라.

공간과 보디랭귀지

―

물리적인 위치는 대단히 중요하다. 계단식 강당에서 강의를 하는 경우가 아니라면, 나는 모든 사람이 동그랗게 둘러앉는 강의실 배치를 선호한다. 특히 원의 크기가 가능한 한 작고, 그 모양이 가능한 한 완벽하게 동그란 것이 좋다. 사람들이 물리적으로 가까이 있을수록 그 집단의 기능이 더욱 원활해지기 때문이다. 각양각색의 집단을 대상으로 수많은 실험을 해본 결과, 대단히 촘촘한 원형이 압도적으로 유리했다. 이는 철저한 협동을 주장하는 디자인 싱킹의 개념에도 잘 맞아떨어진다. 원에는 누가 어디에 앉아야 한다는 위계가 없다. '좋은 자리'는 물론 '나쁜 자리'도 없을뿐더러, 어떤 유형의 사람들이 앞에 앉거나(아부하는 학생들), 뒤에 앉아야(농담하기 좋아하거나 게으른 학생들) 한다는 선입견도 없다. 즉, 모두가 서로를 바라보면서 눈을 맞추고 유대감을 형성하게끔 권장한다는 뜻이다.

원의 지름이 달라지면 집단 내의 감정이 아주 뚜렷하게 달라진다. 만약 모든 사람이 참가하기를 원한다면 누구도 물리적으로 배제되지 않는다. 누구나 동등한 수준으로 참여해야만 한다. 만약 누군가가 원주에서 약간 뒤로 물러나 앉는다면, 그 사람은 물리적으로나 정서적으로 소외되는 것이다. 너무 안쪽으로 들어서서 앉는 사람은 다른 참가자의 시야를 방해함으로써 다른 사람들을 배제한다.

만약 자신이 한 집단의 주변부에 머물고 있어서 소외감을 느끼고 있다면 보다 중앙 지역으로 이동하려고 노력하라. 그렇게 하면 현재 진행되는 상황에 보다 활발하게 참여하고 있다는 기분이 들 것이다. 자리를 바꿔라. 그러면 당신이 참여하는 일에 대한 감정도 달라질 것이다. 어떤 일에 열심히 참여하거나 목표에 착수하는 것이 어렵다면 자신의 자리가 이런 노력에 도움이 되는지 방해가 되는지 살펴보라. 늘 출구와 가장 가까운 자리에 앉는다면 직장에서 눈에 띄기 어렵고, 강사의 시선에서 벗어난 자리에 앉는다면 운동 강습에서 스스로 더 많은 노력을 기울여야 할 가능성이 크다.

나는 종종 동일한 프로젝트 작업을 하는 학생들이 네 명 남짓 모여 작은 탁자에 둘러앉아 있는 것을 보게 된다. 그런데 그중 한 학생이 적극적으로 참여하는 것 같지 않고 다른 학생들에 비해 탁자에서 보다 멀리 떨어져 앉아 있는 것처럼 보이면, 그 학생의 의자를 슬며시 안쪽으로 밀어준다. 그 학생이 물리적으로 그 집단에 없어서는 안 될 부분이 되도록 하기 위해서다. 이렇게 자리만 조금 변화시켜도 예전에는 이방인처럼 행동하던 학생들의 더 많은 참여를 이끌어낼 수 있다. 당신의 몸을 의식하고 몸이 하는 이야기를 의식하라. 만약 지금 몸이 하는 이야기가 마음에 들거든 지금 하는 일을 계속하면 된다. 반대로 몸이 하는 이야기가 마음에 들지 않거든 당신이 좋아하는 이야기를 하는 장소로 몸을 이동하라.

대규모의 모임들은 물리적 위치의 중요성을 보여주는 전형적인 사례다. 이런 모임은 대체로 모든 사람이 둘러앉는 커다란 직사각형 탁자가 놓인 회의실에서 열린다. 탁자의 길이가 너무 길면 탁자를 기준으로 당신과 같은 편에 앉은 사람들의 얼굴을 보기 힘들다. 사람들이 서로의 얼굴을 보지 못할 경우 의사소통의 효율성이 감소한다. 만약 한 사람이 회의를 주재하고 있거나 다른 사람들보다 더 중요한 존재로 인식되고 있다면, 당신이 그 사람과 얼마나 가까운 자리에 앉을지에 영향을 주는 암묵적 권위가 존재한다는 의미다.

만약 회의에서 자신의 목소리를 강화하고 싶거든 그 권위 있는 인물과 최대한 가까이 앉고, 당신이 영향력을 발휘하고 싶은 상대와는 마주보고 앉아라. 만약 눈에 띄고 싶지 않거든 당신의 존재를 숨기고 싶은 사람과 탁자의 같은 쪽에서 최대한 멀리 앉아라. 회의실이 많은 사람으로 북적거려서 탁자에 앉지 못하고 뒷줄에 자리 잡게 된다면 몸을 숨기기가 한층 더 쉬워진다. 그런데 자신의 존재를 숨기고 싶은 사람도 없고 적극적으로 참여하고 싶은 회의라면, 직사각형 회의 탁자를 없애버리고 모든 사람이 다른 참가자들의 얼굴을 볼 수 있는 동시에 그들에게도 자신의 모습을 보일 수 있도록 원형으로 자리를 배치하는 것이 좋다. 회의에서 차지한 물리적 위치가 당신 일의 효율성과 마음가짐에 두루 영향을 미친다.

스탠퍼드 디 스쿨의 학생들이 익히 알다시피, 지원을 아끼지 않는 물리적 환경에서 근무하는 것은 엄청난 이점이다. 스콧 둘레이Scott Doorley와 스콧 위트호프트Scott Witthoft는 디 스쿨에 대해 다룬 그들의 저서 《공간을 만들어라Make Space》에서, 생산을 통한 학습Learning-by-doing 상황에서 창의적인 학습을 증진하기 위해 공간을 제공할 때 명심해야 할 핵심요인 몇 가지를 언급한다.

디 스쿨의 공간 유형에 관한 여러 가지 사고방식을 지켜보는 일은 흥미롭다. 처음으로 그런 형태의 공간을 본 사람들도 즉시 이를 '창의적인 공간'이라고 인정한다. 학생들도 마찬가지다. 마치 공간이 그들에게 이렇게 말을 거는 것만 같다. "이봐, 이곳은 이 대학의 나머지 공간과는 전혀 다른 걸 기대한다고."

우리가 이 공간을 디자인했을 때, 디 스쿨 팀과 대학을 위해 공간 수리를 감독하던 사람들 사이에는 논쟁이 자주 발생했다. 나는 몇 번이나 이런 말을 들었던 기억이 난다. "당신들에게는 좋을지 모르겠지만 여러분이 이 건물을 떠나고 나면 누가 이곳을 사용하고 싶어 하겠어요?" 결국 거의 모든 사람들이 이 공간을 원하는 것으로 밝혀졌다.

환경을 통제하라
—

공간적인 위치와 보디랭귀지의 문제는 교육에서 상당히 경시되고 있다. 대부분의 대학 교육은 교수 중심이자 생각 중심으로 구성된다. 대학은 학생들이 교수를 보고 그의 설명을 들을 수 있는지에 주로 관심을 쏟을 뿐, 학생들의 직접적인 의사소통에는 거의 신경을 쓰지 않는다. 학생들의 공간적 위치가 교육의 질에 영향을 미칠 수도 있다는 생각을 거의 인정하지 않는다.

한 가지 간단한 실험을 하면 몸의 위치가 갖는 중요성을 절실히 깨달을 수 있다. 한 집단에서 침묵의 시간을 잠시 가진 뒤 자신의 정서 상태에 주의를 기울여보라. 그리고 나서 집단 안에서 자신의 위치를 바꾼 뒤 다시 침묵의 시간을 가져 새로운 정서 상태에 주목하는 것이다.

이 실험은 규모와 관계없이 동시에 참여한 집단을 대상으로 진행할 수 있다. 아주 작은 위치 변화가 얼마나 큰 차이를 만들어내는지, 정말 놀라울 따름이다.

실전 연습 12

만약 당신이 앞으로 원활히 진행되지 않는 회의에 참석하게 되거든 의자를 원형으로 다시 배치하고 어떤 변화가 일어나는지 살펴보라. 한 사람씩 돌아가면서 발언하게끔 요청하는 것은 회의를 시작하는 훌륭한 방법이다(몇 마디 되지 않거나 짧은 문장이라면 하고 싶은 말은 무엇이든 해도 좋다). 또 이는 회의를 끝마치는 좋은 방법이기도 하다. 사람들이 원형으로 서로 가깝게 앉을 수 있다면 특히 효과적이다.

나는 이러한 '위치'의 중요성에 대해 여러 번 깊은 깨달음을 얻었다. 한번은 거대한 강당에서 '로봇 공학 개론Introduction to Robotics' 수업을 하고 있을 때였다. 400명을 수용할 수 있는 그 공간에 학생들은 90여 명뿐이었다. 학생들은 강당 전체에 넓게 퍼져 앉았고 대부분은 뒤쪽에 몰려 앉았다. 처음 몇 주 동안 나는 학생들에게 다음 시간에는 앞줄에 앉아달라고 반복해서 요청했지만, 학생들은 결코 그렇게 하지 않았다.

수업은 일주일에 세 번, 50분간 진행되었고 매번 강의가 끝날 때마다 나는 탈진할 것 같았다. 마이크를 사용했는데도 불구하고 넓게 퍼져 앉아 있는 학생들에게 목소리를 고루 전달하느라 녹초가 되는 기분이었다. 결국 나는 노란색 바리케이드 테이프를 들고 와서 강의실 뒤쪽 절반에 테이프를 둘러 출입을 차단했다. 강의실에 들어온 학생들은 자연스럽게 앞쪽으로 이동했고 심지어 앞줄에 치우치게 앉았다. 그 누가 위험이 도사리고 있을지 모르는 출입금지 테이프 근처 구역에 가까이 앉고 싶어 하겠는가?

나는 그날 강의를 시작했을 때보다 더 활력이 넘치는 상태로 강의를 끝마쳤다. 강제로 앞자리에 앉게 되어 의사소통이 한결 쉬워진 학생들로부터 엄청난 에너지를 받은 덕분이었다. 우리는 함께 그 자리에서 서로 에너지를 주고받을 수 있었다. 테이프를 2주 동안 치자 학생들이 새로운 자리에 길들여졌고 나는 뒷자리 출입을 차단할 필요가 없어졌다.

오래전 일이지만 나는 그 수업과 그 학생들을 유난히 사랑하며, 오랫동안 기억할 것이다. 나는 물리적 상황을 통제했고, 내가 어려움을 간신히 참아내며 이 진 빠지는 경험을 10주 동안 지속하지 않았다는 것이 아직도 무척 만족스럽다.

여기서 배울 수 있는 고차원적인 교훈은, 자신의 환경을 통제해야 한다는 것이다. 만약 회의를 주도하거나 성공적인 프레젠테이션 방법을 배우는 것이 목표라면 모든 사람의 위치를 고려해보라. 만약 회의에 참석하거나 강의를 듣고 있는데 지루하거나 소외감을 느끼고 있다면 앞줄로 자리를 옮겨라. 만약 위축되는 기분이 들거든 뒷줄로 몸을 숨겨라. 만약 옆자리에 앉은 사람 때문에 정신이 산만해지거나 도저히 들을 수도 볼 수도 없는 지경이라면 자리를 옮겨라. 자신의 감정을 주의 깊게 관찰하고 다른 자리로 옮겨가면서 실험해보라. 우리의 몸이 어떤 위치에 있느냐는 중요한 문제다. 몸의 위치는 대부분의 사람들이 생각하는 것보다 우리의 경험에 더 많은 영향을 미친다.

심신의 연결성

—

나는 아내 루스와 가까운 친구 두 명과 함께 소형 비행기에 몸을 싣고, 캘리포니아의 임페리얼밸리 위를 천천히 오랫동안 날고 있었다. 우리는 지루함을 달래기 위해 카드 게임을 했다. 조종사는 우리와 함께 게임을 하기 위해 자동조종장치를 작동시키고 의자를 돌렸다. 게임은 40분가량 지속됐다. 그때 갑자기 '딸깍' 소리가 나더니 무시무시한 침묵이 이어졌다. 비행기 엔진이 꺼진 것이다. 조종사는 순식간에 의자를 돌렸고 카드는 공중으로 날아갔다. 그가 다른 가스탱크 스위치를 올리자 비로소 엔진이 다시 작동하기 시작했다. 조종사는 어떤 분석도 없이 반사적으로 반응했다. 신체가 반응할 수 있도록 훈련을 받았기 때문이다. 그에겐 잠시 멈추고 생각할 필요가 없었다. 이 장면은 대단히 인상적이었고 그가 조종하는 비행기에 탈 수 있었다는 게 기뻤다. 그렇다고 여정 동안 카드 게임을 다시 시작하지는 않았다.

학습과 창의력을 북돋우기 위해 심신의 연결성을 직접적으로 활용하는 동작들이 있다. 원래 이 활동은 뉴에이지 운동의 특성으로 여겨졌지만 오래전부터 디자인 부서의 교육방식으로 활용되어왔다. 이와 관련해서 워밍업 운동을 하다가 발목이 부러져 엄청난 곤경에 처했던 어느 불운한 강사가 생각난다. 그는 공학 디자인 수강생들을 데리고 여성 체육관에서 준비 운동을 실시하던 중 부상을 입었는데 총장이 이를 정당한 강의 활동으로 인정하지 않았던 것이다. 다행히 그런 시절은 아주 오래전에 지나갔다.

춤을 비롯한 온갖 형태의 신체 동작은 집단 작업과 학습에 대단히 중요하다. 아마도 당신은 행사에 참여했다가 연설자가 청중에게 자리에서 잠시 일어나 스트레칭을 하라고 권유하는 모습을 본 적이 있을 것이다. 단지 중간에 스트레칭을 하는 것만으로도 청중을 적절히 참여하게 하고 창의적으로 생각하게 만드는 데 큰 도움이 된다.

인간의 몸은 움직일 필요가 있다. 우리 몸은 움직이는 것, 특히 음악에 맞춰 움직이는 것을 무척 좋아한다. 우리가 수업과 워크숍에 동작을 도입하면 반응이 가히 압도적으로 긍정적이다. 심지어 특별한 신체적 한계가 있는 참가자들조차 그런 반응을 보인다.

디 스쿨은 매년 여름, 일주일간 '디자인 싱킹 개론Introduction to Design Thinking'이라는 집중 워크숍을 진행했다. 우리는 매일 두 차례씩 30분간 진행되는 동작 프로그램을 구성하여 전문 댄스 교사에게 운영을 맡겼다. 이 프로그램은 아침과 저녁에 한 번씩 진행됐다. 동작 시간에는 특별한 교육이 필요하지 않았다. 그저 흐름을 따라가며 큰 음악 소리에 맞춰 움직이면서 마흔 명의 몸이 만들어내는 대혼란에 합류할 능력만 있으면 됐다. 이 시간이 끝날 때마다 참가자들의 에너지 수준은 매번 상승했고, 다음에 어떤 일이 닥치든 모조리 극복할 준비를 마친 듯 보였다. 동작 시간이 워크숍 분위기에 미친 영향은 종일 뚜렷이 나타났다. 참가자들은 그냥 앉아서 이야기만 하는 워크숍과는 뚜렷한 대조를 보였다.

경험상, 대부분의 사람들은 그런 신체활동을 학습과 작업 과정의 일부로 받아들이고 쉽게 적응한다. 심지어 처음에는 참가하기 꺼린 사람들도 금세 망설임을 극복하고 함께 즐기게 된다. 여기서 큰 비밀은 신체활동이 단순한 즐거움 그 이상이라는 점이다. 심신의 연결성은 당신의 마음에 필요한 것을 전해주는 실제로 좋은 방법이다. 가능하다면 당신의 일정표에 신체활동을 추가하라.

몸으로 보기
—

내 아내 루스는 주변 환경을 알아가는 데 자신의 감각을 총동원한다. 그녀는 언제나 사물을 만지고, 느끼고, 냄새 맡고, 눈으로 보며, 귀 기울인다. 마치 어린아이처럼 만지면 안 되는 물건을 만지다가 곤란한 상황에 처할 때도 많다. 암스테르담의 국립박물관Rijksmuseum에서 여덟 명의 경비원들이 사방에서 우리를 잡으러 달려오던 일은 도저히 잊을 수가 없다. 루스가 손을 이용해서 램브란트 그림을 '보려고' 캔버스를 만졌다가 그만 경보기를 울렸던 것이다.

이와 반대로, 나는 주로 뇌를 이용해 학습한다. 개념을 다루는 것만으로도 충분하다. 물건의 정체를 알아보기 위해 손으로 만질 필요가 없다. 내가 머릿속으로 대상을 상상할 수 있는 반면, 루스는 머릿속으로 상상하지 못한다. 실제 사물을 손으로 만지고 눈으로 보아야 한다. 우리가 가구를 재배치하는 문제로 상의할 때 나는 변화된 모습을 상상할 수 있지만 그녀는 그렇게 하지 못한다. 아내는 그 개념을 눈으로 확인하기 위해서 가구를 실제로 움직여보아야 하지만, 여러 가지 배치방식을 모두 시도해본 후 어느 방식이 가장 좋을지 판단하는 면에서는 나보다 훨씬 뛰어나다.

집을 개조할 당시 우리는 건축 허가를 받기 위해 도면에 세부사항을 자세히 그려 넣었다. 도면은 일시적인 서류조각에 지나지 않았고 진짜 설계는 공사 기간 동안 진행되었다. 그때 루스는 일꾼들을 시켜 여러 가지 다양한 생각들을 실제로 구현해보았다. 건축업자의 회계사는 정말 좋아했다!

루스는 예술가이고 타고난 숙련공이자 땜장이다. 그녀는 물건을 만들고 고치는 데 탁월한 재능이 있고 학습을 위해 신체감각을 지속적으로 활용한다. 생산을 통한 학습을 진정으로 실천하는 셈이다. 스탠퍼드 대학교에도 이와 비슷한 성향을 가진 학생들이 있지만, 이들은 이례적인 경우다. 스탠퍼드의 입학제도가 다른 유형의 학습에 대해 편견을 만들어내기 때문이다. 다행히, 생산자 문화에 대한 인기가 점점 상승하면서 해마다 수백 명 이상의 학생들이 균형 잡힌 접근법을 적용함으로써 머리뿐만 아니라 몸 전체를 이용해 배우고 있다. 이는 디자인 싱킹의 아이디어 창출 방법과도 잘 맞는다. 이 방법은 뇌가 평소와 전혀 다른 방법으로 문제를 해결하도록 허락함으로써 자신에게 새로운 가능성을 열게 한다.

눈 가리고 걷기
—

인간 신체의 시력과 학습능력을 인식할 수 있는 좋은 방법 중 하나는, 감각을 평소처럼 사용하지 못하게 방해하는 것이다. 눈을 가리고 걷는 것은 유쾌한 동시에 유익하며, 손쉬운 훈련법이다.

우리는 다양한 형태로 눈 가리고 걷기를 시행할 수 있다. 나는 두 사람을 짝지어 움직이게 하는 훈련을 가장 자주 활용한다. 여기서 가장 중요한 규칙은 훈련하는 동안 서로 말을 걸지 않는 것이다. 둘 중 한 사람은 눈을 감거나 안대를 사용하여 눈을 가린 채 30분 이상 버틴다. 그 시간이 지나면 두 사람은 말없이 역할을 교대하고, 이번에는 다른 사람이 동일한 시간 동안 눈을 가린 상태를 유지한다. 그러고 나서 두 사람 모두 눈을 뜨면 이야기를 해도 된다. 이 훈련은 단체 활동이기 때문에 집단 전체에 결과를 보고해야 한다.

이 훈련의 핵심은 눈이 보이는 사람이 눈을 가린 사람의 안내자 역할을 한다는 것이다. 눈이 보이는 사람의 임무는 눈을 가린 사람의 다른 감각들을 자극하는 탐구활동을 촉진하는 것이다. 이렇게 하면 눈을 가린 사람이 촉각과 청각, 미각, 후각을 이용해 새로운 방식으로 환경을 탐구하는 데 도움이 된다. 일단 흥미로운 지점에 도착하면 안내자는 눈을 가린 사람에게 많은 자유를 허용하되, 계속 안전을 책임지면서 그의 욕구와 감정을 계속 인식하는 것이 중요하다. 가령, 그가 신중을 기해 조심스럽게 행동하는 것을 선호할지, 아니면 눈을 가린 채로 뛰어가서 나무를 타고 싶어 할지를 말이다.

대부분의 시간 동안 안내자는 눈을 가린 사람을 손으로 인도해서는 안 된다. 안내는 손이 아닌, 주로 눈을 가린 사람이 청각만을 이용해 움직이게 한다. 안내자의 발자국 소리, 손가락 튕기는 소리, 물건을 두드리는 소리 등을 듣고 따라가게 하는 것이다.

이 훈련은 감각 인식을 촉진하고, 세상을 '보는' 새로운 방법들을 열어준다. 언젠가 나는 눈을 가린 채 주말을 지낸 적이 있다. 안내자와 나는 식당과 슈퍼마켓에 갔고, 캐치볼을 했으며, 자동차와 비행기를 탔고, 심지어 자전거도 탔다. 나의 통찰력은 한결 더 깊어졌는데, 이는 짧은 시간 동안 눈을 가리고 걷는 훈련을 통해 얻은 깨달음과는 달랐다.

언젠가 당신이 벽에 가로막혔다는 기분이 들거든 눈을 가리고 걸어보거나 다른 방식으로 감각 정보를 입력해보라. 이러한 방법이 당신의 목표 달성에 도움이 될 가능성이 크다. 설사 그런 식으로 도움이 되지 않더라도, 우리의 신체를 새로운 방식으로 활용함으로써 세상을 다르게 보는 법을 배울 수 있을 것이다. 또 새로운 감각이 생기고 더 풍부한 지각 경험을 하게 될 것이다.

즉흥 연기
—

'즉흥 연기Improvisation' 혹은 즉석 공연은 원래 극장과 관련 있는 예술 형태다. 최근 스탠퍼드 대학교에서는 즉흥 연기가 그 발상지인 드라마 학과로부터 대학 곳곳으로 번져나갔다. 즉흥 연기는 신체를 직접적으로 활용함으로써 순발력, 관찰력, 의사소통을 비롯해 다른 중요한 기술들을 강화시킨다. 게다가 일반적인 즉흥 연기의 워밍업 훈련은 대부분 문제해결 기술을 대신할 수 있는 훌륭한 유사물이며, 탁월한 교구가 되기도 한다. 내가 가장 좋아하는 것 중 하나는 '단어-공Word-Ball'이라는 게임이다.

단어-공 게임을 처음 할 때는 우선 단어를 사용하지 않은 채 상상의 공놀이로 시작하는 것이 좋다. 우선, 구성원들에게 상상의 공을 던지는 연습을 시킨다. 여섯에서 열두 명으로 구성된 집단이 원을 만들고 한 선수가 상상의 공을 다른 선수에게 던지면서 게임을 시작한다. 받는 선수는 상상의 공을 잡는 즉시 다른 선수에게 던져준다.

이 게임의 목적은 상상의 공이 잠시도 쉬지 않고 움직이게 만드는 것이다. 학습은 바로 이 지점에서 시작된다. 어떤 사람은 주의를 기울이지 않으므로 자신에게 던져진 공을 잡지 못하거나 설사 공을 잡더라도 놓쳐버린다. 또 어떤 사람은 광대처럼 공으로 재주를 부린다. 이렇게 하면 재미있을지는 몰라도 대개의 경우 활동을 멈추게 하고 공이 전달되는 속도를 느리게 만든다. 이 워밍업은 브레인스토밍, 회의, 대화 같은 다양한 형태의 단체활동을 대체할 수 있는 훌륭한 유사물이다.

일단 집단이 공 던지기를 잘할 줄 알게 되면 단어를 소개할 때가 됐다. 이제, 게임을 시작한 선수는 다른 선수에게 상상의 공만 던지는 것이 아니라 단어도 함께 보내야 한다. 잡는 선수는 자신이 넘겨받은 단어를 반복하고 나서 깊이 생각하지 말고 즉시 다음 선수에게 다른 단어를 던진다. 이 게임의 목적은 단어와 공이 선수들 사이에서 가능한 빨리 계속 이동하게 만드는 것이다.

선수들은 자신의 순발력을 신뢰하고 게임에 계속 집중하는 법을 배워야 한다. 그렇게 함으로써 단어를 잡고 던지려는 자신의 의도에 계속해서 주의를 얼마나 잘 기울일 수 있는지가 시험대에 오른다. 이제, 단어 없이 진행되는 연습에서 언급된 곤란 이외에 사람들이 즉흥적으로 단어를 만들어낼 줄 모른다는 어려움이 더해진다. 대부분의 사람들은 자신에게 즉각적 반응 능력이 있다고 믿지 않기 때문이다.

만약 집중해서 게임에 임하지 않고 머리로 생각하는 데 그친다면 당신은 단체활동에 진정으로 참여하는 것이 아닐 것이다. 단어-공 게임만이 아니라 브레인스토밍과 회의, 대화도 마찬가지다

단어-공 게임은 다양한 형태로 변형된다. 당신은 소리를 던지고 받는 소리-공 게임을 할 수도 있다. 특정 주제, 가령 물과 관련된 단어들을 던지고 받는 주제-공 게임을 해도 된다. 아니면, 특정한 주제

와 관련된 짧은 개념을 던지고 받는, 예를 들어 주제가 물이라면 한 사람이 '자원 보호'라는 식으로 개념-공 게임을 할 수 있다. 이렇듯, 변형 게임은 수없이 많다. 어떤 경우든, 최고의 배움은 동일한 기본 규칙을 활용함으로써 얻을 수 있다. 공을 계속 움직이게 만들고, 게임을 계속하며, 순발력을 발휘하고, 잘 협동하는 것이다.

일단 그 집단이 워밍업을 통해 게임을 잘 수행할 수 있게 되면, 두 번째 공과 심지어 세 번째 공을 소개해서 동시에 공을 던지는 사람과 잡는 사람이 여러 명이 생길 수도 있다. 나는 비교적 흥미롭지 않다고 생각하지만, 상상의 공 대신 뭉친 수건 같은 물체나 실제 소프트볼을 이용하는 것도 가능하다.

즉흥 연기 연습에는 일련의 계명이 있다. 우리의 목적에 가장 부합하는 두 가지는 "좋아, 그리고"와 블로킹 금지다. 그럼, 한번 도전해보자!

실전 연습 13

두 명씩 짝을 지어 한 사람이 제시된 행동을 시작한다. 그러면 나머지 사람이 "좋아, 그리고…"라고 대답하면서 원래의 제안을 받아들이고 거기에 다른 제안을 보탠다. 그렇게 하면 첫 번째 사람은 다른 제안을 하고 두 사람은 계속 제안을 쌓아나간다. 결국 아이디어가 원활하게 흘러나오고 즐겁게 협동할 수 있게 된다. 예를 들어보자.

첫 번째 사람: 내일 파티를 열자.

두 번째 사람: 좋아, 그리고 사람들을 많이 초대하자.

첫 번째 사람: 음악을 틀자.

두 번째 사람: 좋아, 그리고 춤도 추자.

블로킹이란 즉흥 연기에서 사용되는 또 다른 용어다. 블로킹은 행동과 창의적인 동작의 흐름을 중지시키는 것을 말한다. 파트너는 어떤 제안에도 싫다는 말을 하지 않거나, 어째서 그것이 좋은 생각이 아닌지 이유를 제시하거나, 아니면 원래의 제안과 완전히 상충되는 제안을 꺼낸다. 결국 앞으로 나아가는 것을 막는 장애물이 생성된다. 이는 불쾌한 이므로, 협동하기보다는 반대하고 싶은 심리를 초래한다.

예를 들어보자.

첫 번째 사람: 내일 파티를 열자.

두 번째 사람: 싫어, 나는 파티를 안 좋아해.

첫 번째 사람: 음악을 틀자.

두 번째 사람: 싫어, 나는 음악도 안 좋아해.

이 규칙들은 분명 각종 문제해결과 인간의 의사소통에도 적용할 수 있다. 즉흥 연기 개념의 폭넓은 용도를 인식하고 나면 극장 공연과 '이야기하기'라는 기원에 국한되지 않고 이 예술 형태를 다양한 분야에 적용할 수 있다. 즉흥 연기 아이디어들은 당신의 직장생활과 개인생활에도 포함시킬 만한 가치가 있다.

스트리킹

—

'스트리킹Streaking'이란 사람들에게 주목받으려는 의도로 공공장소에서 벌거벗고 뛰어다니는 것을 말한다. 그러면 스트리킹이 이번 장의 주제와 도대체 무슨 관계가 있을까? 글쎄, 내가 보기에는 모든 면에서 관계가 있다. 그렇지 않으면 무엇 때문에 여기에 포함시켰겠는가? 나는 스트리킹이라는 단어를 나체라는 뜻이 아닌, 한 집단이 제 기능을 할 수 있도록 에너지 수준을 충전해주는 유별난 방해 방법이라는 뜻으로 사용한다.

1970년대의 어느 날, 나는 대단히 따분해하는 4학년 학생들을 대상으로 기계 진동에 관한 지루한 강의에 약 30분 동안 몰두하고 있었다. 그때 갑자기 문이 열리더니 벌거벗은 남자가 들어와서 강의실을 뛰어서 한 바퀴 돌고는 아무 말 없이 밖으로 나갔다.

강의실의 에너지 수준은 마이너스 10에서 플러스 80까지 올라갔다(이 숫자의 단위가 무엇인지, 혹은 이 수치를 어떻게 특정했는지는 묻지 마라). 우리 모두가 기력을 회복하여 다시 강의를 재개했을 때는 마치 다른 수업이 시작된 것처럼 되었다는 사실에, 나는 깜짝 놀라고 말았다. 나의 목소리엔 힘이 넘쳤고 학생들의 주의력은 크게 상승했다. 더 좋은 점은 그 변화가 지속되었다는 것이다. 그 학기는 4주가 남아 있었는데 남은 기간은 처음 6주보다 한결 원활하게 진행됐다. 그 스트리커는 내 강의를 훨씬 나은 방향으로 변화시켰다.

이 경험을 한 뒤, 나는 강의를 무작위로 방해할 때 어떤 이로운 효과가 나타나는지 이해하게 됐다. 사건이 괴상할수록 효과는 더욱 좋다. 진짜 스트리커 덕분에 이 효과를 처음 경험하게 된 것을 기념하는 뜻에서 나는 이 방법을 '스트릭Streak'이라고 부른다. 대부분의 사람들은 강의나 워크숍이 방해받는 것을 좋아하지 않지만, 나는 이런 방해를 무작위한 선물로 기꺼이 받아들이고 소중히 여기는 법을 배웠다.

한 집단이나 교실의 에너지 수준이 떨어졌다는 것을 인식하게 되면 나는 언제든 휴식시간을 선언한다. 사실, 나는 종종 한 집단에게 자리에서 일어나 스트레칭을 하거나 짧은 휴식시간을 가지라고 요청한다. 이런 활동들도 효과적이기는 하지만 외부의 방해로 일어난 스트릭과 동일한 양의 에너지를 충전해주지는 못한다.

안타깝게도, 당신이 일탈을 해서 스트릭을 직접 계획하지 않는 이상 스트릭이 일어나는 경우는 극히 드물다. 그러므로 내가 기꺼이 시도해왔던 최선의 방법은 스트리킹의 개념을 활용해 교실에서 벌어지는 상황에 스스로 솔직해지겠다고 마음먹은 것이다.

나는 더 이상 진실을 무시하거나 나 자신이나 수강생들에게 진실을 숨기려 하지 않는다. 스스로 지루해지고 있다는 느낌이 들면 나는 말을 멈춘다. 강의실의 에너지 수준이 떨어졌다는 느낌이 들면 학생들에게 그 사실을 지적하고 무언가 조치를 취한다. 스트릭이라는 선물 덕분에 다른 사람들과 함께 있을 때 에너지 수준과 주의력 수준을 책임지겠다는 나의 의지는 한층 더 커졌다. 강의를 할 때든 회의를 할 때든, 아니면 단지 사람들이 한 집단에서 공동 작업을 하는 경우든 마찬가지다.

단체 작업이 원활하게 진행되기 위해서는 융통성과 참을성이 필요하다. 물리적인 환경을 바꾸고 단체 운동을 하는 것은 그 팀이 한층 더 화합해서 효율적으로 문제를 해결하는 데 도움이 된다. 심지어 당신이 속한 단체가 순전히 비즈니스를 목적으로 한다 해도 놀이의 여지가 있다면 작업 환경이 개선되고 생산성이 올라간다.

08장

자네상을
디자인하라

THE
ACHIEVEMENT
HABIT

SELF-
IMAGE
BY DESIGN

언제나 확신하지만 **종종 틀린다.**

스탠퍼드 대학교의 디 스쿨은 인간 중심의 혁신을 고취하기 위해 협력적 접근법을 활용하는 몇 가지 방법론으로 유명세를 떨쳤다. 우리는 언제나 이렇게 묻는다. 어떤 사람을 위해 문제를 해결하려는 것인가? 그들은 무엇을 원하고 필요로 하는가? 인간 중심의 상호작용, 즉 인간을 가장 먼저 생각하는 것이 작업의 중심에 있다. 꿈을 성취하는 것은 그 프로젝트에 공감을 불어넣는 우리의 능력에 달려 있다고 생각했기 때문이다. 우리는 공감이란 낯선 사람이나 외부 단체를 더욱 잘 이해하고, 이를 통해 그들이 필요로 하는 것을 지원해줄 수 있도록 그들에 대해 알아간다는 차원으로 접근하는 것이라 생각한다. 뿐만 아니라 공감이라는 발상을 안으로 돌림으로써 자신과 친구, 가족, 함께 일하는 동료 들을 더 잘 이해할 수도 있다.

당신이 인생에서 이룰 수 있는 성과는 자아상과 깊은 관련이 있다. 만약 스스로를 모험가나 행동가로 바라본다면 당신은 위험을 감수하고 행동에 돌입할 가능성이 크다! 만약 자신을 조심스럽고 두려움이 많은 사람이라 생각한다면 목표를 달성하는 길이 한층 더 길고 어려워질 것이다. 어쩌면 자신을 어떻게 정의해야 할지 확실히 모를 수도 있다. 당신의 자아상이 어디에서 비롯되는지 그리고 당신이 원하는 위치에 잘 들어맞는지 확인해보자.

역할 모델 검토하기

—

어린 시절 우리는 주변 사람들을 통해 배운다. 자라면서는 자연스럽게 부모님과 형제자매가 장래의 우리 모습에 커다란 영향을 미친다. 운이 아주 좋으면 따뜻하고 지원을 아끼지 않는 환경에서 인생을 시작할 수 있고, 운이 별로 좋지 않으면 거칠고 험악한 환경에서 인생을 시작할 수도 있다. 가족에게 인정받고 사랑받으며 성장하든 가혹하게 평가받고 거부당하는 기분을 느끼며 성장하든 간에, 이 흔적을 벗어버리는 것은 거의 불가능하다. 어쩌면 우리는 나중에 가족들과 상당히 비슷한 모습으로 자라거나 전혀 다른 모습이 되기도 할 것이다. 어느 쪽이든 가족들은 여러 가지 미묘한 방식으로 우리에게 영향을 미친다. 일반적인 경우, 가족은 우리가 인생에서 무엇을 어떻게 성취해야 하는지 가르쳐주는 최초의 인물들이다.

내 작은 아들이 다섯 살 때, 의사가 그에게 항생제 주사를 맞고 싶은지 알약을 먹고 싶은지 물었다. 아들은 이렇게 대답했다. "아무거나 더 싼 걸로 주세요." 분명히 이 아이는 부모로부터 돈을 대하는 태도를 이미 익힌 뒤였다. 이제 55세가 된 그는 돈을 써야 할 때 여전히 같은 태도를 보인다.

나는 내가 아버지와 전혀 다르다고 믿고 있으며 아내 역시 자신이 어머니와 전혀 다르다고 믿는다. 아내가 내게 한 가장 가슴 아팠던 말은 "당신은 딱 아버님 같아"라는 말이었다. 나 역시 아내가 어머님과 똑같다고 공격해 속상하게 만들 수도 있다.

사실, 우리는 간절히 부모님을 닮고 싶지 않아 했지만 둘 다 그 모습을 어느 정도 지녔다. 부모님의 모습 가운데 마음에 들지 않는 특징을 어느 정도 물려받은 것이 분명함에도, 우리는 이 사실을 부인한다. 반면, 부모님 모습 중에 마음에 들었던 부분이 있으면 이를 어느 정도 물려받았다는 사실을 기꺼이 인정한다. 심지어 그런 특징을 실제로 물려받았다는 증거가 거의 없는데도 말이다.

실전 연습 14

당신의 가족들이 어떤 관점을 가지고 있는지, 그 관점이 성인이 된 당신의 인생에 어떻게 영향을 미쳤는지 검토하라.

- 가족들은 돈에 대해 어떻게 생각하는가?
- 가족들은 당신에게 어떤 인생행로가 어울린다고 생각하는가?
- 가족들은 권위에 대해 어떤 관점을 갖고 있는가?
- 가족들은 힘든 일에 대해 어떤 관점을 갖고 있는가? 학업 성적이나 생산직 종사자와 사무직 종사자의 일, 취미, 직업적으로나 개인적으로 감수할 수 있는 위험, 개인적 성취에 대해서는 어떤 관점을 가지고 있는가?
- 당신은 가족들의 관점 가운데 어느 것에 동의하는가? 그리고 어느 것에 동의하지 않는가? 당신의 인생을 가족들의 관점에 맞춘 적이 있는가? 그것이 당신에게 이로웠는가, 해로웠는가? 아니면 이도저도 아니었는가? 그들이 미친 영향 가운데 없이 사는 편이 나은 것은 무엇인가? 배울 수 있는 부분은 무엇인가?

우리는 성숙해가는 과정에서 여러 단계를 거친다. 우리가 핵가족에서 처음으로 크게 벗어나는 시기는 대체로 우리가 학교에 입학해서 부모나 대리인의 보호 없이 낯선 사람들을 상대하는 법을 배워야 할 때다. 우리는 도전과 경쟁, 좌절 그리고 동료들의 평가에 맞서는 방법을 배워야 한다. 학교 친구들이 불친절할 수도 있고, 물리적인 폭력이나 조롱에 직면하게 될 수도 있다.

우리가 처음으로 자신의 모습을 바라보고 부모님이 생각하는 모습이 아닌, 우리의 실제 모습이 반영된 자아상을 형성하기 시작하는 것은 바로 이 환경 속에서다. 만약 운이 좋다면 대체로 나와 많이 비슷하고 제일 친한 친구가 될 수 있는 마음 맞는 사람을 발견하게 된다. 이 친구는 나 자신을 더 잘 파악할 수 있는 길이 된다. 부모님에게 숨기는 것들을 이 친구와는 거리낌 없이 공유하기 때문이다. 올바른 친구와 함께 우리는 우호적인 환경 속에서 자신의 새로운 측면들을 마음껏 탐구하며 주변 세계를 시험하고 확장해간다.

10대 청소년 시절에는 친밀한 우정을 나누고 싶은 욕구가 더욱 확실해지고 더 많은 친구들이 이 무리에 들어온다. 그러면서 부모에게서 더욱 멀어져가고 새롭고 불확실한 환경에서 자아상을 성장시키고 시험할 기회가 생긴다. 이 과정에서 섹스와 약물 같은 새로운 영역을 탐구하고 실험하게 될 수도 있다. 분명한 것은, 자아를 확고하게 재정의하고 집단 특성을 나타내라는 또래 집단의 압박이 아주 강해진다는 것이다. 만약 청소년기에 동류 집단을 발견하게 되면 그 세계에 대한 소속감이 굳어진다. 그렇지 않으면 소외되고 외로운 생활을 견뎌야 할 가능성이 커진다. 다행히 대부분의 사람들은 청소년기의 정신적 충격에서 살아남고, 일부는 그 경험을 통해 더 강해질 뿐 아니라 자립심이 커지고 기지가 풍부해진다.

나는 열두 살 때 어머니를 여의었다. 그리고 아버지는 심각한 조울증을 앓으셨다. 기본적으로 10대 시절 내내 혼자 힘으로 살았다. 학교가 끝난 뒤나 여름방학에는 정말이지 다양한 일을 했고, 뉴욕 시를 두루 돌아다녔으며, 운전면허증을 딸 나이가 되기도 전에 자동차와 오토바이를 소유했고, 학교 안팎에서 말썽에 휘말렸다. 대부분의 또래 친구들과 똑같이 부모님의 지도를 받았다면 어떤 사람이 되었을지 가정해서 비교해본다면, 바로 이런 경험 덕분에 나는 더 자립적이고 유능한 사람이 되었다고 믿는다.

나는 어머니를 여의고 평생토록 상실감에 시달렸을 뿐만 아니라, 혼자 힘으로 살아온 탓에 거리의 사람들에게서 지도를 받을 수밖에 없었다. 그들이 건네준 충고가 모두 현명하지 않거나 불법적이었던 것은 아니다. 나의 고등학교는 기본적으로 찰리가 선택해준 것이나 다름없었다. 그는 스타이브센트 고등학교Stuyvesant High School의 졸업반 축구선수였다. 나는 아직도 그에게서 들은 지혜로운 충고들이 기억난다. "스타이브센트로 가. 너는 브롱크스 사이언스Bronx Science에 들어갈 만큼 똑똑하지는 않아."

나는 찰리 같은 친구가 나의 성취 가능성에 한계를 긋도록 내버려두었다. 내 탓일 수도 있다. 나는 이제 조금 더 현명해졌고, 예전의 나 자신에게 감정이입을 하며 어린 시절을 돌아볼 수 있게 됐다. 인생을 살아오며 정서적으로 많은 일을 겪었으며, 내가 누구인지 혹은 어떤 사람이 되고 싶은지 미처 파악하지 못했다는 사실을 깨닫기도 한다.

후회하는 마음으로 과거를 생각하고 싶지는 않다. 누구에게나 특별히 자랑스럽지 않은 부분들이 있지만 그로 인해 지금 성취할 수 있는 것에 그림자가 드리워지도록 내버려두어서는 안 된다. 균형 잡힌 관점을 갖추는 데는 시간이 걸린다. 우리가 다른 사람들을 바라보는 시선에 비추어 자신의 자아상을 확인하는 '인격 형성기'에는 특히 더 그렇다. 우리는 자신에게 친절해져야만 한다.

10대 청소년기가 지나가면 그다음으로 큰 사건이 일어난다. 바로, 자아상을 형성하는 과정에서 사랑하는 사람과 특별한 유대감을 쌓아가는 것이다. 이 짝짓기의 최종 결론은 종종 결혼이나 그에 상당하는 파트너와의 동거인 경우가 많다. 그렇게 하여 규모가 더 큰 친구들 집단에서 사실상 떠나간다.[1] 이는 대체로 개인적 성장을 이루는 시기에 이뤄지므로 이때 우리는 시장성이 있는 기술들을 배우고 강화시킨다. 더욱 새로운 모습의 자아상을 발달시켜서 친밀한 짝짓기와 기술 훈련의 영향을 자신이 그리는 자율적인 성인의 모습 속에 통합시키는 것이다.

나는 대학교 3학년을 마치고 결혼하면서 자아상이 분명해졌다. 그다음 해에 졸업하고 나서 강사가 되어 학생들을 가르치기 시작했고, 오후와 저녁에는 대학원생으로서의 소임을 다했다. 결국 박사 학위를 받았고 스탠퍼드 대학교에서 조교수가 되었다.

자율적으로 행동하기

—

대부분의 대학 교수들은 가르치는 방법에 대해 따로 훈련받지 않는다. 연구원이 되도록 훈련받고 그들의 선생들이 이룬 업적을 흉내 내는 데 훈련이 되어 있다. 그들이 선생으로서 자기만의 목소리를 찾기까지는 오랜 세월이 걸리기도 한다. 어느 정도는 스승에게 받은 영향을 완전히 떨쳐내지 못하기도 한다. 마치 자식이 부모, 혹은 부모 대리인의 영향에서 완전히 자유로워지지 못하는 것처럼 말이다.

언젠가 나는 대만에서 '창의적인 교수법Creative Teaching'이라는 제목으로 종일 진행되는 워크숍을 막 끝내고, 젊은 조교수의 차를 얻어 타고 호텔로 가고 있었다. 사적 공간인 차 안에 들어왔을 때 그가 이렇게 말했다. "정말 흥미로웠습니다. 전 교수법을 고칠 수 있을 거라고는 한 번도 생각해본 적이 없었거든요. 저의 업무구조를 재설계하는 것을 고려해 실제로 교수법이라는 문제를 하나의 문제해결 활동으로 생각해 접근할 수 있다니, 그런 생각은 해본 적이 없었습니다." 그는 충격을 받은 듯 보였다. 방금 노란 눈의 고양이를 보았기 때문이다. 그는 이제 단순히 특정 교재를 다루는 것을 넘어서 더욱 폭넓은 관점에서 교수법을 다룰 필요가 있다는 사실을 이해한 것 같았다. 선생들은 매 수업마다 자신의 의도가 무엇인지 명확히 밝혀야 하고, 자신의 본질에 잘 맞는 교수법을 개발해야 한다.

불행하게도, 대다수의 사람들이 동일한 덫에 갇혀 있다. 이것이 비단 학계의 문제만은 아니다. 스승과 부모에게 영향을 받아 평생토록 최선을 다해 그들을 흉내 내려고 애쓰다가 결국엔 이류 복제품으로 전락하는 경우가 비일비재할 정도다.

가족을 비롯해 우리가 속한 다른 공동체의 사회적 기능들 중 하나는 개인행동에 제약을 가하는 것이다. 보통 이런 사회적 제약은 분명한 사회적 기능을 수행한다. 하지만 우리가 기꺼이 제약에 맞서 생산적인 방법으로 이를 제거하지 않는다면, 그 제약들이 엄청난 단점이 될 수 있다. 만약 자신에게 유일무이한 모습이 있고 스승과 부모와 전혀 다른 이력을 밟아왔다고 깨닫는다면, 언젠가 우리는 자신에게 영향을 미친 존재들을 존중하면서도 우리의 본모습을 진실하게 표현하는 새로운 통합체를 창조해낼 수 있을 것이다. 자신의 삶을 자세히 들여다보고, 내용적인 관점뿐 아니라 자신의 실제 의도가 무엇인지 알아내는 데 노력을 기울이는 것이 중요하다.

실전 연습 15

직업과 관련해 자신이 성취하고자 하는 목표들을 총망라해 목록을 만들어라. 그렇게 하기 위해 자신에게 다음과 같은 일련의 질문들을 던져보라.

- 나의 의도는 무엇인가?
- 단지 하루를 보내기 위해서인가?
- 구체적인 임무를 완수하기 위해서인가?
- 좋은 시간을 보내기 위해서인가?
- 나의 자존심을 북돋우기 위해서인가?
- 즐거워지기 위해서인가?
- 영감을 얻기 위해서인가?

- 동기부여를 위해서인가?
- 탈출하기 위해서인가?

목표에 대한 자신의 기본적인 의도가 무엇인지 분명히 밝히고 나면, 다음 문제는 그 목표들을 성취하는 방법이다. 이 일에 착수하기 전, 자신의 의도가 진짜인지 아니면 그렇게 이야기하도록 머릿속에 프로그래밍되거나 자아상을 달래기 위해 창조된 진부한 생각에 불과한지 분명히 확인하는 것이 중요하다. 일단 당신의 기본적인 의도들이 명확해졌다면 과거의 습관과 모방된 제약에서 자신을 자유롭게 만들어줄 창의적인 문제해결 활동으로써 이를 실행할 방법에 대해 검토하면 된다.

많은 경우 존경하는 사람과 같이 있으면 그의 특징 중 일부를 따라 하게 된다. 이런 식으로 부모, 애인이나 배우자, 친구, 스승, 동료로부터 행동하는 방법을 배우는 것이다. 일반적으로 이런 행동은 잠재의식적으로 일어난다. 흥미롭게도, 그들을 반면교사로 삼는 것도 가능하다. 그러기 위해서는 대체로 의식적인 노력이 필요하다. 예를 들어, 부모님이 지속적으로 싸우거나 서로에게 화를 내는 가정에서 성장했다면 나중에 내가 가정을 꾸릴 때는 이러한 모습을 되풀이하지 않겠다고 다짐할 수 있다. 다만 그런 일이 생기지 않도록 주의 깊게 경계하지 않는다면 배우자와 관계가 어려워지는 순간, 자신에게서 예전 부모님의 행동이 갑자기 튀어나올 가능성이 크다.

자신을 보는 방법

—

우리에겐 자신이 어떤 사람이고 누구인지 마음속으로 상상한 모습이 있다. 이 상상의 모습을 총칭하여 '자아상'이라고 부른다. 우리의 자아상에 대한 해석, 즉 자신의 신체와 감정, 행동, 생각에 대한 해석은 우리가 누구인지를 최종적으로 정의한다. 우리의 자아상은 정확할 수도 있고 빗나갈 수도 있다.

실전 연습 16

스스로 생각하기에 자신이 어떤 유형의 사람인지 다섯 가지 정도로 짧게, 혹은 한두 마디로 묘사해보라. 다섯 명의 친구나 가족에게 그들이 생각하는 당신을 다섯 가지로 묘사해달라고 부탁하라. 그러고 나서 그들이 제시한 스물다섯 가지 항목과 당신이 생각한 다섯 가지 항목을 비교해보라. 일치하는 항목과 일치하지 않는 항목의 양을 보면, 자아상의 정확도와 관련해 소중한 깨달음을 얻을 수 있을 것이다.

우리가 정확한 자아상을 가지고 있든 그렇지 않든, 그 자아상은 우리의 모습, 우리의 행동 그리고 우리가 주변 세계에 반응하는 방식에 엄청난 영향을 미친다. 다른 사람들이 우리를 조종하기 위해 자아상을 이용할 수도 있고, 우리가 다른 사람들을 조종하기 위해 자아상을 이용할 수도 있다. 자아상이 대체로 긍정적일 수도 있고 대체로 부정적일 수도 있지만 대부분의 경우에는 두 가지 모습이 다 들어 있다.

자아상은 앞으로 우리가 무엇을 해야 하고 무엇을 하지 말아야 하는지에 종종 제약을 가한다. 아니면, 적어도 이미 실행한 행동과 실행하지 못한 행동에 대한 우리의 감정에 영향을 미친다. 이상적인 세계라면 자아상이 우리가 실행한 행동과 실행하지 않은 행동의 근간을 형성했을 것이다. 현실 세계에서 상황은 조금 더 복잡하다. 합리화를 이용해 사람들은 어떤 행동이나 비행동을 자신의 자아상과 조화를 이루게 하려고 정당화할 수 있다.

우리 대부분은 완벽하게 현실적인 자아상을 가지고 있지 않다. 하버드 대학교의 경영 심리학자인 크리스 아기리스Chris Argyris는 40년 동안 사람들을 연구한 끝에 이렇게 결론 내렸다. "사람들은 자신이 생각하는 행동방식과 실제 행동방식 사이에 존재하는 … 모순을 인식하지 못한 채 시종일관 모순적으로 행동한다."[2] 우리의 행동이 자아상과 일치하게 만들기 위해서는 자신에게 거짓말을 하거나 자신의 행동을 합리화하지 말고, 진실을 이야기해야 한다. 인생을 살아가면서 자아상은 진화하고 변화한다. 우리에게 있는 어떤 선천적인 경향들은 환경에 의해 강화될 수도 있다. 반면, 전적으로 새로운 측면은 우리가 성공과 실패를 축적해가면서 경험한 것들의 결과로 생겨난다. 따라서 우리가 행동을 바꾸는 한 가지 방법은, 자아상을 적극적으로 변화시키는 한편 이와 동시에 자신의 행동을 자아상에 일치하도록 만드는 것이다. 완전한 통합을 이룬 사람들의 경우, 평생토록 행동이 자아상을 변화시키고 자아상이 행동을 변화시킨다.

디 스쿨에서는 학생들이 자신을 보다 창의적이라고 생각할 수 있도록 학생들에게 자아상을 변화시키는 일련의 경험을 마련해주려고 노력한다. 우리는 이 격려방식을 '창의적 자신감Creative confidence'[3]이라고 부른다. 마이클 젠슨Michael Jensen, 워너 어하드 그리고 그들의 동료들은 리더십 훈련에서 이와 비슷한 개념을 활용했다. 그들은 이를 '맥락 바꾸기Changing the context'라고 부르며, 다른 사람들은 이런 유형의 변화를 '재구성Reframing' 혹은 '구조 바꾸기Changing frameworks'라고도 부른다. 어떤 명칭으로 부르든 간에 우리가 행동하는 심리적 환경이 중요하다. 심리적 환경은 우리가 인생의 수많은 측면에 접근하는 방식에서 숨겨진 조종자 역할을 하기 때문이다. 이번 장의 실전 연습 훈련은 자아상의 범위를 탐구하고 확장하는 데 도움이 되도록 고안했다.

실전 연습 17

자아상을 바라보는 한 가지 방법은 자신의 특성들을 목록으로 작성하는 것이다. 이렇게 하기 위해 '나는 누구인가'라는 질문에 다시 한 번 대답해보자. 그러나 더 깊은 깨달음을 얻기 위해서 이번에는 자신의 소유물과 행동에 관련된 부분과 자아상의 '존재' 부분을 대비시키는 방식으로 자신의 모습을 바라볼 것이다. 1장을 마무리하며 '뇌를 사용하라'에서 제안했듯이, 각각의 질문은 적어도 5~10분 동안 반복돼야만 한다. 만약 이 훈련을 같이할 사람을 구할 수 있다면 두 사람이 차례로 한 번은 동일한 질문을 반복하는 역할을 하고 한 번은 대답하는 역할을 하면 된다. 물론, 두 사람이 있다면 질문을 이렇게 고칠 필요가 있다. "당신은 누구인가?"

- 나의 소유물 측면에서 보면, 나는 누구인가?
- 나의 행동 측면에서 보면, 나는 누구인가?
- 나의 존재 측면에서 보면, 나는 누구인가?

이 훈련은 머릿속에서 일상적인 수다를 멈추고 자신이 소유한 것과 자신이 하는 행동, 자신의 상태를 분리해서 바라볼 수 있는 기회를 제공한다. 또 자아상과 비교해서 자신의 인생이 어떻게 흘러가고 있는지 깊이 파고들어 살펴볼 기회도 준다. 이를 통해 당신은 중간궤도를 수정할 수 있는 기회를 얻거나 자신이 원하는 방향으로 나아가고 있음을 재확인할 수 있다.

사람들은 종종 자신이 누구인지를 자신의 소유물, 자신의 성과, 자신의 직업과 혼동한다. 이 질문을 세 부분으로 나누어 분석해보면 명쾌한 결론을 얻는 데 도움이 된다. 훈련을 할 때마다 나는 이 훈련이 보기보다 훨씬 복잡하다는 사실을 새삼 상기하게 된다. 예를 들어, 내가 소유한 것들을 말하자면 나는 아내와 두 아들, 교수 직책,

집, 친구들, 학생들, 졸업한 제자들, 자전거 몇 대, 새로 완성한 원고, 연구 논문 몇백 편을 가지고 있다. 나의 행동에 관해 말하자면, 나는 남편 노릇, 부모 노릇, 가르치기, 연구하기, 집안일, 사교활동, 멘토 노릇, 관계 맺기, 자전거 타기, 운전하기, 글쓰기 등을 말할 수 있다. 이 두 가지 목록은 다소 일치한다.

이 항목 가운데 어느 것도 나의 존재 측면에서 내가 누구인지를 알려주지 않는다. 아니, 알려주고 있는가?

이 항목들을 언급하는 방식에는 많은 변수가 작용한다. 예를 들어, 학생들을 가르치는 것은 누군가에게 소유의 문제다. 교수 직책은 그들의 가장 자랑스러운 소유물이다. 나는 어느 동료 교수가 세탁소에 맡긴 옷을 찾으러 갈 때 동행했다가 세탁소 직원이 그를 "박사님"이라고도 하고 나중에는 "교수님"이라고도 부르는 모습을 보고 깜짝 놀랐다. 이 사건은 컬럼비아 대학교에서 16km 남짓, 아니 몇 광년이나 떨어진 뉴욕 주의 플러싱에 위치한 어느 부부의 가게에서 일어났다. 이런 현상이 유럽에서는 흔할지 모르지만, 뉴욕 시의 노동자 계층이 사는 동네라는 맥락에서 볼 때는 우스울 정도로 어울리지 않았다. 이를 계기로, 어딘가 부족한 사람이 자신의 진짜 모습을 숨기기 위해 직업을 이용한다는 내 생각은 실제로 더욱 굳어졌다.

어떤 사람에게는 학생들을 가르치는 것이 자신이 하는 행동에 속한다. 단순히 직업에 불과한 것이다. 직장에 가서 시간을 투자하고 돈을 받는다는 점에서 보면, 가르치는 일도 그들에게 다른 직업과 마찬가지다. 또한 집세를 내고 가족을 먹여 살리며 케이블 TV 요금을

낼 돈을 벌기 위해 일을 한다는 점에서 보면, 이 직업은 순전히 도구에 불과하다.

어떤 사람들은 가르치기 위해 태어난다. 이들은 설령 교직에 몸담지 않았더라도 여전히 교사가 되었을 것이다. 이 일은 그들의 소명이고 자기 존재의 친밀한 부분이다. 이와 관련하여 헨리 밀러^{Henry Miller}의 초창기 작품 한 편을 읽었던 기억이 난다. 작품 속에서 밀러와 친구들은 그를 작가로 알고 있었다. 당시에는 그가 사환으로 일하고 있었고 아직 작품을 한 편도 발표하지 않은 상태였는데도 말이다.

이처럼 자신만의 관점에 따라서, 교직은 소유물이기도 하고 행동이기도 하며 존재의 일부분이기도 하다. 우리 인생의 수많은 부분들도 이와 마찬가지다. 어떤 일의 범주를 구분하는 방식에는 정답이 없다. 모두 당신 하기 나름이다. 그러나 그 차이를 이해하고 자신의 소유물이나 자신이 행동을 자신의 존재와 혼동하지 않는 것이 중요하다. 이 차이를 알게 되면 타당한 자아상을 형성할 기회가 생긴다.

어떤 사람들은 자신의 자아상을 출신과 완전히 동일시한다. 여기에 해당하는 사람이 내 친구 브루노다. 대부분의 사람들에 비해 브루노의 인생에는 유난히 모험이 많았다. 그리고 결국 그가 모험을 하게 된 것은 나폴리 출신의 알파 남성이라는 변치 않는 자아상에 힘입은 바가 크다. 이 생각은 오래전에 내가 오스트리아 린츠에서 열린 콘퍼런스에 참석하면서 분명해졌다. 참가자들 몇몇은 저녁식사를 마치고 디스코 클럽으로 갔다. 우리 옆에는 그 지역 여성들이 몇 명 앉아 있었는데, 브루노가 그중 한 명에게 춤을 신청했다. 그녀가 그의 제안을 거절하자 브루노는 이 사실을 믿을 수가 없었다. 그래서 큰소리로 외쳤다. "그러나 난 이탈리아 사람이잖아. 나폴리에서 왔다고!"

그는 포기하지 않고 그녀에게 계속 춤을 추자고 요청했다. 스스로 흠잡을 데 없이 훌륭한 자격이라 여겼던 '이탈리아 남자'라는 요소에도 불구하고, 그녀는 확고하게 거절했다. 그는 금세 전략을 바꾸어 그녀와 대화를 시작했다. 나는 흥미가 떨어져서 그의 곁을 떠났다. 우리가 디스코 클럽을 나설 때 브루노는 종잇조각을 의기양양하게 보여주면서 이렇게 말했다. "그 여자가 전화번호를 적어줬어." 안타깝게도, 다음날 그 번호로 전화를 건 그는 잘못된 번호였음을 깨닫고 깜짝 놀라고 말았다. 그러고는 글자를 적다가 실수한 것이라고 확신했다. 그 나머지 사람에게는 분명히 보이는 진실을 그는 도저히 상상조차 하지 못했다. 그녀가 그를 떼어내기 위해 가짜 번호를 적어준 것인데 말이다. 나는 그녀가 실수를 했다고 확신한다. 물론 브루노가 생각하는 실수와는 다르다. 그녀의 실수는 그에게 자신의 진짜 번호를 적어주지 않은 것이다. 브루노의 생각이 맞다. 그는 정말로 재미있는 사람이다!

자신의 참모습을 바라보는 데 도움이 되는 좋은 도구는 '유도된 환상Guided fantasy'이다. 유도된 환상을 경험하는 방법은 눈을 감고 하나의 환상을 창조한 뒤, 그 안에서 나무 혹은 집 같은 대리 존재를 설정해 이를 살펴보는 것이다. 그리고 나서 환상에서 목격한 장면을 자세히 묘사한다. 마지막으로 그 묘사를 반복하되, 이번에는 대리 존재의 목소리를 빌려 말한다.

이렇게 하면 우리가 일반적으로 숨기거나 의식적으로 인식하지 않는 자신의 이미지에 접근할 수 있다.

실전 연습 18

유도된 환상은 자신의 진정한 모습을 검토하는 데 도움이 되는 좋은 도구다. 이 훈련을 위해 나는 다음과 같은 대본을 사용한다. 대본을 직접 읽으면서 이를 녹음해보라. 그러고 나서 바닥이나 표현이 평평한 아무 장소에든 누워서 녹음을 들으며 그 지시 사항을 따라 해보라.

> 눈을 감아라. 조용히 들숨과 날숨을 의식해보라. 숨의 온도에 주목하라. 가슴이 확장되고 수축하는 것에 집중하라.
> 당신의 의식을 가슴에서 신체의 오른쪽으로 옮겨보라. 의식을 오른쪽 엉덩이에 집중시켜라. 이제 오른쪽 다리의 앞면을 따라 의식을 아래로 이동시켜 오른쪽 무릎 앞으로 옮겨가라. 그다음 정강뼈를 따라 의식을 아래로 이동시켜 오른쪽 발목으로 옮겨가라. 오른발의 윗부분을 가로질러서 새끼발가락으로 가라. 오른쪽 발가락들을 가로질러 의식을 엄지발가락으로 옮겨라. 그러고 나서 오른쪽 다리의 안쪽으로 올라가 가랑이를 지나 복부로 옮겨가라. 의식을 왼쪽 엉덩이로 옮겨보라. 이제 왼쪽 다리의 앞면을 따라 의식을 아래로 이동시

켜 왼쪽 무릎 앞으로 옮겨라. 그다음 정강뼈를 따라 의식을 아래로 이동시켜 왼쪽 발목으로 옮겨가라. 왼발의 윗부분을 가로질러 새끼 발가락으로 옮겨가라. 왼발의 발가락들을 가로질러 의식을 엄지발 가락으로 옮겨가라. 그리고 나서 왼다리의 안쪽으로 올라가 가랑이를 지나 복부로 옮겨가라.

이제 의식을 가슴으로 끌어올려 턱으로 옮겨가라. 들숨과 날숨을 예민하게 의식하라. 숨의 온도에 주목하라. 가슴이 확장되고 수축하는 것에 집중하라.

이제 당신이 여행을 떠난다고 상상하라. 자리에서 일어나 공항으로 간다. 짧은 여정을 위해 비행기에 탑승한다. 비행기에서 내려 버스를 타기 위해 이동한다. 잠시 버스를 타고 가서는 버스에서 내린다. 이제 멀리 집이 보이고 그 집을 향해 걸어간다. 집에 도착하거든 바깥쪽을 돌아보고 나서 안쪽을 탐험하라. 그러면서 세부 사항들을 자세히 검토해보라.

(여기서 10분간 멈춘다)

집을 나설 준비를 한 뒤, 되돌아올 여행을 시작하자.

우선 아까 버스에서 내렸던 장소로 다시 걸어가라. 버스가 되돌아온다고 상상하고, 버스를 타고 공항으로 되돌아가라. 비행기에 탑승하고 처음 여정을 떠났던 공항으로 돌아가라. 그리고 나서 이 방으로 되돌아오라.

다시 바닥에 누워 있다고 상상하라. 들숨과 날숨을 예민하게 의식하면서 자신의 숨을 느껴보라. 숨의 온도에 주목하라. 가슴이 확장되고 수축하는 것에 집중하라. 방안의 소음을 인식하라. 천천히 눈을 뜨고 자리에 앉아라.

몇 분 뒤, 당신이 탐험했던 집을 떠올리며 이에 대해 자세히 묘사해보라. 혼잣말을 해도 되지만 가능하다면 파트너나 여러 사람을 상대로 이야기하는 것이 좋다.

그다음으로, 그 집을 다시 묘사하라. 이번에는 자신의 입장이 아니라 집과 그 내용물의 입장에서 대변하라. 당신을 통해서 그 집과 내용물은 1인칭으로 자신을 묘사하기 시작한다. 원래 이야기에 "물건들이 어수선하게 널려 있는 낡은 집이었다"라는 표현이 있었다면, 이 새로운 이야기에는 "나는 낡고 어수선하게 널려 있는 물건들로 가득하다"라는 표현이 등장할 것이다. 당신은 1인칭으로 이야기하는 무생물 역할을 계속해야 한다.

이러한 상황은 종종 많은 정보를 드러낸다. 집과 소유물을 대변하면서 당신은 자기 자신을 묘사하고 있다. 사실은 자신의 수많은 특성들을 그 집과 물건에 투영한 것이다. 이는 자신을 바라보는 아주 훌륭한 방법이다. 이 방법은 상황을 간접적으로 묘사하기 때문에 전혀 위협적으로 느껴지지 않는다. 그리고 자신의 자아상을 검토함으로써 이 방법이 아니었더라면 불가능했을 솔직한 통찰력이 발휘된다.

자아상 바꾸기

—

우리의 마음가짐을 변화시키는 데 강력한 효과가 있는 또 하나의 훈련이 있다. 자신의 문제와 인생에 대한 새로운 관점을 얻기 위해 자신의 의식을 이용하는 것이다. 이 훈련을 하기 위해 당신이 정말로 제거하고 싶은 인생의 문제를 생각해보라. 우선, 그 문제를 정말로 제거하고 싶은지 자문해보라. 그 문제가 자신의 인생에서 지금 당장 사라지게 만들고 싶은가? 이 작업은 우리의 생각보다 훨씬 어렵다. 사실 우리는 어떤 문제들에 매달리는 것을 좋아한다. 우리는 자신이 누구인지 확인하기 위해, 또 친구들과 관계를 맺기 위해 문제들을 이용한다. 예를 들어, 우리 가운데 몇몇은 자신이 희생자처럼 보이기를 좋아한다. 사람들이 동정해주기 때문이다.

당신이 정말로 제거하고 싶은 문제를 발견했다면 나머지 과정은 쉽다. 그저 당신이 이 문제와 관련지어 생각하는 모든 사항들에 주의를 기울이기만 하면 된다. 일반적으로, 주의를 기울인다는 말은 당신이 하는 행동을 의식하고 하루를 보내면서 자동조종장치 상태로 지내지 않는다는 뜻이다. 이 외에도 이 말은 조금 더 많은 것을 내포한다.

진정한 마음챙김이란 비판하지 않고 보는 것이다. 그저 그 자리에 존재하면서 현재 진행되는 상황과 자신이 하고 있는 행동을 감정에 휘둘리지 않고 그대로 지켜보는 것이다. 마음챙김은 어떤 상황이 벌어지더라도 그 자리에 기꺼이 함께 존재하는 상태다. 그 상태에 도달하기 위해서는 잠시 동안 행동을 멈추고 숨을 쉬고 자기 내면의 경험과 소통하며 주변 세계를 관찰하는 것이 도움이 된다. 마음챙김은 통찰력과 인식으로 이어지기도 한다.

실전 연습 19

1970년대에 나는 '어하드 세미나 훈련Erhard Seminar Training('est'이라고 줄여서 부른다)이라고 알려진 워크숍에 두 번의 주말 동안 참석했다. 두 번째 날, 참석자 집단은 지도자의 안내에 따라 '진실 과정Truth Process'이라는 훈련을 받았다. 놀랍게도, 그 훈련이 예전부터 있던 나의 짜증나는 언어습관을 완전히 제거해주었다. 나는 커다란 감동을 받아 이 훈련을 내 강의에 포함시켰다. 결과는 대단히 고무적이었다. 이 도구는 당신이 성취 습관을 개발하는 데 방해가 될 수 있는 당신의 특정 자아상을 제거하는 데 유용할 것이다.

시간이 흐르면서 이 훈련을 실행하는 방법은 달라졌다. 나는 미리 작성한 대본을 가지고 훈련을 진행하지 않는다. 해마다 내 입에서는 다른 이야기들이 흘러나온다. 이야기를 정확히 반복하는 것은 중요하지 않다고 생각하기 때문이다. 내가 진실 과정을 처음 경험하기 오래전부터 이와 동일한 발상들이 여러 가지 형태로 적용되어왔다.[4]

이 훈련에서 당신은 어떤 구체적인 문제와 관련 있는 최대한 많은 사항들을 유념하게 된다. 이 훈련은 조용한 장소에 누워서 눈을 감고 실시하는 것이 가장 효과적이다. 만약 단체로 참여하게 되거든 누군가가 이 훈련을 인도해줄 것이다. 일단, 자리를 잡았다면 마음이 안정되도록 잠시 명상을 하라. 명상에 좋은 방법은 자신의 숨을 의식하기 시작해, 숨을 들이마시고 내쉬는 숨의 온도에 주목하는 것이다. 그리고 나서 의식을 천천히 움직여 몸 구석구석으로 이동시켜라(유도된 환상을 위해 앞에서 제시한 명상 대본을 활용하면 효과적일 것이다).

긴장이 풀리면 당신이 제거하고 싶은 문제에 대해 생각하라. 이 문제는 개인생활이나 직장생활에서 맺은 관계, 몸에 밴 틀에 박힌 습관, 걱정이 되는 결정 등과 관련이 있을 수 있다. 당신에게 개인적으로 영향을 미치는 어떤 문제라도 가능하다. 다만 전 지구적 문제가 당신이 실제로 씨름하는 문제와 직접 관련되지 않은 이상, 세계 평화나 지구 살리기 같은 글로벌 문제는 제외하라.

일단 자신의 인생에서 사라지게 만들고 싶은 문제를 생각해냈다면, 다음 단락들을 통해 단계들을 차근히 밟으면서 작업을 진행시켜 나가면 된다. 만약 이 훈련을 받는 도중에 무엇이든 제거하고 싶었던 문제가 해결됐다는 느낌이 들면 언제든 마지막 두 단계로 곧장 이동해도 좋다.

진실 과정 훈련의 단계
—

- 먼저, 마음의 눈으로 당신의 문제를 대변할 수 있는 물체를 만들

어내라. 문제에 실제 물리적 형태를 부여하라는 의미다. 이 물체가 당신으로부터 몇 발자국 떨어진 앞에 놓여 있다고 상상하라. 눈을 감고 이 형태를 보라. 다음 질문들을 활용해 목록을 만듦으로써 그 물리적 성질을 주의 깊게 인식하라. 그 물체의 높이는 얼마인가? 그 물체의 폭은 얼마인가? 그 물체의 깊이는 얼마인가? 그 물체의 색상은 무엇인가? 그 물체의 질감은 어떠한가? 그 물체의 온도는 어떠한가? 그 물체에 냄새가 있는가? 그 물체는 어떤 소리를 내는가?

- 이제 이 문제가 당신 인생에 마지막으로 일어났던 때를 상기해보라. 그러고 나서 그 이전의 경우를 떠올리고 그 사건이 제일 먼저 일어났던 때와 최근 일어난 때까지 시간을 거슬러 올라가라.

- 이 작업이 끝나면, 다시 그 문제의 물리적 형태가 눈앞에 몇 발자국 떨어져 놓여 있다고 상상해보라. 그리고 그 물리적 성질의 목록을 다시 작성하라(대체로 물체의 성질이 다소 변했을 것이다).

- 이제 이 문제와 관련해서 정확하다고 확신하는 사항들을 모두 떠올려보라. 자신에게 거짓말을 하지 마라.

- 이 작업이 끝나면, 다시 한 번 그 물체의 물리적 형태가 눈앞에 몇 발자국 떨어져 놓여 있다고 상상해보라. 그리고 그 물리적 성질의 목록을 다시 작성하라(주의할 것은, 다음 항목들이 하나씩 끝날 때마다 그 물체의 성질을 다시 한 번 조사해봐야 한다는 것이다).

- 다음으로 당신이 그 문제와 관련해서 정확할 가능성이 있다고 생각하는 사항들을 모두 자신에게 이야기하라.

- 이제 당신이 그 문제와 관련해서 부정확할 가능성이 있다고 생각하는 사항들을 모두 살펴보라.

- 이 문제를 경험하게 될 때 당신의 신체에 일어나는 현상들을 모두 상기해보라.

- 이 문제가 발생할 때 당신의 몸은 어떤 자세를 취하는가?

- 이 문제와 관련해서 어떤 신체 반응이 조금이라도 일어나는가?

- 이제 이 문제를 경험할 때 당신이 겪는 정서적 상태를 모두 상기해보라. 그 경험에 대한 생각을 상상하는 것이 아니라 실제 경험을 회상하라!

- 이제 당신이 이 문제와 관련지어 생각하는 모든 감각과 감정을 살펴보라. 자신에게 거짓말을 하지 마라.

- 다음으로 이 문제에 관해 당신이 내린 평가와 판단을 모두 살펴보라.

- 이제 당신 인생에서 이 문제를 간직함으로써 얻을 수 있는 것을 모두 자신에게 이야기하라. 자신에게 거짓말을 하지 마라. 이 문제를 유지하면 무슨 이득이 생기는가?

- 이제 이 문제로 속상해하는 모습을 상상해보라. 다음으로 그 문제에 대해 속상해하지 않는 모습을 상상해보라. 속상해하는 모습과 속상해하지 않는 모습을 차례로 다시 상상해보라. 이 과정을 다섯 번 정도 반복하라. 그러고 나서 이 문제에 대해 걱정하는 것을 상상해보라. 그다음으로 이 문제에 관해 걱정하지 않는 것을 상상하라. 걱정하는 것과 걱정하지 않는 것을 다시 상상해보라. 이 과정을 다섯 번 정도 반복하라. 그다음은 속상해하는 것과 속상해하지

않는 것, 그다음으로는 걱정하는 것과 걱정하지 않는 것을 상상해보라.

- 이제 바퀴가 달린 틀 위에 칠판이 설치되어 있고 당신이 그 앞에 서 있다고 상상해보라. 이 칠판 위에 당신 인생에서 이 문제를 계속 불러일으키는 상황과 사람 들의 이름을 모두 적어보라. 이 시점에서 그 물체의 물리적 형태가 당신에게서 몇 발자국 떨어진 앞에 놓여 있다고 다시 상상해보라. 마지막으로 그 물리적 성질의 목록을 다시 작성해보라.

- 이제 당신이 다시 칠판 앞에 서 있고 손에는 지우개가 들려 있다고 상상해보라. 인생에서 이 문제를 계속 유발시키는 원인들의 목록을 주욱 살펴보라. 더 이상 정당하게 보이지 않는 상황이나 사람 들의 이름을 모두 지워라. 이제 칠판을 높은 절벽의 가장자리로 밀어낸다고 상상하라. 절벽 아래는 그 바닥이 보이지 않을 정도로 아득히 깊다.

- 마지막으로 목록을 바라보고 당신이 원하지 않는 것은 모두 지워라. 그러고 나서 칠판을 절벽 아래로 떠밀어라.

- 이제 자신이 태양이 찬란한 날 어느 바닷가에 있다고 상상하라. 잠시 좋아하는 일을 하라. 준비가 된 것 같으면 눈을 뜨고 천천히 일어나라.

- 이 훈련을 하면서 겪은 경험들을 조용히 내면으로 받아들이기 위해 필요한 만큼 시간을 들여라.

교훈과 친구를 분리하기

—

나는 웨일스와 아일랜드의 시인과 극작가 들에게 언제나 애정을 느껴왔다. 딜런 토머스Dylan Thomas(1930년대를 대표하는 영국의 시인-옮긴이)의 시 '그 밤 속으로 순순히 사라지지 마세요Do Not Go Gentle Into That Good Night'는 언제나 내게 큰 반향을 불러일으켰고, 어린 시절에는 내가 발길질을 하고 소리를 지르며 무덤 속으로 걸어가고 있다고 생각했다. 불행하게도 나는 죽음을 너무 많이 접한 나머지 어린이다운 정서를 가지지 못했다. 그래서 삶과 마찬가지로 죽음 역시 유일무이한 경험이며, 만약 주의를 기울인다면 죽음을 경험할 때마다 어떤 지혜를 얻을 수 있다는 사실을 알게 됐다.

카렐 델리우Karel Deleeuw의 죽음은 유명한 살인 사건이었다. 카렐은 나의 친한 친구이자 수학과 교수였고, 스탠퍼드 대학교 캠퍼스에서 나와 같은 동네에 살고 있었다. 우리는 서로의 집에 자주 방문하곤 했다. 로스와 내가 여행을 떠나기 이틀 전, 카렐과 나는 버클리 신문에 실린 괴상한 광고를 읽으며 즐거운 시간을 보냈다. 죽었다가 되살아나는 방법을 설명한 오디오테이프에 관한 광고였다. 이 제품엔 티셔츠가 함께 제공됐다. 이 제품의 광고 문구엔 도저히 거부할 수 없는 매력이 있었다. "이 셔츠와 테이프를 구입하라. 누가 영원히 죽기를 바라겠는가?" 결국 우리는 셔츠와 테이프를 우편으로 주문했다.

여행에서 돌아온 루스와 나는 카렐의 아내 시타가 우리를 만나기 위해 샌프란시스코 공항에서 기다리고 있는 걸 발견하고 깜짝 놀랐다. 그녀는 카렐과 내가 주문했던 티셔츠를 입고 있었다. 내가 그 티셔츠에 관해 농담을 시작하려 하자, 시타는 내 말을 끊고 카렐이 살해당했다고 말했다. 카렐이 스탠퍼드 대학교의 수학과에서 오랫동안 박사 학위를 준비 중이던 테드 스트렐레스키Ted Streleski로부터 구타를 당해 숨졌다는 것이다.

수학과에서 부당한 취급을 당해왔다고 느꼈던 스트렐레스키는 대중이 자신의 사례에 관심을 갖게끔 만들고 싶었다. 지도교수로부터 그의 박사 학위 논문 제출을 허락받고 마침내 졸업이 얼마 남지 않았다는 이야기를 최근에 들었지만, 그는 학위 취득이 오랫동안 지연되는 바람에 인생을 망쳤다고 느꼈다. 대부분의 수학자들은 젊은 나이에 최고의 업적을 달성하는데, 이제 자신은 너무 늙어서 위대해지기는 글렀다고 생각한 것이다.

그는 표창과 상을 인생에서 가장 중요하다고 믿는 잘못된 성공 관점에 사로잡혀 있었다. 중요한 것은 이것뿐이라는 생각을 스스로 세뇌했다. 이러한 잘못된 생각으로 인해 학위보다는 불평거리에 더욱 관심을 갖게 되었다. 처음에는 잘못을 바로잡을 수 있는 일반적인 방법을 고려해보았다. 가령, 신문이나 스탠퍼드 대학교 각 부서의 처장들, 스탠퍼드 졸업생들 등에게 편지를 보내거나 공식적으로 불만을 제기하는 것이었다. 하지만 이 방법으로는 충분하지 않다는 생각이 들었다. 결국 그는 저명한 인물을 살해해서 재판을 받게 된다면, 언론의 관심을 훨씬 더 많이 받게 될 거라는 결론에 도달했다.

그는 수학과 교수들 몇 명을 골라 일종의 '살생부'를 만든 다음 샌프란시스코의 아파트에서 스탠퍼드 대학교까지 아주 멀리 돌아가는 노선의 대중 교통을 이용했다. 마침내 학교에 도착했을 때, 그는 살생부의 맨 위에 적은 몇 사람의 소재를 파악할 수가 없었다. 그래서 카렐의 이름을 골랐고 운이 나쁘게도 카렐은 연구실에서 여름학기 수업의 기말 시험지를 채점하고 있었다. 스트렐레스키는 작은 대장간용 망치로 카렐을 살해했다. 그런 다음 아무에게도 들키지 않고 현장을 떴고, 며칠 뒤 경찰에 자수했다.

그는 무죄를 주장하며 재판을 받아 언론에 기사가 실리게 만들 작정이었다. 재판이 진행되는 동안 수학과 교수들을 증인석에 세워 자신이 부당하다고 생각한 관례들을 공개적으로 폭로하기 위해 그들을 심문하기로 계획했다.

그의 계획은 어느 정도 성공을 거두었다. 그는 언론의 관심을 받았고, 그의 사례는 정치적 약자인 박사과정 학생들의 일반적 처지와 일맥상통하는 점도 있었다. 내가 보기에 이 사건은 순수 논리학의 약점을 입증하는 중요한 사례다. 자신의 이야기에 언론의 관심을 끌어들이려는 그의 욕망에서 볼 때, 스트렐레스키의 논리는 흠잡을 데 없이 완벽했다. 다만 그는 십계명 중 여섯 번째를 잊고 있었다. '살인하지 말라.' 유감스럽게도, 이런 식으로 중요한 가치를 누락시키는 태도는 우리 사회 각계각층의 의사결정에서 지나치게 만연한 현상이다. 스트렐레스키는 또 하나의 비극적 사례일 뿐이었다.

나는 매일 재판장에 갔다. 스트렐레스키는 직접 가져간 망치를 이용해 살인할 계획을 세웠을 뿐만 아니라 실제로 살인을 저질렀음에도 무죄를 주장했다. 그의 변호사는 그가 정신이상을 근거로 무죄를 주장하길 바랐지만, 스트레렐스키는 이 제안을 거절했다. 자신이 정신이상자로 여겨지는 걸 원하지 않았기 때문이다. 그는 이 살인이 논리적으로나 도덕적으로 옳을 뿐만 아니라 대학원생들에 대한 수학과의 대우를 비판하려는 '정치적 성명이었다'고 언론을 설득하고 싶어 했다.

여기, 자신이 '당연한 권리'라고 생각했던 것에 그토록 집착하지만 않았더라면 멋진 삶을 살 수도 있었던 어느 영리한 남자가 있었다. 그는 수학 천재로 살아가려 했던 자신의 완벽한 계획이 틀어지자 그 대가를 다른 사람이 치르게 만들었다. 물론, 그렇게 함으로써 자신까지 비참하게 만들었다. 세상에 목숨을 버리거나 살인을 저지를 만큼 가치 있는 학위나 상, 직장, 추천서란 없다. 물론, 대부분의 사람들은 살인자가 되지 않으며 이는 대단히 극단적인 경우에 해당한다. 그러나 이 사건은 자신의 인생행로를 정해두고 그 관점을 지나치게 고집하게 될 때 얼마나 위험해질 수 있는지를 극명히 입증한다. 살아가다 보면 예기치 못한 일들이 당신을 놀라게 할 것이다. 적응하기만 한다면 당신은 어떤 상황에서도 행복을 발견할 수 있다.

나의 가까운 동료 롤프 페이스트의 죽음은 주목할 만하다. 그는 어떤 대가를 치르더라도 살아남으려 하는, 누구나 예상하는 반사적 반응을 따르지 않았기 때문이다. 전통적인 의미의 '성취자'가 되기 위해서는 자신의 목숨을 위해 싸우고, 싸우고, 또 싸워야 한다! 하지만 롤프는 다른 사람들이 어떻게 생각하는지에 대해서는 정말 신경 쓰지 않았다. 그는 자기만의 방식으로 성취를 이루었다. 위암 진단을 받은 후 그는 의사를 만나고 나면 자신의 기분이 나빠진다는 사실을 알아차렸다. 반면, 불교 선종의 대가를 찾아가 만나고 돌아오는 길에는 기분이 무척 좋았다.

그는 자신의 몸을 성스러운 선물로 대하면서 그저, 살아남으려는 명목으로 몸을 오염시키지 않겠다고 결심했다. 그리고 표준 화학 요법이나 방사능 치료를 받으라고 충고하는 사람들의 방문은 환영하지 않겠다고 분명히 밝혔다. 그는 명상을 하고, 가족이나 친구들과 긍정적인 대화를 나누며 조용한 시간을 보냈다. 그리고 자신이 삶의 신조로 삼았던 것과 동일한 원칙에 따라 세상을 떠났다.

이와 대조적으로, 성격이 까다로웠던 또 다른 동료는 말기암 환자를 위한 보호치료를 받으면서 완전히 달라졌다. 우리는 가까운 사이가 아니었다. 함께 보내는 시간이 즐겁지는 않았지만 그래도 제법 다정한 사이로 지냈다. 그가 병에 걸리고 난 후 나는 어떤 의무감을 느끼며 그의 집에 병문안을 갔다. 놀랍게도 그는 완전히 변해서 이제는 같이 지내기에 호감 가는 사람이 되어 있었다. 결국 나는 그를 자주 찾아가게 되었다.

다른 동료들 역시 그를 정기적으로 방문하기 시작했다. 이제는 모두가 그를 대단히 매력적인 친구라고 생각했다. 임종이 가까워졌을 무렵, 마침내 예전의 가식적인 행동을 완전히 멈춘 그는 소탈한 모습으로 우리와 함께했다. 자신의 진짜 모습에 완전히 편안해지기도 전에 세상을 떠나야 한다니, 대단히 유감스러웠다. 그가 더 일찍 달라졌다면 그를 비롯한 주변 사람들 모두의 삶이 더 나아졌을 것이 분명했다.

빌 모그리지Bill Moggridge는 나와 가까운 친구로, 자의식이 대단히 강하고 극도로 독립적인 성격이었다. 누구도 그가 자전거 헬멧을 착용하게 만들지 못했다. 심지어 그가 자전거를 타고 시야가 확보되지 않은 상태로 자동차들을 지나쳐 요란하게 하산할 때도 마찬가지였다. '당신은 누구인가?'라고 자문했을 때 그는 스스로 자신의 이러한 성격을 떠올렸다. 그는 자신의 인생을 어떻게 살아가고 싶은지 결정했고 다른 누구도 이를 방해하지 못하게 했다.

병에 걸렸을 때 빌은 이러한 정신력을 외과 치료에 적용시켰다. 긍정적인 태도 덕분에 다른 사람이라면 그저 모든 활동을 멈추었을 상태에서도 그는 평소처럼 직장생활을 유지하는 범상치 않은 능력을 보였다.

마침내 자신이 죽어가고 있다는 사실이 분명해지자 그는 자신의 상황을 마음 편히 주변에 알렸다. 내가 그의 병실에 처음으로 방문했던 날 아침, 그는 내게 죽어가는 친구들의 병상을 지켜본 경험이 많은지 물었다. 그는 내가 자신의 병세에 대해 터놓고 이야기해도 괜찮다고 알려준 것이다. 이는 대단히 관대한 선물이었다.

빌은 뉴욕의 열악한 환경에서 입원치료를 받고 있었다. 그곳에서 그는 여러 가지 모욕적이고 태만한 치료와 대우를 수용했다. 나는 그의 고분고분한 태도에 깜짝 놀라고 말았다. 잠시 뒤에야 그것이 방어적 행동이라는 것을 알아차렸다. 병원 관계자들과 원만하게 지내기 위해 이의를 제기하지 않고 있는 것이었다. 아마도 빌은 자신이 문제를 일으키지 않으면 그들이 제공할 수 있는 가장 좋은 보살핌을 받을 수 있으리라고 판단했던 모양이다. 마침내 병세가 심하게 악화되면서 그를 뉴욕에서 샌프란시스코의 호스피스 시설로 옮겨야한다는 결정이 내려졌다.

그를 이송하기 위해 다섯 명이 샌프란시스코 공항 근처의 모텔에서 하룻밤을 묵었다. 다음날 아침 우리는 모텔 방에 있는 빌을 밖에서 대기 중인 스테이션 왜건으로 옮기는 일을 도왔다. 우리는 걷지 못하는 그를 의자에 앉혀서 모텔 방에서 스테이션 왜건의 문 앞으로 데려갔다. 그런데 덩치가 큰 빌을 앞좌석에 앉히는 것이 최선인지 확신이 서지 않았다.

그의 두 아들 에릭과 알렉스, 뉴욕에서 사귄 친구 이지, 빌의 믿을 만한 직장동료 맷 그리고 나는 다양한 방법들을 논의했다. 차가운 여름 안개와 냉랭한 바람 때문에 날이 추웠다. 우리의 논의는 꽤 오래 이어졌다. 마침내 빌은 더 이상 참지 못할 지경이 되었다. 어제는 거의 한마디도 하지 않고 혹여 이야기를 해도 목소리가 너무 작아 알아듣기 힘들었던 그가 갑자기 쩌렁쩌렁한 목소리로 이렇게 말했다. "버니, 입 좀 다물게! 이지, 자네도 입 닫고. 에릭, 입 닥쳐라. 알렉스, 너도 마찬가지고. 맷, 자네가 결정해!"

참으로 마법 같은 순간이었다. 내 친구 빌은 생기를 되찾았고 자신의 자아상을 우리에게 그대로 드러냈다. 그는 마지막 순간까지도 문제해결사였고 그 상황을 책임졌다. 그의 영국식 억양 때문인지, 마치 딜런 토머스가 직접 우리에게 그 밤의 어둠속으로 순순히 들어가지 않겠다고 말해주는 것 같았다. 그가 우리 모두에게 건넨 훌륭한 선물이었다.

실전 연습 20

- 당신이 살 수 있는 시간이 고작 10분밖에 없다고 상상하라. 무엇을 하겠는가?
- 당신이 살 수 있는 시간이 고작 10일밖에 없다고 상상하라. 무엇을 하겠는가?
- 당신이 살 수 있는 시간이 고작 10개월밖에 없다고 상상하라. 무엇을 하겠는가?
- 당신이 살 수 있는 시간이 고작 10년밖에 없다고 상상하라. 무엇을 하겠는가?
- 당신이 살 수 있는 시간이 고작 남은 인생밖에 없다고 상상하라. 무엇을 하겠는가?

이 질문들에 대한 자신의 대답을 살펴보면, 자신에 관한 정보를 많이 얻을 수 있다. 이 훈련은 당신의 마지막에 대해 이야기한다. 당신은 자신의 자아상 안에 어떤 변화들을 디자인해 넣고 싶은가? 지금 당장 디자인하고 변화하라! 내가 조금 전에 소개한 친구들 중, 자신이 언제 마지막 단계에 들어서게 될지 알고 있었던 사람은 아무도 없었다. 한 가지 분명한 것이 있다. 어제보다 오늘 마지막 단계에 더 가까워졌다는 것이다. 그리고 내일 더 가까워질 것이다. 그러므로 지금이야말로 당신이 원하는 사람으로 성장할 시기다.

관점에 대해 다시 논의하기

—

이야기를 구성하는 작가들은 다양한 관점에 관심을 갖는다. 그들은 그 관점들을 객관적인 시점, 3인칭 시점, 1인칭 시점, 전지적 작가 시점, 제한된 전지적 작가 시점으로 분류한다.

객관적인 시점의 작가는 초연한 관찰자의 입장을 취한 채 독자가 대화와 행동으로 직접 추론할 수 있는 것 이상의 정보를 들려주지 않는다. 3인칭 시점에서 화자는 이야기의 행동에 참여하지 않는다. 우리는 화자의 외부 목소리를 통해 등장인물들에 대해 알아낸다.

1인칭 시점에서 화자는 이야기의 참가자다. 설명에 객관성이 부족할 수 있기 때문에 그 신뢰성이 조금 떨어진다. 전지적 작가 시점에서 작가는 모든 등장인물들과 행동에 대해 낱낱이 알고 있다. 혹은 제한된 전지적 작가 시점일 경우엔 작가가 몇몇 등장인물과 행동에 대해서만 낱낱이 알고 있다.

현실에서 우리는 자기만의 이야기를 쓰게 된다. 어떤 사람들은 자신이 객관적이거나 전지적 작가 시점을 취할 수 있다고 생각할 정도로 오만하다. 그리고 극히 소수의 사람들은 3인칭 시점을 취해 자신의 삶에서 자신을 분리하기도 한다. 어떤 사람들은 어떤 관점이라도 취할 수 있다는 망상에 빠져 있다. 아마도 잠시 동안은 가능할 수도 있지만, 우리들은 대부분 1인칭 관점에 제한되어 있다. 그리고 소설에서와 마찬가지로 신뢰도의 문제가 대두된다.

우리가 1인칭 시점으로 자기만의 인생 이야기를 쓰고 있기 때문에, 자기 자신과 다른 모든 등장인물들에게 의미를 부여하고 있는 것도 자신이라는 사실을 깨달아야만 한다.

자아상을 결정하는 데 관여하는 요인들은 무수히 많다. 그리고 자아상이 자신에게 맞지 않을 때면 언제나 우리는 그 이미지를 구체화하고 다시 디자인할 수 있다. 여기에 머리카락을 자르거나 체중을 감량하는 것 같은 물리적 요소, 나쁜 습관을 고치거나 능력을 향상시키는 것처럼 성격이 기반이 되는 요소, 혹은 이름을 바꾸는 것처럼 정체성의 일부를 노골적으로 바꾸는 요소 가운데 무엇이 포함되든, 중요한 것은 자신의 자아상이 발전 없이 그대로 머물게 해서는 안 된다는 것이다. 만약 자신을 게으르거나, 철자법에 약하거나, 지저분하거나, 집중력이 쉽게 흩어지거나, 이기적인 사람이라고 정의했다면, 그런 성향이 당신의 자아개념에 일부분으로 영원히 존재하게 만들 필요는 없다. 당신은 지금 당장이라도 스스로를 다른 관점으로 바라보고 다른 사람이 되겠다고 결정할 수 있다.

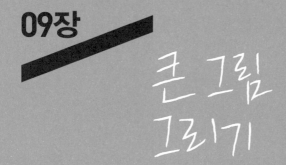

09장

큰 그림
그리기

THE
ACHIEVEMENT
HABIT

the
BIG
PICTURE

> 정신이상은 개인에게는 드문 현상이지만,
> **집단과 정당, 국가, 시대에서는 원칙이다.**
>
> – 프리드리히 니체Friedrich Nietzsche

인생의 모든 단계는 복잡함과 불확실성으로 가득 차 있다. 개인으로서 우리는 기한이 정해지지 않은 인생을 대면한다. 그 시간 동안 우리는 가족과 경력, 개인적 위기의 시기들을 지나올 가능성이 크다. 우리의 주변 세계는 한층 더 예측할 수 없다. 상황이 평소와 다름없이 잘 흘러가는 모습에 나는 언제나 놀란다.

자신의 인생 목표들을 대략적으로 파악하는 것은 대단히 좋은 생각이다. 그리고 자신의 진로에 대해 너무 엄격하게 굴지 않는 것 역시 좋은 생각이다. 가능성에 항상 마음을 열어두라. 다른 사람들을 받아들이고 새로운 기회가 나타나거든 귀를 열어라.

가능성으로 가득한 인생

—

나의 인생에는 예기치 않은 우회로들이 간간히 끼어들었고, 그러고 나서 불시의 우회전과 좌회전이 뒤를 이어 온 듯하다. 예정대로 분별 있게 걸어온 길은 아니었다. 이러한 이유로 학생들이 내게 진로에 대한 조언을 구할 때마다 나는 난감해진다.

나는 최선의 노력, 즉 현재라는 이미 알고 있는 값으로부터 미래라는 미지의 값을 구하는 합리적인 선형 외삽법linear extrapolation(과거의 추세가 그대로 지속되리라는 전제 아래 단순히 미래를 예측하는 것-옮긴 이)을 시도하려 한다. 물론 내가 하는 말이 실현될 가능성이 극히 작다는 건 잘 알고 있다. 때때로 나는 학생들에게 이렇게 말한다. "인생은 모험이야. 그러니까 긴장 풀고 인생이 뭔지 알아내려고 애쓰지 마. 그냥 자연스러운 흐름에 맡겨." 이 말이 대부분의 학생들을 만족시키지는 못하는 것 같다. 그래서 나는 그들의 인생이 스스로 계획해두었을 법한 합리적인 인생 경로를 곧 벗어나리란 것을 잘 알고 있다며 현자 노릇을 한다.

내가 결국 어떻게 하다 스탠퍼드 대학교에서 생활하고 가르치게 되었는지 학생들에게 이야기해줄 시간은 물론 용기도 없지만, 이 자리에서는 이야기해보려 한다.

아내와 나는 뉴욕 시에 위치한 브롱스 공원 인근의 한 동네에서 자랐다. 나는 거리에서 시간을 보내는 게으른 고등학생으로서 불길한 첫발을 내딛었지만, 지역 대학에 진학했고 그곳에서 거의 퇴학을 당할 직전까지 갔다. 내가 정신을 차리게 된 계기가 된 것은 학사 경고를 알리는 학장의 편지였다. 잠깐, 학교에서 나를 퇴학시킬 리가 없어! 나는 그렇게 생각했다. 내가 멍청하지 않다는 사실을 알고 있었기 때문이다.

그 이후로 나는 계속해서 전 과목 A학점을 맞는 학생이 되었다. 학교를 사랑하는 법을 배웠고 학업을 계속하고 싶어서 대학원에 진학했다. 대학원 공부를 하면서 시립대학에서 강의도 시작했다. 그리고 학생들을 가르치는 일은 나에게 특별한 의미가 있었다. 나는 정말 이 일이 즐거웠다. 컬럼비아 대학교에서 박사과정 연구를 거의 끝마쳐갈 무렵, 나는 장래에 관해 논문 지도교수와 상의했다. 더없이 기쁘게도, 그는 내게 컬럼비아 대학교 교수직에 지원해보라고 제안했다. 그러면서 다른 학교에도 동시에 지원하는 것이 현명한 방법임을 알려주었다. 당시에는 기계공학과의 파벌 인사에 관한 저항이 다소 있었기 때문이다.

지도교수는 코넬 대학교에서도 젊은 조교수를 구하고 있다는 것을 알려주었다. 나는 몇 년 전, 로스앤젤레스에서 여름을 보냈던 일이 기억났고 스탠퍼드 대학교 부근이 살기 좋다는 이야기를 들은 기억이 떠올랐다. 그래서 지도교수에게 혹시 스탠퍼드 대학교 교수들 중에 아는 사람이 있는지 물었다. 다행히, 그는 아놀드 교수를 알고 있었다. 그렇게 내가 스탠퍼드 대학교에서 50년 이상의 세월을 보내게 된 우연한 이야기가 시작됐다.

1961년 3월, '기구학 교수들을 위한 국제 콘퍼런스The International

Conference for Teachers of Mechanisms'가 국립과학재단의 원조 아래 예일 대학교에서 열렸다. 콘퍼런스 주최자들은 스탠퍼드 대학교의 아놀드 교수에게 초대장을 발송했다.

스탠퍼드 기계공학과에는 아놀드라는 성을 가진 사람이 두 명 있었다. 존 E. 아놀드John E. Arnold는 기계공학과와 경영대학원 양쪽에서 모두 유명한 교수였고, 그 학과의 디자인 부서 설립 책임자였다. 반면 프랭크 A. 아놀드Frank A. Arnold는 열과학 부서와 관련 있는 강사로, 기계장치가 아니라 비행 공기역학에 관심이 있었다. 콘퍼런스 초대장은 존이 아닌 프랭크에게 잘못 전달됐다. 이 확연한 실수에 구애받지 않고 초대를 수락한 프랭크는 콘퍼런스에 참석해 나의 논문 지도교수를 만났다.

결국 지도교수는 지인이 아닌 엉뚱한 사람에게 나에 대한 편지를 썼던 것이다. 다행스럽게도, 이번에는 프랭크가 그 편지를 존에게 전달해주었다. 당시 내 지도교수가 엄청난 명성을 떨치고 있던 덕분에 존 아놀드는 내게 스탠퍼드 대학교로 와서 면접을 보라고 제안했다.

한편, 나는 진즉에 컬럼비아 대학교로부터 합격 통지서를 받았다. 조교수 자리를 수락하고 9월부터 근무를 시작하는 것으로 정해져, 컬럼비아 대학교에서 학생들을 가르칠 날을 손꼽아 기다리며 논문 지도교수와 긴밀히 작업하고 있던 차였다. 그럼에도 불구하고 나는 면접을 보기 위해 캘리포니아로 공짜 여행을 가게 되어 몹시 기뻤다. 늦은 7월, 아내와 나는 아이 돌보미에게 어린 아들 둘과 같이 살고 있던 열두 살짜리 내 여동생을 맡겨두고, 캘리포니아행 기차에 몸을 실었다.

스탠퍼드에서 나는 존 아놀드에게 깊은 인상을 받았다. 그가 MIT에서 인기 있는 교수였으며 스탠퍼드로 온 지는 몇 년 안 되었다는 것도 알게 됐다. 그가 설립한 디자인 부서는 학계에 발을 들인 지 얼마되지 않은 세 명의 젊은 교수들로 구성되었고, 내가 컬럼비아 대학교에서 익히 느끼던 것과는 분위기가 전혀 달랐다. 공학계에 뛰어들기전 철학을 공부했던 이력 탓인지, 존은 교육과 공학에 대해 특별한견해를 가지고 있었다. 무엇보다 유난히 반짝거렸던 그의 눈을 보며,그와 함께 일한다면 흥미롭겠다는 생각이 들었다.

한나절 동안 진행된 면접과 점심 회동을 마친 뒤, 학과장은 3년간의 정년이 보장되는 조교수 자리에 나를 추천하겠다고 했다. 나는무척 기뻤지만 그날 저녁부터 걱정이 시작됐다. 아내는 그 지역에 완전히 매료되었고, 나 역시 존 아놀드와 그 일자리에 상당히 마음이끌렸다. 하지만 나는 뉴욕과 논문 지도교수, 컬럼비아 대학교도 정말좋았다. 게다가 한 달 뒤면 컬럼비아 대학교의 가을 학기가 시작될참이었고 나는 그곳에서 제안한 보직을 이미 수락한 상태가 아닌가.어떻게 해야 할까?

만약 스탠퍼드로 옮긴다면 한 달 뒤에 가족과 함께 여기에 도착해야 하는데, 거주할 집이 없을 것이다. 결국 보증금만 떼이고 뉴욕에 머물게 될 가능성이 있다는 것을 잘 알면서도 나는 적당한 곳을택해 임대보증금을 지급했다. 아내와 나는 국토를 횡단하여 뉴욕으로 돌아오는 장시간의 기차 여행 내내 이 결정에 대해 고민했다.

컬럼비아로 되돌아오자 지도교수는 자초지종을 물었고 나는 일자리를 제안받았다고 말했다. 그는 그럴 가능성에 대해서도 이미 동료들과 논의했으며 스탠퍼드에서 대규모 교수 채용이 있을 예정이라는 소문을 들었다고 했다. 교수들은 스탠퍼드 대학교가 새로운 시대로 향하고 있다고 믿었으며 그 제안을 받아들이는 편이 내게 이득이 될 것이라고 말했다. 더욱이 컬럼비아 대학교와의 약속을 막판에 저버리는 문제에 대해 내가 걱정할 필요가 없었다. 이 문제는 순식간에 해결됐다. 남은 문제라고는 아이들을 데리고 수천 km나 떨어진 곳으로 떠나게 되었다는 소식을 가족들에게 전하는 것뿐이었다. 당연히 내 열두 살짜리 여동생은 장차 자기 여자 친구들과 헤어져야 한다는 사실에 충격을 받았다.

나는 스탠퍼드 대학교에서 오랫동안 만족스러운 경력을 쌓아왔다. 애초에 나를 이곳으로 데려온 것은 일어날 것 같지 않던 일련의 사건들이었다. 내 인생에는 종종 예상하지도 못했고 일어날지도 몰랐던 우연한 사건들이 결합되지 않았더라면 결코 발생하지 않았을 획기적인 사건들이 끼어들었다.

내가 아는 대부분의 사람들도 이와 비슷하게 굴곡 있는 인생 궤도를 걷고 있다. 당신은 어떤가? '인생은 우연'이라는 이론에 동의하고 싶을 정도로 인생에서 예기치 못한 국면에 수없이 접어들지 않았는가? 만약 그렇다면 그 여행을 즐기는 방법을 배우고 결정을 내릴지 말지 걱정하는 일로 국토를 횡단하는 기차 여행의 기회를 잃어버리지 않길 바란다.

기회

—

어떤 사람들은 힘든 결정을 내릴 필요를 전혀 느끼지 않으며 살아간다. 그들의 인생은 그저 순탄하게 흘러가는 듯 보이고, 엄청난 변화가 일어나도 지나고 나서야 그들은 겨우 그 변화가 컸다는 사실을 알아차린다. 나도 그런 사람들 중 한 명이다. 사실 나는 그런 경력을 쌓아왔을 정도로 운이 좋은 사람이었다고 생각한다. 지금에야 길고 바쁜 경력을 쌓으며 만난 수많은 인생의 기로에 대해 생각해보면서, 만약 어떤 기회들에 응답하지 않았더라면 내 인생이 지금과 상당히 달라졌을 거라는 걸 알게 됐다. 물론, 어떤 모습으로 달라졌을지는 영원히 알 수 없겠지만 후회는 없다.

세상에는 양극단에 선 두 가지 유형의 사람들이 있다. 모든 기회를 받아들이는 사람과 모든 기회를 거부하는 사람이다. 나는 그 중간쯤에 해당한다.

나는 자신의 반응과 기회들을 유념하는 것이 중요하다는 사실을 알게 됐다. 이 기회들이 어디로 이어질지 미리 알 수 있는 방법은 전혀 없다. 어떤 기회는 중간에 흐지부지 끝날 것이고 어떤 기회는 재앙이 될 것이다. 그러나 기회가 나타났을 때 우리는 반응해야 한다. 기회를 무시하는 것 자체도 하나의 반응이다.

인생을 뒤바꾼 몇 번의 기회들은 느닷없이 걸려온 전화의 형태로 내게 찾아왔다. 첫 번째 기회가 찾아온 때는 내가 스탠퍼드에 머문 지 2년이 되던 해였다. 연구실의 전화를 받자 상대는 잠시 기다려

달라고 요청했다. 터먼 박사가 이야기를 하고 싶다는 것이었다. 당연히 나는 그 이름을 알고 있었다. 프레드릭 터먼Fredrick Terman은 스탠퍼드 대학교의 교무처장이자 빌 휴렛Bill Hewlett과 데이비드 패커드David Packard의 멘토인 전설적인 전기공학자였다. 하지만 우리는 서로 한 번도 본 적이 없었다. 그가 젊은 조교수에게 원하는 게 무엇일까?

터먼은 내가 기계 디자인에 관한 전문기술을 존 매카시John McCarthy라는 이에게 알려줄 수 있는지 묻고자 전화를 했다고 말했다. 수학자인 매카시가 스탠퍼드 인공지능 실험실을 설립하는 데 막대한 정부 보조금을 막 따냈다는 것이었다. 보조금의 일부는 로봇 장치를 개발하는 데 쓰일 예정이었다. 터먼은 존이 너무 수학적이다 보니 실제 장치의 디자인을 잘 다루지 못하는데, 거기에 필요한 공학기술을 내가 제공해주었으면 했다.

그의 제안 덕분에 결국 나는 스탠퍼드 인공지능 실험실과 긴밀한 협동 작업을 수행하게 되면서, 로봇 공학에 몰두하게 되었다. 로봇 공학은 40년이 넘도록 나의 창조적인 작업에 주된 부분이 되었다. 나는 로봇 공학이라는 새로운 분야의 창립자들 중 한 명이 되었고 존은 나의 평생 친구가 되었다. 인공지능 분야의 중요한 창안자 중 한 명인 그는 놀라울 정도로 탐구적이고 창조적인 정신을 지닌 진짜 천재였다. 얼마 지나지 않아 나는 그가 터먼이 생각했던 것보다 훨씬 더 실용적인 데 능한 사람임을 알게 되었다.

존은 자신이 어떤 문제든 해결할 수 있다는 흥미로운 믿음을 가지고 있었다. 초창기에 나는 그와 함께 휴스턴으로 여행을 갔다. 그곳에서 우리 두 사람은 엄청난 고층건물의 꼭대기 층과 가까운 호화로운 회의실에서 석유회사 간부들을 만났다. 존은 그들이 로봇식 채탄기계 개발에 자금을 투자하도록 설득하기 위해 애썼다. 우리는 이와 비슷한 일을 한 번도 해본 경험이 없었지만 존은 이러한 사업으로 이룰 수 있는 성과에 대해 자세히 설명했다. 그는 우리 학생들이 촬영한, 로봇의 팔이 블록으로 탑을 조립하는 영상을 보여주었다. 공교롭게도 이 영상의 배경음악은 스콧 조플린Scott Joplin의 래그타임 곡인 '더 엔터테이너The Entertainer'였다. 이 곡은 영화 〈스팅Sting〉의 테마곡으로 사용된 바 있는데, 영화에서 사기꾼 두 명(폴 뉴먼Paul Newman과 로버트 레드포드Robert Redford가 연기했다)이 등장해 마피아 보스를 속여 많은 돈을 갈취한다. 그 자리에 앉아 있는 동안 존은 우리의 비현실적인 요구와 〈스팅〉의 플롯이 대단히 비슷하다는 사실을 인식하지 못했다. 우리는 결국 투자금을 얻어내지 못했다. 오늘까지도 나는 석유회사 간부들이 그 반어적인 상황을 알아채고 신나게 웃었으리라 확신한다.

기억을 더듬어보건대, 터먼의 전화를 받고 내가 처음 보인 반응은 기껏해야 무덤덤한 정도였다. 터먼이 제시한 기회는 내가 주요 연구에 집중하지 못하게 하는 방해 요소처럼 느껴졌기 때문이다. 그러나 결국 그 기회를 통해 나는 존의 작업에 나만의 독특한 관점을 적용시킬 수 있었고, 로봇 공학 연구는 나의 주된 관심 분야인 운동학을 강화시켜주었다.

내 인생을 완전히 바꾼 또 한 번의 전화는 마이크 라빈스Mike Rabins

라는 친구에게서 걸려왔다. 텍사스 A&M 대학교Texas A&M University에 있던 그는 내게 여름학기 창의성 워크숍을 조직할 수 있는지 물었다. 나는 즉각적으로 단호하게 반응했다. "절대 안 돼!" 하지만 전화를 끊을 무렵에는 이 기회가 내 친구 롤프 페이스트가 명성을 얻고 승진할 수 있는 호재가 될 수 있겠다는 생각을 하게 됐다. 결국 롤프와 나는 10년 동안 이 워크숍을 주최하게 되었다.

내가 마지못해 받아들인 이 기회는 결코 실현되지 않은 이유들 (롤프는 결코 승진 신청을 하지 않았다) 때문에 결국 내게 엄청난 영향을 미쳤다. 교수 방법론과 경험 기반의 학습은 내 인생에서 커다란 부분을 차지하게 되었고, 나는 세계 도처의 동료들과 나누는 소통의 새로운 근거를 마련할 수 있었다.

내 경력에서 일어난 이 두 가지 변화는 내게 걸려올 줄도 몰랐던 전화들이 원인이었다. 나는 전화통화에서 제안받은 인생의 변화들을 수용했다. 돌이켜 생각해보면, 얼마나 거대한 변화가 몰려올지 전혀 모르고 있었다. 변화는 매번 또 하나의 예사로운 일처럼 시작됐다. 고뇌를 마치고 내린 결정도 아니었고 장기적인 인생 계획도 없었다. 평소와 다름없는 삶의 흐름이 있었을 뿐이다. 나는 변화를 기대하고 있지 않았고 그러한 변화가 없었더라도 아마 만족스럽고 풍요로운 삶을 살았을 것이다. 다행히 변화는 만족 그 이상이었다.

지난날을 뒤돌아보며 그 전화들에 대해 생각해볼 때, 나는 두 번의 기회를 모두 쉽게 거절할 수 있었다. 그렇게 했다면 교수 인생에서 가장 만족스러운 발전 두 가지를 놓쳤을 것이다. 인생은 중요한 시점들과 기회들로 가득 차 있고, 어느 길로 가야할지 어떤 기회를 선택해야 할지 미리 아는 것은 불가능하다. 내가 이 기회들을 긍정적으로 수락했다는 것이 얼마나 행운인지 모르겠다.

노동의 축복

—

자동화 그리고 인간 노동자가 기계로 대체되는 현상에 관해서는 이미 수많은 글이 발표되었다. 두 가지 주요 사안은 한때 인간이 수행하던 작업을 기계화하는 문제에 대한 것이다. 첫째, 지루하고 위험한 작업은 노동자들 대신 기계가 하는 편이 좋다. 둘째, 노동자들은 비싸고 신뢰하기 힘들지만 기계는 비용을 절감해주고 질을 보존하거나 개선해줄 수 있다.

이러한 생각은 기본적으로 육체노동자가 공장 작업을 한다는 맥락에서 비롯됐다. 그러나 컴퓨터 혁명과 노동인구 전체에 엄청난 변화가 생겨, 고도로 훈련되고 교육받은 과학과 기술 분야의 노동자들이 기계로 대체되는 현상에 대해서는 거의 설명하지 못한다. 점점 더 자동화되어가는 지금의 경향은 인간이 노동에 어떤 의미를 부여하고 있는지에 대한 질문을 낳는다.

어떤 면에서 현재의 상황은 산업혁명 초기까지 거슬러 올라가 당대의 작가들에 의해 예견되었다. 이 분야에서 가장 뛰어난 선견지명을 보여준 책 중 하나는, 제2차 세계대전 직후 커트 보네거트Kurt

Vonnegut에 의해 집필됐다.《자동 피아노*Player Piano*》에서 그가 묘사한 미래의 미국에서는 국민의 대다수가 실직한 상태이거나, 엄청난 소외감을 느끼게 만드는 직장에서 일하거나, 무질서한 군대에서 복무하거나, 의미 없는 공공사업 프로젝트에 참여한다.[1] 이러한 사람들은 강(혹은 철도나 고속도로의 건너편이라 해도 무방하다)을 사이에 두고, 경제를 이끌어가는 소수의 교육받은 엘리트 집단 반대편에서 살아간다. 이 사회에서는 대부분의 작업을 기계가 하고 대다수의 인간을 위해 남겨진 일자리는 아무런 만족도 제공하지 않는다.

사람들이 기술 개발을 선택하면서 일어난 변화에 대해 보다 섬세한 해석을 제공한 것은 해리 브레이버먼Harry Braverman의 학술 논문 '노동과 독점 자본Labor and Monopoly Capital'이다. 브레이버먼은 일을 통해 자기표현이 가능하므로 일이 인간의 욕구를 만족시킨다고 지적한다. 그리고 노동과 노동자 모두를 단순화하려는 경향의 뿌리를 밝혀낸다. 브레이버먼의 용어로 설명하면, 인간의 기술을 강화시키는 기계는 생명 유지적life-supporting이라고 여겨지지만, 인간을 단순화하고 그들의 작업을 평가 절하하는 기계는 생명 파괴적life-destroying이다.[2]

어쩌면 기계의 적절한 역할을 정의해야 할 필요성에 대해 가장 제대로 이야기한 사람은 마하트마 간디Mahatma Gandhi가 아닐까 싶다. 그는 기계에 반대하느냐는 질문에 이렇게 대답했다.[3]

심지어 이 육체가 가장 섬세한 기계임을 알고 있을 때 나는 어떻게 존재할 수 있을까요? 물레는 기계고 작은 이쑤시개도 기계입니다. 내가 반대하는 것은 기계에 대한 열풍이지 보통 말하는 그런 기계가 아닙니다. 이 광적인 열풍은 소위 노동 절약형 기계를 향해 불고 있습니다. 수천만 명이 일자리를 잃고 길거리로 내몰려 굶어죽을 때까지 사람들은 '노동 절약'을 계속합니다. 나는 소수의 인간이 아니라 모든 인간을 위해 시간과 노동을 절약하고 싶습니다. 나는 극소수가 아니라 모든 사람의 손에서 부의 편중이 이루어지기를 원합니다. 오늘날 기계는 단지 수백만 명의 등에 올라탄 소수를 도울 뿐입니다.

브레이버먼과 간디가 제기한 쟁점은 에른스트 프리드리히 슈마허E. F. Schumacher[4]에 의해 유려하게 보강된다. 그는 부처의 관점에서 일을 바라본다. 고전적인 논문 '불교 경제학Buddhist Economics'에서 슈마허는 일이 다른 사람들과 유대감을 쌓고 싶은 인간의 기본적인 욕구를 충족시키는 역할을 한다고 지적한다. 사실상, 일은 인간의 기본적인 몇 가지 욕구를 채워준다.[5]

1. 노동은 인간에게 자신의 능력을 활용하고 개발할 기회를 준다.
2. 노동은 인간이 다른 사람들과 함께 공동 작업을 함으로써 자기중심적인 성격을 극복하게 만든다.
3. 노동은 생활에 필요한 상품과 서비스를 생산한다.

슈마허는 이 점을 염두에 두면서 노동이란 그와 관련된 일반적인 경제적 의미를 초월한 인간의 기본적인 기능이라고 지적한다.

노동이 노동자에게 의미 없거나 따분하거나 쓸모없거나 골치 아프도록 조작된다면, 이는 범죄나 다름없다. 이는 사람보다는 물건에 더 많은 관심이 있고 동정심이 사악하리만치 부족하며 이 세속적인 존재의 가장 원시적인 측면에 대해 암울할 정도로 애착을 보인다는 뜻이다. 이와 마찬가지로, 노동의 대안으로 여가를 추구하는 것은 인간 존재의 기본적인 진실 한 가지를 완전히 잘못 이해하는 것이다. 즉, 노동과 여가는 하나의 생활 과정에서 상호보완적인 역할을 하며, 노동의 즐거움과 여가의 축복을 파괴하지 않는 이상 이 두 가지는 서로 분리되지 않는 것이다.

소위 올바른 생활의 불교적 개념에 대한 슈마허의 설명이 인간적이고 아름다워서 감명을 받았다면, 내가 속한 사회의 현재 상황에서 나는 어떻게 해야 할까? 해답은 낯선 곳에서 오는 것 같다. 나는 로렌스 베슐러Lawrence Weschler의 저서 《보는 것이란 우리가 보는 사물의 이름을 잊어버리는 것Seeing Is Forgetting the Name of the Thing One Sees》에서 그것을 발견했다. 이 책은 현대 미술가 로버트 어윈Robert Irwin의 생애와 작품을 검토한다.[6]

어윈에게 있어 특별하고 놀라운 점은 그가 자신의 기술적 한계를 탐구하면서 시도한 실험에서 드러난다. 어윈의 여정은 계층을 막론하고 모든 사람에게 하나의 모범이 될 수 있을 것 같다. 그의 삶은 우리에게 이렇게 말한다. "당신의 삶과 일을 통제하라." 일반적인 취업 경로를 따라가는 대신 어윈은 자신의 호기심을 따랐으며, 자기표현을 통해 생명력을 얻을 수 있는 자기만의 탐구적이고 경이로운 길을 개척했다.

어원의 전기를 읽은 대부분의 학생들에게는 적어도 두 가지 현상이 생긴다. 첫 번째이자 가장 중요한 것은 학교에서 배우거나 동료들이 실행한 대로 자기 직업의 경계 안에 머물 필요가 없음을 깨닫게 되는 것이다. 둘째, 직관에 관해 배우게 된다. 이는 대부분의 학생에게 있어 세상을 바라보는 유용하고 새로운 방법이다. 이 책의 제목이 말해주듯이 본다는 것은 그 보고 있는 사물의 이름을 잊어버린다는 것이다.

제도에 안주하고 있는 사람들조차 자신의 원칙을 따르며 직장 동료들과 차별되는 의미 있는 선택을 내릴 수 있다. 가령, 나를 포함해 어떤 사람들은 원칙에 따라 군사 관련 일은 하지 않는다. 또 어떤 사람들은 사회 개조 프로젝트에 착수한다. 이처럼 어떤 일을 선택했느냐보다 일에 대한 자신의 태도와 그 일과 자신의 관계가 더 많은 정보를 말해준다. 대다수의 사람들은 그런 선택을 내리는 자유가 고도로 숙련된 전문적인 일에만 있다고 생각한다. 하지만 내 경험상, 그런 선택은 가장 단조롭고 지루해 보이는 업무에서도 가능하다.

나는 여러 가지 일을 하면서 학교를 끝까지 마쳤다. 주유소 안내원, 리벳공, 잡역부, 창고 운반인, 방문 판매원, 재고관리 사원, 배달원, 노점상, 우체국 직원, 양계인, 기계공, 교사 등의 직업을 두루 거쳤다. 그렇다면 내 이름에 박사라는 호칭이 붙기 전까지의 나는 지성이 조금 떨어지거나 모자란 사람이었을까? 어떤 일을 하든 어떤 배경을 가지고 있든 관계없이 우리는 자기 자신과 세계를 바라보는 방법을 결정하게 된다.[7] 당신이 만약 엄청난 자부심을 가지고 있고 자신의 미래를 계속 긍정적으로 전망한다면 다른 사람들도 대체로 그것을 따를 것이다. 우리는 주변 사람들과 주위에 존재하는 것들에 부과할 의미를 선택함으로써, 지금 어떤 일을 하느냐와 상관없이 궁극적으로 자신의 경험을 통제하게 된다.

다른 사람의 기대 충족시키기

—

인생에서 가장 힘든 일 중 하나는 가족이나 사회가 당신에게 기대하는 것과 전혀 다른 길을 걸어가는 것이다. 당신은 가족 사업에 합류하거나 부모님과 같은 직업을 갖고 동일한 인생 경로를 밟아가길 원하는 기대를 받을 수도 있다. 어쩌면 그 선택이 당신을 행복하게 만들지도 모른다. 그리고 불행하게 만들지도 모른다.

내가 브롱스에서 성장기를 보내던 시절 친구였던 마크는 부모님으로부터 엄청난 압박을 받았다. 그가 학업에 관심을 두지 않았기 때문이다. 그는 자동차를 수리하며 대부분의 시간을 거리에서 보냈다. 부모님은 그에게 상담사를 만나보라고 강권했고 상담사는 마크에게 일련의 시험을 치르게 했다. 그 결과, 손을 이용해서 하는 일이 그의 적성에 맞다는 사실이 밝혀졌다! 결국 작은 마을로 이사를 간 마크는 그곳에서 인쇄업을 운영하며 영원히 행복하게 살았다.

마크가 그랬듯이, 우리들은 대부분 자신이 어떤 종류의 일에 소질이 있으며 어떤 일에 자연스럽게 마음이 끌리는지를 감지하지만, 마크의 부모님처럼 내게 가장 좋은 경로에 대해 이미 확고한 생각을 가진 선의의 사람들에게 둘러싸여 지낸다. 양측의 생각은 서로 상충할 때가 많다.

아내 루스가 학생이었을 때 그녀의 부모님은 예술적이고 창의적인 문제를 해결하는 직업이 딱 맞는 그녀에게, 비서나 교사처럼 시장성이 있는 분야를 공부해야 한다고 주장했다. 이러한 압박은 잘못된 직업 선택으로 이어졌고 아내가 제 궤도를 찾아가기까지는 오랜 시간이 걸렸다.

때때로 운이 좋아서 좋은 보호자를 만나는 사람도 있다. 앤디는 대학원 시절 나와 가장 가까웠던 친구였다. 그의 장례식에 참석한 조카는 대단히 감동적인 추도 연설을 하면서 눈물에 젖어 앤디에게 고마운 마음을 표현했다. 건축가로 성공한 그 조카는 앤디에게 큰 신세를 졌다고 생각했다. 가업을 잇지 않기로 결심했다는 이유로 친아버지에게 쫓겨난 자신을 앤디가 자기 집으로 받아들여 건축 공부를 할 수 있게 지원해주었던 것이다.

마크와 루스, 앤디의 조카는 모두 진로 선택과 관련된 갈등에 직면했다. 이런 문제들은 대학생들에게 아주 흔히 나타난다. 심지어 외부의 제약이 없을 때도 사람들은 종종 자신의 선택을 중도에 바꾼다. 진로 변경을 여러 차례 감행하는 이들도 있다. 어떤 사람은 취업 기간의 대부분을 자신에게 맞는 직업을 찾으면서 보내고, 어떤 사람은 하던 일에서 완전히 손을 뗀다. 학생들과 이야기를 나눌 때면 나는 종종 이렇게 설명한다. 대부분의 사람들, 아니 대단한 성공을 거둔 사람들조차 나중에 어른이 되었을 때 어떤 일을 하게 될지 알지 못했다. 인생은 모험의 연속이며, 여기서 최선은 그 여행을 즐기는 것 뿐이다.

우리는 진로에 대한 제약들을 스스로 부과하는 경향이 있다. 흔히 말하듯, 우리는 누구나 무능력해지는 단계에 도달한다. 나는 이 말이 엄청난 진실이라고는 생각하지 않는다. 이보다 더 대단한 진실은 우리에게 생각하지 않고 위로 올라가는 경향이 있다는 것이다. 사회는 사람들에게 수많은 진로에는 사다리가 존재하고, 그 사다리를 반드시 타고 올라가야 한다고 세뇌시킨다. 하지만 새롭게 수상을 하고, 학위를 따내며, 승진을 하는 것이 전부 개인에게 좋은 일인 것만은 아니다.

위로 올라가는 것처럼 보이는 곳으로 이동하기보다 정말로 즐거운 일을 하면서 참호 속에서 머물러왔다면 누가 훨씬 더 만족스럽고 생산적인 삶을 살았을지에 관해 사람들은 의미 없는 이야기들을 참으로 많이 주고받는다. 다이앤이라는 한 여성은 간호사로 오랫동안 근무하다가 관리자로 승진을 했고, 그 뒤에 행정가가 되었다. 보수도 한결 많아졌고 권력도 훨씬 세졌지만 그녀는 자신이 누군가를 더 이상 도와주지 않고 있다는 사실을 깨닫고는 일을 그만두었다. 관심을 가졌던 환자들과 동떨어져 지내게 되면서 그 일에 대한 열정이 사라지고 말았던 것이다. 대신 그녀는 이제 무술 지도자가 되었다!

만약 의구심이 생기거든, 앞에서 제시한 훈련으로 되돌아가서 자신에게 세 가지 질문을 던져보라. "나는 누구인가?" "나는 무엇을 하고 싶은가?" "나의 목적은 무엇인가?"

이 훈련을 자주 실행해보는 것이 좋다. 당신이 그 훈련을 한 번 더 한 뒤, 새로운 단어를 추가해서 질문했으면 좋겠다. "나는 '정말로' 무엇을 원하는가?" 자신의 욕망을 깨달았다면 더 이상 내게 좋은 것을 사회가 판단하게 내버려둔 채, 그 처분대로 휘둘리지 않겠다는 확고한 생각이 들 때까지 이 질문을 몇 번이고 반복하라.

우리가 당연하다고 여기는 것

—

우리가 인간에 대해 알 수 있는 가장 중요한 것은 인간이 당연하게 여기는 것들이고, 사회에 대해 알고 있는 가장 중요한 것은 간단히 추정되고 거의 주목받지 못하는 것들이다.

－루이스 워스Lewis Wirth[8]

우리가 당연하게 여기고 간단히 추정하는 것들이 우리 자아상의 근간을 이루고 있으며, 이것이 우리 삶에 존재하는 것들에 그 의미를 부여한다. 우리의 기본 가정을 명확하게 함으로써 우리는 그것을 긍정하거나 변화시킬 수 있다. 이를 통해 우리는 꼭두각시에서 진정으로 자율적인 존재로 변화할 기회를 얻는다.

어떤 사람들은 순전한 고집과 반항으로 자율성을 확보한다. 비록 효과를 거둔다 해도 이는 변화에 접근하는 바람직한 방법이 아니다. 보다 합리적인 접근법은 자신에게 명확한 것을 모두 면밀히 살펴보는 것이다.

실전 연습 21

당신이 자신의 삶에서 대체로 주목하지 않는 것들을 모두 목록으로 작성하라. 그 목록에 알맞은 제목은 '목록으로 작성하기에는 너무 뻔하거나 지나치게 사소한 것들'이다.

예를 들어, 당신의 목록에는 다음과 같은 항목이 포함될 수 있다.

- 아내가 말을 걸 때 나는 정말로 귀 기울여 듣지 않는다.
- 나는 차고를 절대 청소하지 않을 것이다.
- 나는 잠을 충분히 자지 않는다.
- 나는 사촌에게 전화할 짬을 내려고 하지 않는다.
- 나는 아버지가 지지한 정당을 항상 지지한다.
- 내가 돈을 대하는 태도는 아버지와 동일하다.

앞으로 수일 동안 자신의 행동 가운에 얼마만큼이 이 항목들을 기반으로 이뤄지는지 주목해보라. 만약 이 항목들에 스스로 만족한다면 인생을 계속 그렇게 살아가도 좋다. 만약 이 항목들 중에서 바꾸고 싶은 것이 조금이라도 있다면 그 위에 선을 긋고 지워라. 실제로도 지우고 은유적으로도 지워라.

내가 POV, 즉 관점 형태의 문제 진술을 좋아하는 것은 POV 진술이 잠재적인 추정들을 드러내고 소망하는 대상들을 분명하게 밝히는 경향이 있기 때문이다. 예전에는 수많은 사람들이 눈에 띄지 않는 암묵적 추정에 따라 행동했다. 이제는 POV를 이용해 더 많은 추정들이 분명하게 진술된다. 불행하게도 수없이 많은 추정들이 여전히 주목받지 못하고 있으며, 사실상 불가피하게 편향된 해결책을 만들지도 모른다.

이론의 여지가 없는 추정의 역할이 분명해지는 것은, 우리가 과거의 사회정치적 규범들을 되돌아볼 때다. 이를테면, 왕족의 절대 권력, 남자들만의 정치 참여, 장자 재산 상속, 노예제, 농노제, 이혼 금지, 남자들만의 이혼청구권, 재산 보유자들만의 투표권, 아동 노동, 식민지화, 세계 진보를 지도해야 할 '백인의 책무' 등이다. 오랫동안 이 각각의 규범은 특정 문화의 본질적인 부분으로 여겨졌고, 그 존재가 전면에 대두되어 그 정당성이 의심받을 때까지는 주목받거나 논의되지 않은 채 넘어갔다.

사회적 규범의 상대론적인 특성을 멋지게 입증할 수 있는 어느 젊은이에 관한 비유를 살펴보자. 한 청년이 하얀 천 하나만 두른 채 작은 마을로 걸어 들어가 알아듣지 못할 말만 중얼거렸다. 마을 사람들은 이 가난한 청년이 미쳤다고 추측하고는 정신병원에 그를 가두어버렸다. 일주일 뒤에 스무 명의 사람들이 그 청년과 똑같이 하얀색

천을 두르고 그처럼 알아듣지 못할 말을 중얼거리면서 마을로 걸어 왔다. 마을 사람들은 첫 번째 남자를 풀어주었다. 어떤 종파에 속한 사람이 분명하다고 판단했기 때문이다.

여기서 가장 중요한 메시지는 당신이 기이한 행동을 할 작정이라면 단체로 하는 편이 낫다는 것이다. 그렇지 않으면 사람들이 당신을 미쳤다고 생각할 테니까.

우리 사회에는 수많은 협회들이 널리 용인된다. 그러나 당신이 하얀 천을 둘러쓰고 헛소리를 중얼거리는 사람들을 본다면, 그 인원이 많지 않은 이상 그들을 이해하지 못할 것이다. 만약 다음과 같은 상황이라면 어떤 일이 벌어질지 상상해보라. 대학이란 것이 존재하지 않는데, 어느 날 내가 길거리에서 당신에게 접근해서 당신은 들어본 적 없지만 내가 관심을 갖게 된 주제에 대해 강의를 해줄 테니 적어도 4년 동안 내게 많은 돈을 지급하라고 제안한다. 그렇게 4년 뒤 당신이 충분히 고생한 대가로 나는 당신의 이름이 적힌 종이 한 장을 주기로 한다. 이제 헛소리는 이쯤 해두자. 과연 이 제안이 타당하게 들리겠는가?

언젠가 나는 인도의 힌두교 스승으로부터 은행 업무의 역사에 관한 비유를 들었다. 한 남자가 집 앞 현관에 앉아서 세상이 흘러가는 모습을 보고 있었다. 그러다 갑자기 네 개의 철자로 구성된 환상을 보았다. B. A. N. K. 그래서 그는 분필을 집어 들고 현관문에 그 철자를 적었다. 그로부터 얼마 지나지 않아 어떤 사람이 그에게 찾아와서 돈을 주었다. 그 남자는 놀랐고 어찌할 바를 몰랐으므로 그 돈을 커다란 상자에 넣었다. 온종일 사람들이 그에게 돈을 주었고 그는 계속 당황해서 돈을 상자에 넣었다. 마침내 하루가 끝날 무렵, 그 남자는 집안으로 들어가서 매트리스 아래에 넣어두었던 자신의 돈을 모두 꺼내서 아까 그 상자에 넣었다.

이 비유는 힌두교 스승이 자신의 추종자들에게 자기기만과 거짓 예언을 주의하라고 경고하기 위해 한 이야기였다. 이야기의 요점은, 만약 많은 사람들이 어떤 행동을 한다면 그 행동은 더 이상 미친 짓이 아니고 용인된 규범이 된다는 것이다. 유명한 튤립, 증권 시장, 닷컴 그리고 주택 거품은 이런 식으로 남을 따라 하는 수많은 행동 중 빙산의 일각에 불과하다. 불행하게도, 미친 짓을 규범이라는 명칭으로 바꾸는 경향은 재정적인 상황에만 적용되는 것이 아니다. 세계 최대의 정치적, 사회적 갈등 가운데 일부 핵심에도 적용된다.

개인들과 국가 사이에서 현재 진행되고 있는 수많은 갈등을 보라. 한쪽은 반대편이 저지른 잘못을 지적함으로써 자신을 정당화한다. 자신들의 이야기는 완벽하게 타당하기에 상대의 잘못에 대응해 어떤 행동을 저지르더라도 이를 정당화한다. 종종 간과되는 흥미로운 사실은 그들이 이야기를 어디서 시작하는가에 따라 정당화 여부가 결정된다는 것이다. 나는 이를 '구두점의 문제A question of punctuation'라고 부르는데, 비록 교전국들이 인정하지 않는다고 해도 이는 무엇보다 중요하다.

역사란 계속 진행되는 흐름이다. 개인들의 인생 목적을 제외한 모든 실용적인 목적에는 시작도 끝도 없다. 그러므로 어떤 시작점을 가지고 꺼낸 모든 이야기는 실제로 일어난 일을 왜곡한다. 이야기가 시작한 지점은 화자의 입장을 정당화하기 위해 사실에 영향을 미친다. 이슬람교도와 힌두교도 사이에서 현재 일어나고 있는 학살은 인도 반도가 분할된 이후에 누가 먼저 돌을 던졌는가의 문제에서 시작되지 않았다. 결혼생활에서의 문제는 아내가 전 남자친구와 외출을 했다거나 남편이 차고를 청소하지 않았을 때 시작되지 않았다. 이야기를 시작할 지점과 마침표를 찍어야 할 지점을 임의로 결정함으로써 당신은 그 이야기에 의미를 부여한다. 구두점을 바꿈으로써 영웅을 악당으로, 악당을 영웅으로도 만들 수 있다.

문제는, 우리들 대부분이 주변에서 하얀 천을 두르고 헛소리를 중얼대는 사람들을 보느라 너무 바쁘다는 것이다. 만약 눈에 보이는 것이 이뿐이라면, 우리와 동료들이 자율적이고 합리적이고 이성적인 존재처럼 행동하지 않는다는 사실을 알아채기 대단히 어려워진다.

여러모로 우리의 자아상은 우리가 선택한 정체성과 밀접한 관련이 있다. 우리는 종종 몇 가지 항목들을 너무 꼭 쥐고 있는 나머지 자율성을 잃어버리고 그 결과 꼭두각시로 전락해버린다. 이 항목들은 '목록으로 작성하기에는 너무 뻔하거나 지나치게 사소한 것들' 목록에 반드시 포함시켜야 한다. 자신의 정체성을 여전히 고수하면서 꼭두각시 조종자의 줄을 기꺼이 끊어버리려 한다면, 당신은 구두점의 위치를 바꾸어 갈등의 역사를 자유롭게 다시 쓰게 될 것이다.

때로는 잘못을 저지르기도 한다

—

누구나 인생을 살아가다 어디쯤에선가 잘못을 저지른다. 어떤 사람은 다른 사람들보다 더 많은 잘못을 저지르기도 한다. 이것은 그저, 분명히 일어나는 일이다.

어떤 사람은 이력서의 사항을 날조하다가 걸린다. 어떤 이는 상사에 관해 모욕적인 비방을 늘어놓다가 뒤에 상사가 서 있다는 사실을 알게 된다. 또 어떤 이는 다른 사람이 낸 발상을 자기 공으로 가로챈다. 그리고 누군가는 회사에 지각해 살금살금 들어가 놓고도 그 자리에 내내 있었던 것처럼 군다.

한 가지 알려주고 싶은 것이 있다. 리처드 닉슨Richard Nixon 대통령과 빌 클린턴Bill Clinton 대통령도 잘못을 저질렀다. 하지만 그들이 진짜 곤경에 빠지게 된 것은 원래의 잘못 때문이 아니라, 그들이 나중에 한 거짓말 때문이었다. 두 사람이 사실을 자백했더라면 그들의 문제는 훨씬 더 빨리 사그라졌을 가능성이 크다. 대신 우리는 "나는 사기꾼이 아닙니다"와 "나는 그 여성과 성관계를 맺지 않았습니다"라는 말을 핵심구절로 기억한다.

거짓말은 눈덩이처럼 커질 수 있다. 한 가지 거짓말을 하면 이를 뒷받침하기 위해 또 다른 거짓말을 해야만 한다. 궁지에 몰린 기분이 들었을 때 좋은 해결책이 있다. 진실을 말하는 것이다. 진실을 말했을 때 썩 기분이 좋지 않고 곤란하게 될 수도 있지만, 또다시 거짓말을 함으로써 문제를 악화시키는 것에 비하면 분명히 덜 곤란할 것이다.

잘못을 저질렀다가 들키게 됐거든 감추려고 하지 마라. 진실을 자백하라.

때때로 우리는 인생의 사소한 일에 너무 휩쓸린 나머지 한 발 물러서서 우리를 기다리고 있는 더 큰 가능성을 보지 못한다. 그동안 보수적인 길을 따라왔다면 한번 변화를 주고 잠시 경로를 이탈해보면 어떨까? 주변 환경을 바꿔라. 친구의 정신 나간 계획에 동의하라. 국토 횡단 여행을 따라 가라. 당신이 속한 공동체와 다른 공동체들에 관해 배우고, 자신이 어디에 잘 맞는지 알아내라. 진짜 '큰 그림'을 그리는 것은 다음과 같다는 사실을 기억하라.

이 세상을 떠나갈 때는 아무것도 소지할 수 없다. 따라서 그 자리에서 돈만 모으는 것보다 가능한 모든 것을 경험하는 데 세상에서의 시간을 투자하는 편이 좋다.

10장

성취를
습관화
하라

THE
ACHIEVEMENT
HABIT

범주의 구분이 굳어지면
예술의 재앙으로 이어진다.

— 케네스 스넬슨Kenneth Snelson, 조각가이자 사진가

인생이란 기본적으로 문제를 해결하는 활동인 것 같다. 그리고 우리는 그 과정과 결과를 개선하는 방법을 얼마든지 배울 수 있다. 이 책의 목표는 더 풍성하고, 더욱 유익하며, 더 만족스러운 인생을 성취하는 데 활용할 수 있는 도구와 개념을 당신에게 전하는 것이다.

문제는 유익하다

—

문제라는 단어는 부정적인 뜻을 내포하고 있다. 고쳐야 할 필요

가 있는 잘못된 부분이 있음을 암시하는 것이다. 하지만 만약 문제를 우리 인생의 요소들을 개선할 기회라고 재정의한다면 문제는 긍정적인 뜻이 될 테고, 문제해결은 인간의 기본적인 생명력 중 하나로 인식될 수 있다.

어떤 현명한 사람들은 문제를 기회라고 생각한다. 그렇다고 해서 문제가 당신의 인생에 긍정적인 영향을 미친다는 걸 깨닫게 되는 계몽의 순간을 기다릴 필요는 없다. 그저 자신의 경험을 살펴보기만 하면 된다. 내가 어떤 문제를 해결하려고 기를 쓰게 되면 그 문제가 나의 인생을 차지해버린다. 잠에 들기 힘들어지고, 그 문제를 해결해야 한다는 생각에 일찍 눈을 뜨게 된다.

19세기의 고전 러시아 소설에서 이반 곤차로프Ivan Goncharov는 '일리야 일리치 오블로모프Ilya Ilyitch Oblomov'라는 반영웅을 창조한다. 이는 잉여 인간을 궁극적으로 구현한 인물이다. 오블로모프는 결정을 내리거나 중요한 행동에 착수할 줄 모른다. 진짜 문제라고 할 만한 것이 없으므로 거의 침대를 떠나지 않는다. 실제 소설이 시작되어 150쪽에 이를 때까지 그는 침대를 벗어나지 못한다. 이는 본래 허구이지만 게으른 귀족들의 생활을 풍자할 의도로 씌었다. 내가 보기엔, 문제없는 인생에 어떤 일이 벌어지는가를 묘사한 이야기로 보인다. 이 작품은 내 경험을 다시 한 번 확인시켜준다. 즉 만족스러운 작업이 그렇듯이 문제란 우리 생명력을 자연스럽게 성장시키는 선물이라는 것이다.

그러면 무엇이 문제인가?

나는 우리가 바꾸고 싶은 상황을 묘사하기 위한 목적으로 문제라는 단어를 사용한다. 대체로 문제는 "직장을 어떻게 얻을까?" 같은 질문이나 "나는 대학에 갈 여력이 없다" 같은 진술로 표현된다. 일반적으로 우리는 어떤 상황을 긍정적으로 변화시키기 위해 문제를 해결하고 싶어 한다.

인생은 일련의 문제들을 해결하는 과정으로 구성된다. 우리 중 거의 대부분은 문제해결에 대단히 능하다. 우리는 반복을 통해 배우며, 대개는 자신의 능력을 의식적으로 인식하지 않는다. 대부분의 사람들은 매일 적절한 옷차림을 하고, 목적지를 향해 가며, 끼니를 때우는 것처럼 기본적인 과제를 완수한다. 더욱이 자신의 환경적, 문화적, 경제적 제약 안에서 이 모든 일을 해낸다.

이처럼 일상적으로 마구 쏟아지는 성공 외에도 우리는 좌절과 실패를 발견하기도 한다. 누구에게나 인생에서 풀지 못한 문제가 있다. 자신을 괴롭히는 상황과 사람 들이 존재하고, 성가신 개인적인 문제와 직업상의 문제 들이 있다. 3장에서 설명한 간단한 기술들을 적용함으로써 이 문제들은 쉽게 해결되기도 한다. 나는 이 기술들을 내 인생에서 직접 활용해보았고 세상 곳곳의 수많은 단체에 알려주기도 했다.

문제를 재구성하면서 당신 앞에 놓인 여러 가지 선택권들이 명백해지고 해결책으로 가는 길이 명확해질 때가 많다. 일단 성취하고 싶은 목표에 대해 분명한 견해를 가지고 있으면, 세부 사항들을 해결해나가는 방법들은 다양하다.

성공으로 가는 길의 시제품을 만들어라

—

시제품이란 어떤 개념, 즉 배워야 할 것을 보여주거나 시험하기 위해 만들어낸 샘플이나 모델을 말한다. 당신이 문제해결에서 진척을 이룰 수 있는 탁월한 방법은 그 과정에 시제품 만들기를 포함시키는 것이다.

문제를 해결하는 과정의 초반에는 시제품을 단순한 시안, 즉 당신의 생각에 대한 사람들의 반응을 판단하기 위해 제시하는 생각이나 진술 정도로 생각하면 된다. 시제품이 어떤 물질과 반드시 닮아야 할 필요는 없다. 어떤 형태라도 될 수 있다. 대화, 작성된 원고, 단편영화, 촌극, 사회적이나 개인적 문제의 물리적 형태, 물체의 실제 물리적 모형 등 무엇이든 가능하다. 시제품은 정보를 제공하는 어떤 형태라도 취할 수 있다. 최종 해결책처럼 보여야 하거나 그렇게 작동할 필요가 없으며, 그 두 가지 역할을 반드시 해낼 필요도 없다.

시제품을 만드는 문화에서 물건이나 상황은 언제나 그 효력을 시험당하고 있다. 최종 해결책으로 가는 길에는 정보, 나아갈 방향, 수정할 아이디어, 포기할 아이디어를 얻기 위해 시제품으로 만들어진 온갖 아이디어들이 널려 있다. 시제품 만들기는 당신이 염두에 두고 있는 생각을 다른 사람들에게 보여줄 수 있는 좋은 방법이다. 그렇게 함으로써 그들의 피드백을 이끌어낼 수 있다. 시제품 만들기의 결과물이 물질이라면, 지나치게 비싸지 않은 것이 대체로 최선이다. '가짜'라는 이미가 포함된 '모형Mock-up'이라는 용어는 초기 단계의 저렴한 시제품에 때때로 사용되는데, 나는 '쓰레기 같은' 이란 의미가 포함된 '크랩-업Crap-up'이라는 용어가 이상적인 초기 시제품을 묘사하는 데 더 적합하다고 생각한다.

실전 연습 22

앞으로 무언가를 하라는 요청을 받게 된다면, 생각하는 데 너무 많은 시간을 쓰지 마라. 대신 그저 밀고 나가라. 머릿속에 가장 먼저 떠오른 생각을 선택하라. 그리고 재빨리 ('크랩-업' 종류의) 시제품을 만들어라. 그러고 나서 당신이 여기서 배운 것을 생각해보라. 만약 충분히 용기가 있다면 어떤 사람들에게 시험 삼아 실행해보고 그들의 생각을 물어보라.

스탠퍼드 대학교의 디 스쿨과 디자인 프로그램들에서는 시제품 만들기가 하나의 생활방식이다. 우리의 이웃인 디자인 컨설팅회사 IDEO도 마찬가지다. 스탠퍼드와 IDEO 사이에서 나는 수천 개의 시제품 샘플들을 보았다. 대부분은 대단히 유용했고 일부는 상징적인 존재가 되었다. 나의 '변형적인 디자인' 수업을 들은 세 명의 학생으로 구성된 팀은 스탠퍼드 대학병원 응급실 환자들의 경험을 개선하는 데 관심이 있었다. 특히 대기실의 환자들이 어떻게 다뤄지는지에 흥미를 느꼈다. 이들은 환자들을 관찰하고 인터뷰하기 위해 응급실을 방문하기로 약속을 잡았는데, 불행하게도 방문 하루 전날 환자 사생활 문제 때문에 방문 허락이 취소됐다.

학생들은 이에 굴하지 않고 응급실 체계처럼 운영되는 시제품을 생각해냈다. 이들은 배뇨 욕구와 응급실 치료 욕구의 유사성을 기반으로 하여 시제품을 만들었다. 먼저 친구들을 초청해서 몇 시간 동안 소변을 절대 보지 말라고 요청했다. 친구들이 도착하자 이들은 음료수를 제공하고 화장실 사용을 금지시켰다. 마침내 화장실이 개방됐다. 그러나 화장실을 사용하고 싶은 사람들은 이름이 불릴 때까지 특별 대기실에 앉아 있어야만 했다.

특히 호명 순서는 대기실에 도착한 순서가 아닌, 한 사람이 마신 음료의 양을 기준으로 삼았다. 학생들은 음료를 더 많이 마신 사람이 우선적인 치료에 대한 욕구가 클 것이라 유추하여 가장 많이 마신 사람들에게 화장실에 더 일찍 갈 수 있는 자격을 준 것이다. 이 시제품은 중요한 깨달음을 가져왔다. 환자들이 병원 응급실에서 진료를 기다리는 동안 늦게 온 사람들이 그들보다 먼저 불려나가는 상황이 발생한다면, 제대로 된 정보를 전달하여 순서를 빼앗긴 환자들의 양해를 구할 필요가 있다는 것이다.

이처럼 시제품 만들기는 당신이 뇌의 가정 단계를 지나 문제해결이라는 현실로 들어가게 만든다.

또 다른 사례를 살펴보자. 디자이너들은 준비 중인 어린이용 스마트폰 애플리케이션이 어떻게 작동하는지 보여주기 위해 영화를 만들었다. 영상 속에서 애플리케이션을 이용하는 아이들은 화면을 만지거나 움직여 생명체를 조종했다. 놀랍게도 이 영화는 생명체 대신 인간을 활용해 이 사실을 입증했다.

　사실 이 영화는 스마트폰에서 실제 애플리케이션으로 녹화되어 만들어진 것이 아니다! 시제품은 전화기 화면 형태의 판지에 불과하고 반대편에는 진짜 사람이 있었다. 그 사람은 사용자가 모조 전화기 화면을 만지는 척하면 그 사용자의 손을 따라 움직인 것이다.

　이런 식으로 디자이너들은 조종받는 캐릭터와 그것을 통제할 프로그램을 실제로 만들지 않고도 다양한 생각들을 시험하고 입증했다. 이를 기반으로 대단히 성공적인 어린이용 스마트폰 애플리케이션인 세서미 스트리트Sesame Street의 '엘모의 괴물 만들기Elmo's Monster Maker'가 탄생했다.

　이 사례들에서 시제품으로 제작된 것은 기본적인 아이디어다. 즉, 최후의 해결책 뒤에 숨은 개념이다. 이 사례들은 '개념적 시제품 Conceptual prototypes'이라는 광범위한 주제의 범위에 들어간다. 이와 반대되는 것은 '기능적 시제품Functional prototypes'으로, 해결책의 실제 기능성을 시험하기 위해 제작된다. 시제품은 물질, 스케치, 동영상, 대화, 모형 등 무엇이든 가능하기 때문에 시제품 만들기의 요점은 가장 빠른 방법으로 가장 많이 배울 수 있는 유형을 선택하는 것이다.

　시제품 만들기의 목적은 우리가 어느 해결 과정에 속하는지에 따라 달라진다. 그러면 이 과정을 3단계로 구분해보자. 첫 번째 단계에서 우리는 좋은 개념을 불러일으키기 위해 시제품 만들기를 사용한다(이 단계는 종종 '개념 시제품Concept prototype'이라고 불린다). 두 번째 단계는 해결책을 구체적으로 진화시키기 위해서다(이 단계는 '실현 가능성

시제품Feasibility prototype'이다). 세 번째 단계는 해결책이 기대만큼 실제로 효과를 발휘하는지 입증하기 위한 것이다(이 단계는 '기능적 시제품Functional prototype'이다). 지금까지 이야기해온 것은 주로 첫 번째 단계에 해당한다.

해결 과정이 진행되어갈수록 마지막 해결책에 대한 추정이 점차 정확해지고 시제품은 점점 더 실물을 위한 최종 리허설처럼 변해간다.

비록 개인적인 문제를 다룰 때 이런 공식적인 용어들을 사용해 생각해본 적은 거의 없지만, 시제품 만들기 개념은 대부분의 문제에도 똑같이 적용할 수 있다. 어떤 문제를 해결하려고 할 때마다 당신은 해결 발상을 찾고 해결책의 세부 사항들을 진화시키며 그 해결책의 효능을 입증하겠다는 의욕이 솟아야 한다. 일상생활에서는 당신이 쓴 편지의 초고를 누군가에게 보여주거나, 시행하려고 하는 행동에 대한 조언을 구해도 좋다. 이렇게 함으로써 당신 역시 시제품을 만드는 것이다. 당신이 계속 미루고 있는 프로젝트를 대면할 때 이 점을 염두에 두면 도움이 될 것이다. 마음 한구석에 오랫동안 간직해온 어떤 영화의 시나리오를 쓰거나 꿈꾸던 드레스를 디자인하고 싶다면, 어떻게 완벽한 결과물을 만들 것인가에 집착해서는 안 된다. 바로 그런 이유 때문에 수많은 사람들이 활동을 멈추고 결코 시작조차 하지 못하는 것이다. 처음부터 완벽하게 만들고 싶다는 욕망을 버려라! 대신 시나리오나 드레스의 시제품을 만드는 중이라고 자신에게 말하라. 최종판은 나중에 완성돼도 괜찮다.

집중력을 유지하라

—

인생의 모든 면이 그렇듯, 문제해결로 인해 종종 상황이 크게 악화되는 경우도 있다. 상황이 악화되면 우리는 이 기능 장애와 관련해 자신이 담당한 부분을 책임지지 않으려는 경향을 보인다. 책임을 회피하는 한 가지 일반적인 방법은 과실에 '사고'라는 이름을 붙이는 것이다.

내가 주로 하는 운동은 자전거 타기다. 나는 운이 어찌나 좋은지 매일 자전거로 출근을 할 수 있다. 게다가 일요일마다 자전거를 함께 탈 수 있는 친구들도 꽤 있고, 1년에 몇 번은 장기간에 걸쳐 자전거 여행을 떠나기도 한다. 30년 넘게 자전거를 타오면서 나는 수없이 많은 자전거 사고를 목격했다. 운이 없었는지 나 역시 자전거에서 몇 번 떨어진 적이 있다. 그 사고들을 하나하나 돌이켜보면, 사고가 일어난 것은 대부분 하나의 근본적인 원인 때문이었다. 즉, 집중력 부족이다. 나 자신이나 사고를 당한 누군가가 주의를 기울이지 않았던 것이다.

내가 겪은 두 번의 최악의 자전거 사고가 전형적인 사례다. 첫 번째 사고는 내가 스탠퍼드 대학교에서부터 샌프란시스코까지 48Km가 넘는 거리를 달려온 뒤에 일어났다. 기차를 타고 집으로 돌아가는 것이 계획이었다. 시야에 기차역이 들어왔을 무렵, 나는 자전거 타기가 끝났다고 여기며 그날 저녁 예정된 프레젠테이션에 대해 생각하기 시작했다. 그러느라 자전거 운전에 주의를 기울이지 못했다. 그때 갑자기 타이어가 전차 선로의 홈에 끼면서 땅에 떨어진 나는 혼잡한 교차로 한가운데에 큰 대자로 드러눕고 말았다. 다행히 차량에 치이는 사고는 일어나지 않았다. 다만 심하게 멍이 들고 피를 흘렸을 뿐이다.

좀 더 주의를 기울이기만 했더라면 나머지 친구들이 그랬듯이 나 역시 자전거를 비스듬히 몰아 선로의 홈을 쉽게 넘었을 것이다. 이 사고 이후로 나는 자전거를 타는 동안에는 항상 도로에만 집중하겠다고 결심했다.

그 뒤로 몇 년이 지나 평소처럼 일요일 자전거 타기 시간이 돌아왔다. 같이 자전거를 타는 친구들 중 한 명이 내게 조만간 떠날 인도 여행에 대해 이야기해주었다. 그러느라 우리는 나머지 친구들보다 뒤로 처지고 있었다. 대화가 끝났을 무렵, 나는 그에게 여행 일정을 조금 바꿔볼 것을 권하고 싶었다. 하지만 순간적으로 방갈로르 남쪽의 근사한 도시의 이름이 생각나지 않았다. 나는 친구들 무리를 따라잡기 위해 페달을 더 빨리 밟는 동시에 인도에 대해 생각하면서 기억이 나지 않는 도시의 이름을 뇌 속에서 찾기 시작했다. 그러다가 느닷없이 90cm 남짓 높이의 벽처럼 보이는 물체에 부딪히고 말았다. 자전거는 180도로 회전했고 나는 도로 한복판에 머리와 어깨로 착지했다. 나와 이야기를 나누던 친구가 즉시 차량을 통제했고, 결국 나는 도로 가장자리로 실려 나왔다. 헬멧은 못 쓸 정도로 부서졌고, 어깨는 탈골되었으며, 머리와 얼굴이 피투성이가 되었다. 아, 맞다. 그 도시의 이름은 마이소르Mysore였다. 일종의 시적 정의랄까, 그렇게 생각하지 않나?

나는 90cm 남짓의 벽에 충돌한 것이라 생각했지만 사실은 삼거리 교차지점에 차량의 흐름을 구분하기 위해 설치한 높이 8cm도 채 안 되는 삼각형의 구조물에 부딪힌 것이었다. 나는 30년이 넘는 시간 동안 거의 일요일마다 자전거를 타고 그 삼각형 주변을 사고 없이 지나다녔다. 맞다. 나는 집중력을 흐트러트리지 않겠다던 맹세를 어겼다.

집중력을 유지하는 것은 인생의 많은 부분에서 중요하다. 설령 자전거를 타지 않더라도 집중력이 있으면 안전할 수 있다. 비단 자동차 운전, 스케이트보드 타기, 롤러블레이드 타기, 비행기 조종, 달리기, 걷기, 혹은 다른 형태의 육체적 활동에 대해서만 이야기하는 것이 아니다. 이 규칙은 인생의 모든 측면에 해당된다. 인생에 의미를 부여할 때와 마찬가지로 당신은 모든 활동에 의미를 부여한다. 자신의 신체활동뿐 아니라, 정서활동과 지적활동에도 집중력이 필요하다. 예전에는 아무 사고도 내지 않고 수없이 지나갔던 길이라 해도, 집중하지 않는다면 90cm 남짓 높이의 벽에 부딪힐지도 모른다. 나는 이런 기능 장애는 '사고'라고 부르지 않는다.

당신과는 관련이 없다

―

우리는 다른 사람들의 인생과 행동에서 자신의 중요성을 과장하는 경향이 있다. 이는 문제해결과 인생의 다른 측면들에서 상황을 악화시키는 또 하나의 원인이다. 우리는 다른 사람들이 나의 머리모양이나 옷차림에 관심이 없다는 것을 깨달아야 한다. 그들은 자신에 대해 걱정하느라 너무 바빠서 우리를 그다지 주목하지 않는다. 그들은 내 문제가 아니라 그들 자신의 경력과 문제에 주로 몰두해 있다. 당신과는 관련이 없다. 그럼에도 불구하고 우리들은 대부분 다른 사람들이 하는 행동의 주된 원인이 자신이라고 믿는다.

보다 현실적인 본보기는 '나와는 관련이 없다'라는 구절에 암시되어 있다. 나 역시 다른 사람들의 행동이나 기분의 원인이 나라고 생각했지만 나중에 알고 보면 나와 아무 관계가 없었던 적이 많았다. 심지어 최근 해외여행을 갔을 때도 이 사실을 상기해야 할 사건이 생겼다.

나는 산티아고에서 몇 번의 강의를 하기로 했고, 칠레 남부 연안의 배 위에서 5일간 열리는 워크숍을 공동주최했다. 아내 루스는 2주 동안 혼자 남겨지게 되어 기분이 좋지 않았다. 비록 마음이 다소 불안한 상태로 집을 나서면서 어색하게 작별인사를 했지만, 나는 아내에 대해 지나치게 걱정하지는 않았다.

칠레에 도착하자마자 나는 아내에게 연달아 이메일을 보냈다. 3일 동안 답장이 오지 않자 그녀가 화가 난 모양이라고 짐작했다. 그래서 직접적인 대화가 문제를 말끔히 해결할 최선책이라고 생각하며 전화를 걸었다. 아내는 전화를 받지 않았다. 나는 음성 메시지를 남겨 내게 전화를 걸어달라고 부탁했다. 이 메시지를 네 번이나 반복했다.

그럼에도 그녀에게서 여전히 회신이 없었다. 나는 아내가 단단히 화가 난 것이라고 확신했다. 그래서 아들 엘리엇에게 전화를 걸어 엄마에게 전화를 걸어보라고 했다. 그런데 아내는 아들의 전화는 항상 잘 받으니까. 그런데 아들 역시 아내와 통화가 되지 않는다고 말하자, 무척 걱정되기 시작했다.

나는 엘리엇에게 엄마의 친구와 연락해보라고 했다. 하지만 연락이 닿은 사람들은 아내의 소재를 알지 못했다. 아들은 겨우 한 이웃을 통해 아내의 자동차가 여전히 차고에 있다는 사실을 알아냈다. 이웃 사람이 우리 집으로 건너가 보았지만, 상황은 평소와 다를 바 없고 루스의 흔적만 없다고 했다. 몇 시간 뒤면 나는 예정대로 배를 타기 위해 산티아고에서 비행기를 타고 남쪽으로 날아갈 참이었다. 그러므로 이젠 여행을 취소하고 집으로 돌아갈 것인지 아닌지를 결정해야만 했다. 마침내, 마지막 순간에야 엘리엇이 아내를 찾아냈다. 몸이 아팠던 아내는 친구의 도움을 받아 병원에 입원한 상태였다.

아내 역시 그동안 우리에게 이메일을 계속 보냈지만 아무에게서도 답장을 받지 못해 궁금해하던 차였다. 나중에서야 아내는 자신이 새로 산 스마트폰으로 병원의 와이파이 시스템에 제대로 접속하지 않아서 이메일을 보내지도 받지도 못했다는 사실을 알아냈다.

내가 집으로 돌아올 무렵엔 루스도 건강을 회복한 뒤였다. 아내는 내게 전혀 화가 나지 않았다. 만약 내가 나와는 관련이 없다는 주문을 기억했더라면 오해를 피할 수 있었을 것이다.

앞으로 당신이 한 일 혹은 하지 않은 일과 다른 사람들의 행동이 관련 있는 것처럼 보이는 사건이 몇 차례 벌어지거든 자신에게 이렇게 말하라. "나와는 관련이 없다." 그러고 나서 자신의 감정에 주목하고, 가능하다면 다른 사람들의 감정도 확인해보라.

동기부여

—

동기부여는 문제해결의 핵심이다. 내가 중국에서 한 달 동안 강의를 하고 스탠퍼드로 돌아왔을 때 생긴 일이었다. 다음 학기의 첫째 날, 나는 쇼핑을 하듯 수강할 과목을 고르기 위해 그 자리에 참석한 대학원생들을 바라보며 교실 앞쪽에 서 있었다. 나의 임무는 학생들이 나의 과목을 10주 동안 꾸준히 수강할 수 있도록 동기부여를 하는 것이었다. 그때 내 마음속에 마지막 수업이 끝날 때 학생들이 작성해야 하는 설문지에 적힌 한 가지 항목이 떠올랐다. "1부터 5까지 등급을 나눈다고 할 때, 내가 최고의 성과를 올리는 데 교수는 어느 정도 동기부여를 했는가?"

미국의 교육제도에서는 학생들에게 동기부여를 하는 것이 선생들의 책임이다. 만약 학생들에게 동기부여를 해주지 못하면 나는 임무를 제대로 해내지 못하는 것이다. 내가 대학원생들에게 동기부여를 해야만 한다는 사실이 처음으로 부조리하게 보였다. 중국에 머무는 동안 나는 스스로에게 강하게 학습 동기를 부여하는 사람들을 만났다. 그때의 경험과 당시 강의실에서 내 눈에 들어온 장면은 확연한 대조를 이루었다.

나의 중국 여행은 중화인민공화국과 미국의 외교 관계가 정상화된 직후에 이루어졌다. 당시 중국에서는 영어 공부에 대한 사회적 압력이 대단했다. 어느 도시에 가든 내가 호텔을 나설 때마다 바깥에는 영어를 연습하기 위해 나를 기다리는 사람들이 늘 있었다. 나는 배움에 대한 이들의 열의에 마음을 빼앗겼고, 몇몇 사람들이 큰소리로 영어를 읽는 동안 길에 앉아서 그들의 발음을 고쳐준 경우도 간간이 있었다.

몇 년 뒤, 버닝맨 축제에 참가하기 시작하면서 나는 자기 동기부여의 힘에 다시 한 번 사로잡혔다. 그곳에서 나는 수천 명의 사람들이 수많은 시간의 노력과 어떤 경우에는 엄청난 돈까지 쏟아 부어, 상업적 가치가 전혀 없는 작품을 창조하는 모습을 지켜보았다. 그들은 자기만족과 친구들을 즐겁게 하기 위해 그 일을 하고 있었다. 자신이 만든 작품이 멋있다고 생각하면서 그들은 자랑스럽게 그것을 공개했다. 다시 한 번 나는 교수로서의 내 경험과 대조를 이루는 이 축제에 대해 생각하게 됐다.

교육제도는 대개 보상을 동기요인으로 활용한다. 즉각적인 보상은 성적이다. 일단 특정한 횟수만큼 성적을 얻고 나면 그 제도의 최종 보상을 얻는다. 바로, 학위다. 여기서 문제는 이 보상이 본질적인 것이 아니라 기본적으로 비본질적이라는 데 있다. 수많은 학생들에게 있어 학위란 수단의 성격이 대단히 강하다. 이는 그들에겐 마치 주말을 즐기는 데 필요한 충분한 돈을 벌기 위해 혐오스러운 직장에서 한주 내내 근무하는 것과 마찬가지다. 이 제도는 학생들에게 자기동기부여의 도구를 제공하지 않는다. 훌륭한 역할 모델을 제시하긴 하지만, 불행하게도 대부분의 학생들에게 이 모델은 그들의 바람과는 요원하고 도달하기 어려운 생활방식으로 여겨진다. 성적이 얼마나 높게 나오든 관계없이, 교육은 학생들에게 집중력 부족, 방향감부족, 자신감 부족을 남긴다. 대학을 졸업하는 사람들 중 대부분은 자신이 무엇을 할 수 있는지 확신하지 못한다. 이 제도의 핵심은 학생들이 본질적인 동기를 개발할 수 있는 지점까지 성장할 수 있도록 만드는 것이 아니다. 게다가 학생들에게 의미 있고 실제로 중요하다고 생각하는 일을 할 기회도 주지 않는 경우가 비일비재하다.

나는 프로젝트를 기반으로 하는 학습이 본질적인 동기를 크게 증가시킨다는 사실을 알게 되었다. 학생들의 동기에 관한 나의 경험은 주로 일류 대학에서 겪은 경험에서 비롯됐다. 예전에 2주짜리 창의력 워크숍을 진행했던 시절, 우리는 종종 이런 이야기를 들었다. "글쎄요, 스탠퍼드에서는 그렇게 할 수 있을지 모르지만 우리 학교에선 불가능한 일입니다." 첫해가 지나고 우리는 그 우려에 답변해줄 방법을 찾았다. 첫주가 끝나갈 무렵 우리는 학생들에게 〈스탠드 업 Stand and Deliver〉이라는 영화를 보여주었다. 이 영화는 고등학교 수학 교사인 제이미 에스칼란테Jaime Escalante의 실화를 바탕으로 만들어졌다. 영화에서 그는 가필드 고등학교에서 제 기량을 발휘하지 못하고 있는 경제적으로 어려운 처지의 학생들에게 동기부여를 함으로써 놀라운 성과를 이뤄낸다. 이 고등학교는 이스트 로스앤젤레스의 라틴 아메리카계 사람들이 주를 이루는 빈민가에 위치하고 있었다.

모든 곳에서 에스칼란테에게 반대 의사를 표했다. 처음에는 학교 행정처가 그에게 반대했다. 학생들이 가정에서 지원을 거의 받지 못한다는 이유에서였다. 긍정적인 역할 모델도 없었고 학교의 자원은 무척 제한적이었다. 다만 그에게 중요한 것은 학생들을 성공시키려는 자신의 동기였다. 현재의 상황을 바꾸겠다고 결심한 에스칼란테는 학생 몇 명을 우선적으로 설득해야 했다. 이들은 올바른 교육으로 자신들의 미래를 통제할 수 있다는 그의 말에 귀를 기울였다. 에스칼란테는 그 학생들을 새로 개설한 미적분학 수업에 등록시켰다. 마침내 그는 수학 프로그램을 만들 수 있었고, 결과적으로 해마다 이 수업을 수강한 거의 모든 학생들이 어려운 고교 심화 미적분 시험을 통과했다.

이 영화는 대단히 감동적인 이야기를 담고 있어 볼 만한 가치가 있다. 워크숍에 참가한 사람들에게 영감과 동기를 불어넣고자 했던 우리 목적에 도움이 되었을 뿐 아니라, 당신에게도 마찬가지일 것이다. 워크숍 참가자들이 언제나 마음속에 품고 떠나는 메시지는 다음과 같다. '내가 앞으로 마주칠 상황보다 몇 배나 더 어려운 상황 속에서도 에스칼란테가 그런 성과를 거둘 수 있었다면, 나 역시 성취하고 싶은 목표가 있는데 환경이 전혀 뒷받침되지 않는다는 변명 뒤로 숨

을 수는 없다.'

문제의 원인이 돼라

—

에스칼란테의 이야기가 교육에만 국한되는 것은 아니다. 내가 중국과 스탠퍼드에서 겪은 경험처럼 교습에 관한 것이기도 하다. 이 이야기들은 모두 인간의 경험을 주제로 한다. 그러므로 인간의 모든 상호작용, 사회 각층과 관련 있다. 그리고 당신의 가족 상황과 나의 가족 상황, 부부가 운영하는 사업체, 스타트업 회사, 대기업과 관련 있다. 당신이 어떤 일을 생업으로 삼았는지나 어떤 직책에 있는지는 아무 관계가 없다. 우리는 모두 맡은 임무를 완수하고 만족스러운 삶을 살아가기 위해 똑같은 문제들과 직면하고 있을 뿐이다.

'문제의 원인이 돼라'는 말은 당신이 어떤 문제를 다루든 당신 인생에서 어떤 일이 일어나든 그 모두를 전적으로 책임지라는 뜻이다. 심지어 상황이 당신의 통제를 완전히 벗어난 것처럼 보이더라도 말이다. 이는 선택을 하겠다는 선언이다. 자신의 인생에서 수동적인 주인공 역할을 하지 말고 자신의 미래를 책임지겠다고 선택하라. 어떤 대가를 치르든 그리고 그럴듯한 이유가 엄청나게 많이 떠오르든 관계없이 임무를 완수하겠다고 결심하라.

중국에서 한참 동안 기차를 타고 가다가 나는 창문이 너무 더럽다는 걸 알아차렸다. 그 문제로 불평을 하거나 불쾌한 기분이 지속될 수도 있었다. 대신에 나는 정차 시간 동안 기차 밖으로 나가 물 한 양동이를 들고 와서 창문을 닦았다. 내 여행에서 나 자신이 문제의 원인이 되기로 결심했기 때문이다. 만약 당신이 다른 누군가가 행동해주기를 기다리고 있느라 기회를 놓치고 있다면, 자신의 경험에 대해 책임짐으로써 얼마나 기운이 나는지 보라.

우리가 비록 서로 만난 적은 없지만 나는 이 책에서 당신에 관해 이야기했다. 나의 이야기를 통해 당신이 정직하고 개방적인 태도로 자신의 인생을 바라볼 수 있는 동기를 부여받길 바란다. 이 모두의 기반에는, 당신이 기꺼이 자신의 경험을 검토하고 미래의 이야기를 바람직하게 고칠 것이라는 나의 가정이 자리하고 있다.

나는 책에서 수많은 도구와 개념을 제공했다. 이것들이 가치를 발휘하는 순간은 오직 당신이 기꺼이 그것에 기회를 줄 때뿐이다. 미리 속단하지 마라. 당신이 이들을 훌륭하다거나 혹은 별로라고 생각하는 것은 중요한 게 아니다. 중요한 것은 그 도구와 개념이 당신의 인생에서 귀중한 것으로 입증되는 것이다. 기꺼이 기회를 주려는 태도를 가져라. 그것들을 직접 시험해보면서 결과를 안다고 생각하지 말고 어떤 상황이 벌어지는지 지켜보라. 시험을 하기 위해서는 거기에 주의를 기울일 필요가 있다.

주의는 자신의 행동과 상호작용을 주목하는 것에서 시작된다. 자신과 현재 소통하고 있는 사람들을 모두 주목하라. 무엇이 효과적이고, 무엇이 효과적이지 않은가? 무엇이 더 효과적으로 변할 수 있겠는가? 이 책의 다양한 도구와 훈련을 당신의 일상적 상호작용에 포함시킴으로써 이것들을 시험하라. 당신은 그중 하나를 시작해볼 수 있다. 그러고 나서 하나를 더 추가하라.

예를 들어, 당신과 친구들이 '이유'를 어떻게 이용하고 있는지 살펴보라. 그러고 나서 '이유'를 이용하는 횟수를 줄여라. 정당화하지 말고 할 말을 그냥 하라. 실제로 이유를 대지 않게 될 때까지 당신의 말하는 방식을 수정하라.

그다음으로, 당신의 생각과 말 가운데 어느 정도가 명백한 투영인지 살펴보라. 투영에서 자신의 모습을 확인하라. 그렇게 하기 위해 당신의 생각이나 말에서 주어와 목적어를 바꿔보라. 어느 쪽일 때 더 진실에 가깝게 느껴지는지 의식하라.

당신이 스스로에게 정직해지지 않은 이상 투영 훈련은 효과가 없을 것이다. 언젠가 어느 학생으로부터 투영 훈련이 효과가 없다는 말을 듣고 나는 예를 한 가지 들어달라고 부탁했다. 그는 다음 문장에서 주어와 목적어를 치환하는 것이 효과가 없다고 했다. "나는 이 지루한 화자에게 귀를 기울이고 있다. 그는 계속해서 말을 이어가지만 중요한 말은 한마디도 하지 않는다." 나는 그에게 주어와 목적어를 치환하라고 했다. 그는 이런 문장을 떠올렸다. "그는 나의 지루한 이야기에 귀를 기울이고 있다. 나는 계속해서 말을 이어가지만 중요한 말은 한마디도 하지 않는다."

나는 학생에게 주어와 목적어를 치환하고 나니 일말의 진실성이 느껴지지 않았느냐고 물었다. 그는 아니라고 대답했다. 교실에는 새어나오려는 웃음을 참느라 끽끽대는 소리가 들렸다. 다른 학생들은 그가 아니라고 말할 거라곤 상상도 하지 못했다. 우리 모두에게는 투영이 100퍼센트 확실해 보였다. 이 학생은 어김없이 부실한 준비 상태로 수업에 나타났고 그 사실을 숨기기 위해 장황한 이야기를 늘어놓았다. 내가 마침내 그의 말을 중단시킬 방법을 찾아낼 때까지 그는 말도 안 되는 똑같은 이야기를 반복했다. 분명히 그는 치환된 문장을 바라보면서 자신에게 진실을 이야기할 의사가 없는 듯했다. 그 문장은 그의 행동을 완벽하게 묘사했다. 내가 한참 동안 그에게 매달려 훈련을 함께한 뒤에야 그는 미소를 지으며 그 투영 훈련에서 생각해볼 만한 부분이 있는 것 같다고 시인했다.

안타깝게도 나는 당신이 자신에게 솔직해지도록 곁에서 도와줄 수가 없다. 당신은 홀로 이 작업을 해야만 한다. 그러니 나를 믿어라. 투영 훈련은 효과가 있다. 만약 효과가 없다면 당신에게 진실을 보고자 하는 의사가 없을 가능성이 있다. 말의 표현을 조금씩 바꾸어가면서 다양하게 시도해보라. 그래도 여전히 효과가 없거든 내가 당신 뒤에 서서 이렇게 말하고 있다고 상상하라. "자신에게 진실을 말해." 그래도 효과가 없거든 내가 당신 뒤에서 이렇게 소리친다고 상상하라. "헛소리!"

자신이 이유와 투영을 어떻게 이용하는지 주목하는 요령을 익히게 되면, 역접 접속사로 말하는 횟수를 줄이는 단계로 넘어가서 역접 대신 순접 접속사를 사용하기 시작하라. 그다음 이 책의 다른 훈련들로 넘어가라.

자신의 통찰력과 분명한 의도에 영향을 받게 되면, 이 책의 도구를 이용해서 행동을 수정할 수 있다. 결국은 자신이 완벽해지고 있다는 생각이 들 것이다. 바로 그때 당신은 이 훈련들을 모두 다시 살펴보기 시작해야 한다. 출발점으로 돌아가서 자신을 계속 수정해가라. 죽는 순간까지 이 작업을 하느라 계속 바쁘게 지내라. 이 책의 교재를 당신이 계속 섭취해야 할 강장제, 혹은 적어도 한 계절 분량이라고 생각하라. 마치 해마다 맞는 독감 예방주사와 비슷하다. 평생 동안 독감에 걸리지 않으려면 주사 한 방으로는 안 된다.

내 개인적인 경험에서 우러나온 이야기를 한 가지 하겠다.

내가 스웨덴에서 안식년을 보낼 때의 일이었다. 나는 낮에는 이 책에서 묘사한 수많은 방법들을 이용해 창의성과 문제해결을 주제로 워크숍을 진행했다. 밤에는 잠도 못 자고 은퇴에 대해 걱정했다. 당시 내 나이가 일반적인 정년에 가까워지고 있었기 때문이었다. 그러던 어느 날 워크숍을 하던 중 문득 내가 가르치는 내용을 나 자신의 문제에는 적용하지 않고 있었다는 것을 깨달았다.

그날 저녁, 나는 이렇게 자문했다. 은퇴를 하면 내게 무슨 도움이 될까?

대답은 나왔다. 나는 은퇴 문제로 더 이상 고민하지 않을 것이다. 순식간에 나는 지난 6개월 동안 잘못된 문제에 대해 고민하고 있었다는 걸 깨달았다. 이제는 진짜 질문이 생겼다. 어떻게 은퇴 문제에 대한 걱정을 그만둘까? 그 대답은 분명했다. 그 문제에 대해 더 이상 생각하지 않는 것이다. 그로부터 15년이 지난 지금, 나는 당신에게 확실하게 말할 수 있다. 그날 저녁 이후로 은퇴에 대해서 단 한 번도 생각하지 않았다고 말이다.

내가 정말로 마음을 쓰지 않았던 문제로 6개월을 낭비했다니, 다른 사람들에게 올바른 질문을 다루는 방법에 대해 가르치고 있으면서 한편으로는 내가 그런 행동을 했다니, 정말 바보 같았다.

그때의 나보다는 현명하게 행동하기 바란다. 당신의 마음은 생각보다 더 까다롭고, 자신이 실제보다 더 잘하고 있다고 믿도록 만들기 위해 언제나 자존심과 협력하고 있다는 사실을 알아차려라. 그것이 바로 인간의 상태다. 당신이 자신에게 적용시켜야 할 것이 있다. 스스로 선택하기만 하면 의도와 주의를 통제하는 데 주목함으로써 자신과 주변 사람들을 위해 자신의 인생을 개선할 수 있다. 당신은 자기 삶의 환경에서 문제의 원인이 되겠다고 선택할 수 있고, 보다 기능적이고 만족스러운 삶을 위해 성취 습관을 스스로 주입할 수도 있다.

나는 이 책이 이처럼 가치 있는 목적에 기여하기를 희망한다.

이 책을 집필하는 일은 내게 예기치 못한 기쁨을 안겨주었다. 이 책의 소재는 오랫동안 내 인생에서 중요한 부분을 차지해왔지만, 내가 이 아이디어들을 더 많은 청중과 공유하고 싶다는 생각이 든 건 채 몇 년이 되지 않았다. 소재가 만들어지기까지 오랜 세월이 소요되었으므로 이 책의 탄생에 영향을 미친 자료와 사람 들을 제대로 기억하거나 그 공로를 적절히 평가하는 일은 불가능에 가깝다. 그렇지만 책이 집필되어 세상에 나오게 된 주요 상황들을 여기서 다음과 같이 기억하고자 한다.

스탠퍼드 대학교에서 내가 가장 먼저 사귄 친구 중 한 명은 밥 맥킴Bob McKim이었다. 밥은 스탠퍼드의 대학원생이자 캘리포니아 빅 서에 위치한 에살렌 연구소Esalen Institute의 창립자인 마이크 머피Mike Murphy와 친분이 있었다. 마이크는 밥에게 스탠퍼드 교수진을 구성해 에살렌에서 맛보기 주말 워크숍을 개최해달라고 요청했고 나 역시 여기에 포함됐다. 여기서 나는 처음으로 '인간 잠재력 운동Human potential movement'에 직접 입문하게 되었다. 이 경험을 바탕으로 에살렌 스탠퍼드 프로그램이 개설되었고, 에살렌에서 파견된 사람들이 스탠퍼드 대학교의 캠퍼스에서 주말 워크숍을 진행하게 되었다.

에살렌 주말 워크숍에서 나는 인기 있는 화학공학과 교수인 더그 와일드Doug Wilde를 만났다. 더그와 아내 제인은 스탠퍼드 대학교의 기숙사 중 한 곳에서 주거하는 일종의 사감 교수Faculty resident였다. 더그는 내게 자신의 기숙사 교수단에 참여해달라고 요청했다. 게다가 '인간 역학 실습People Dynamics Lab'이라는 제목으로 기숙사에서 협동 강의를 하자는 제안도 내놓았다. 이 과목은 에살렌 스탠퍼드 프로그램을 중심으로 개설된 단일 '실습' 수업이 될 참이었다. 그리고 수강생들은 주말 프로그램 몇 개에 반드시 출석해야만 했다.

일단 협동 강의가 시작되면서 나는 엄청나게 많은 주말 워크숍에 참석했다. 천성적으로 이러한 주제에 잘 맞았으므로 얼마 지나지 않아서는 에살렌 스탠퍼드 프로그램에 의지하지 않고도 수업을 잘 이끌어나갈 수 있었다. 밥 맥킴과 더그 와일드는 내가 감사하고 싶은 첫 번째 사람들이다. 이들의 우정과 결단력이 없었더라면 이 책은 세상에 나오지 못했을 가능성이 크다. 그리고 비록 대부분 세상을 떠나기는 했지만 프리츠 펄스Fritz Perls와 윌 슈츠Will Schutz를 비롯해 에살렌 연구소와 에살렌 스탠퍼드 주말 워크숍에서 나에게 가르침을 준 다른 에살렌 워크숍 지도자들에게도 감사를 드린다. 또 에살렌 워크숍에서 사용한 훈련법들의 보고라고 할 수 있는 책을 집필한 존 O. 스티브스John O. Stevens에게도 감사드린다. 그의 책은 내가 워크숍에서 리더십을 발휘하기 시작했을 때 커다란 도움이 되었다.

수년 뒤, 나는 '인간 역학 실습'을 대학원생들에게 적합한 형태로 변형한 강의를 개설했다. 그 변천 과정에 대해서는 기억이 흐릿하지만 친구인 짐 패디먼Jim Fadiman이 내게 들려준 이야기는 기억난다. 그는 나의 관심이 분열되어 있으니 공학과 인간 잠재력, 정치학 가운데 어느 쪽에 전념할 것인지 선택할 필요가 있다고 말했다. 짐이 심리학자이기는 하지만 나는 그의 생각이 틀렸으며 세 가지 관심 분야 모두 나의 성격을 번갈아가며 표현해줄 뿐이라고 대답했다. 그뿐만 아니라 세 가지 분야를 모두 통합한 과목을 개설함으로써 그가 틀렸다는 사실을 입증하기도 했다. 나는 이 과목을 '개인과 과학기술The Individual and Technology'이라고 불렀다. 짐도 기억하지 못하고 나 역시 이 상황이 실제로 어떻게 벌어졌는지에 대해 확신하지 못한다. 그래도 나는 오랫동안 친구로서 우정을 쌓고 동료로서 협력 관계를 맺어온 짐에게 감사하고 싶다.

몇 년 뒤, 나는 그 과목의 이름을 '사회 속의 디자이너'라고 고쳤다. 이렇게 이름을 붙였는데도 불구하고 이 과목을 수강해준 모든 학생들에게 감사한다. 그중 어떤 수강생과는 좋은 친구가 되었고 어떤 수강생과는 아주 드문 상황에서 만나게 됐다. 이 수업에서 얻은 경험을 자신의 인생에서 오랫동안 보물처럼 기억하고 있는 모두에게 깊이 감사드린다. 이들과의 만남은 나의 마음속에 깊은 감동으로 자리 했고 이 책을 집필하는 동안 내게 중요한 영감이 되었다.

또 다른 중요한 맥락에서도 밥 맥킴에게 다시 한 번 감사한다. 그는 est 워크숍과 est 조직의 창립자인 워너 어하드를 내게 소개해주었다. 나는 어하드와 그의 작업으로부터 많은 것을 배웠다. 그의 사상은 내가 에살렌에서 얻은 모든 단편적인 지식들을 한데 아우르는 지적인 틀이 되어주었다. 뿐만 아니라 어하드를 위시하여 그의 동료들과 공동으로 진행한 몇 번의 워크숍도 내게 큰 도움이 되었다. 3년 전에 나는 워너 어하드와 마이클 젠슨, 캐리 그레인저Kari Granger가 공동 주관하는 리더십 워크숍에 참여했다. 내가 어하드와 마지막으로 함께 작업한 지 22년 만의 일이었다. 이 경험은 그의 방식과 내용이 나의 강의에 얼마나 깊이 영향을 미쳤는지 새삼 깨닫게 만들었다. 그의 가르침과 우정에 깊이 감사한다.

린 존스턴Lynn Johnston은 산만한 원고를 다듬어 분명한 관점이 있는 저술이 될 수 있도록 도와줌으로써 단순한 저작권 대리인 이상의 역할을 해주었다. 그녀가 없었더라면 이 책은 지금보다 훨씬 어수선한 형태로 출간되었을 것이다. 그녀는 이 프로젝트에 전문성과 열정을 쏟아 부었고 나는 그녀의 헌신과 전문적 기량에 깊이 감사한다. 그녀와 함께하는 작업은 정말로 즐거웠다.

개발 편집자인 제나 글래처Jenna Glatzer 역시 함께 일하기 즐거운 사람이었다. 나는 그녀의 숙련된 인도와 전문적인 기술을 접할 수 있었음에 영원히 감사할 것이다. 무척이나 바쁜 일정에도 불구하고 그녀는 아낌없이 시간을 할애해 나를 도와주었다. 그녀의 정성어린 기여는 이 책 전반에 걸쳐 드러난다.

스탠퍼드 디자인 그룹Stanford Design Group의 동료 교수들에게도 감사드린다. 이들은 다년간의 깊은 동료 의식으로 나의 작업에 도움이 되는 환경을 조성해주었다. 그중에서도 셰리 셰퍼드Sheri Sheppard에게 특히 고마운 마음을 전하고 싶다. 그녀는 시간을 내어 이 책의 처음 몇 장들의 초고와 두 번째 원고를 읽어주었다. 또 내게 디 스쿨을 같이 설립하자고 요청했을 뿐 아니라 그가 디 스쿨 초창기 시절에 만들어 낸 상징적인 마인드맵을 사용해도 좋다고 허락해준 데이브 켈리Dave Kelley에게 특히 감사하다.

정말 고맙게도, 디 스쿨의 동료들은 내 원고를 읽고 구조적인 부분에서 대단히 유용한 제안들을 해주었다(심지어 이들의 의견이 서로 극명히 엇갈릴 때도 엄청난 도움이 되었다!). 이런 점에서 토마스 보스Thomas Both와 스콧 도얼리Scott Doorley, 페리 클레반Perry Klebahn, 애덤 로열티Adam Royalty, 제러미 어틀리Jeremy Utley에게 고맙다. 에미 콜러월Emi Kolawole은 맡은 임무 그 이상을 해냈고 이 글의 표현을 광범위하게 편집해 책이 보다 잘 읽히도록 만들었다. 나는 그녀에게 큰 신세를 졌다. 카이트리아 오닐Caitria O'Neill은 친절하게도 나를 출판계에 연결시켜주었다. 그리고 나의 집필 계획을 열렬히 지지해준 사라 스타인 그린버그Sarah Stein Greenberg에게도 감사하고 싶다.

아무래도 토마스 보스를 다시 한 번 언급해야겠다. 빠듯한 기한에도 불구하고 삽화와 표지 콘셉트를 누구보다도 훌륭하게 만들어 준 것에 대해 그에게 감사하고 싶다. 이 프로젝트가 진행되는 내내 나를 지원해주면서, 이 새로운 역할을 수행하기 위해 합리적인 수준을 뛰어넘는 정도의 재능과 시간을 쏟아 부어야 했다. 내가 도움이 간절히 필요한 시기에 그렇게 기꺼이 손을 잡아준 그에게 깊은 감사의 말을 전한다.

출판사에서 건네받은 시제품으로 작업을 시작한 토마스 보스는 새로운 표지를 창조해냈다. 표지 디자인을 개발하면서 그는 스콧 도얼리와 샬롯 버제스 오번Charlotte Burgess Auburn, 스테이시 그레이Stacey Gray에게 주로 상의했다. 그리고 저스틴 퍼렐Justin Ferrell과 크리스 플링크Chris Flink, 애쉬시 고엘Ashish Goel, 마크 그런드버그Mark Grundberg, 시무스 하트Seamus Harte, 에미 콜러월, 대니얼 크로스Danielle Kraus, 에릭 올레순드Erik Olesund에게서도 귀중한 조언을 얻었다. 도움을 주신 모든 분들에게 깊이 감사드린다.

빌 스콧Bill Scott은 삽화와 표지의 밑그림을 만들었고 원고의 초고에 대해 미학적으로 고려할 부분들을 조언해주었다. 그와 그의 애견은 회의 때마다 나와 루스에게 커다란 즐거움을 안겼다. 바쁜 일정에도 불구하고 그는 관대하게도 시간을 내어 이 프로젝트에 자신의 재능과 통찰력을 제공했다. 매우 감사하게 생각한다.

하콘 페이스트Haakon Faste는 롤프 페이스트의 스케치를 깨끗이 다듬는 데 엄청난 노력을 기울였다. 그의 노고와 아버지의 그림을 사용하도록 허락해준 것에 감사를 전한다.

앤 데이비드슨Ann Davidson과 엘리엇 로스Elliot Roth, 마샤 루오톨로 Marcia Ruotolo, 도날다 스파이트Donalda Speight는 친절하게도 원고 전체를 읽고 그 구조와 표현적인 면에서 편집할 부분을 자세히 일러주었다. 그리고 아내 루스 로스와 그녀의 독서 클럽은 편집에 관해 유용한 조 언들을 건넸다.

초창기에 용기를 북돋아주고 도움을 준 R. B. 브레너R. B. Brenner에 게도 대단히 감사드린다. 자신의 저작권 대리인을 소개해준 패디 허 시Paddy Hirsh와 관대하게도 자신의 편집자들을 소개해준 배리 캐츠Barry Katz티나 실리그, 더그 와일드에게도 고마움을 전한다. 나에게 린 존 스턴을 소개해준 라주 나리세티Raju Narisetti에게는 죽을 때까지 감사한 마음을 가질 것이다. 짐 애덤스와 톰 코스닉Tom Kosnick, 더글라스 세리 Douglas Sery, 밥 서튼Bob Sutton, 케이트 월Kate Wahl은 책을 출판할 수 있는 경로에 대해 좋은 의견들을 내주었다.

하퍼콜린스 출판사의 담당 편집자 콜린 로리Colleen Lawrie에게 감사 드린다. 그녀는 이 프로젝트를 지지해주었을 뿐 아니라 숙련된 편집 솜씨와 지도력을 보여주었다. 또한 사려 깊고 철저한 라인 편집을 해 준 미란다 오트웰Miranda Ottewell에게도 감사드린다.

특히, 나의 가족과 이 책에 언급된 모든 동료와 친구 들에게도 고 마움을 전하고 싶다. 나와 소통해준 모두에게 감사드린다. 그 덕분에 나는 이 책의 소재를 얻었으며 풍성하고 만족스러운 삶의 토대를 다 질 수 있었다.

서문_노란 눈의 고양이

1) 이 강의의 원래 제목은 '개인과 과학기술'이었다. 4년 뒤에 나는 제목
   을 수정해 '사회 속의 디자이너'라는 새로운 이름을 붙였다. 어느 쪽
   도 그 강의의 내용을 적절히 설명해주지는 못한다.

2) 2012년 1월 7일자 〈월 스트리트 저널〉에 실린 기사, "비 스쿨Business
   School은 잊어라: 디 스쿨이 뜨겁게 부상한다."

3) 예를 들면, 팀 브라운Tim Brown의 《디자인에 집중하라Change by Design》, 김
   영사, 2010.

4) Snell Putney and Gail J. Putney, *The Adjusted American: Normal
   Neuroses in the Individual and Society*(New York: Harper &

Row, 1964).

5) 또 다른 형태의 디자인 싱킹 과정에서는 공감Empathy 대신, 이해Understand
와 관찰Observe이 사용된다. 이 과정의 정의Define 단계가 '관점POV'이라
고 불리는 경우가 많다. 이 경우에 디자인 싱킹 과정은 이해, 관찰,
POV, 아이디어 창출, 시제품, 테스트로 구성된다.

1장_생각 그대로인 것은 없다

1) 사람들은 자신의 행동보다는 자아상에 더 많은 관심을 보인다. 이와
관련해서는 다음 논문에서 보고된 실험을 참고하라. Christopher J.
Bryan, Gabrielle S. Adams, and Benoît Monin, "When Cheating
Would Make You a Cheater: Implicating the Self Prevents Unethical
Behavior," *Journal of Experimental Psychology: General* 142,
no. 4 (2013): 1001~5.

2) 캐럴 드웩,《성공의 새로운 심리학》, 부글북스, 2011.

3) 영화〈푸벨 교수*Professor Poubelle*〉는 유튜브에서 감상할 수 있다.

4) 자기 효능감은 앨버트 반두라Albert Bandura와 그의 동료들이 발표한 수많
은 출판물에서 논의되었다. 특히, '자기 효능감과 인간 행동Self-Efficacy:
The Exercise of Control'(교육과학사, 1999)을 참고하라.

5) Kenneth P. Oakley, "Skill as a Human Possession," *A History of
Technology*, ed. Charles Singer, E. J. Holmyard, and A. R. Hall
(New York: Charles Scribner's Sons, 1954), 1: 2~3.

6) 루디 탄지 박사는 PBS에서 시리즈로 방영된 자신의 프로그램〈슈퍼

브레인*Super Brain*〉에서 이 단계들을 추천한다. 그리고 디팩 초프라Deepak Chopra와 공동 저술한 다음 책도 참고하라. *Super Brain* (New York: Harmony Books, 2012).

2장_이유는 헛소리다

1) 에릭 호퍼Eric Hoffer는 《영혼의 연금술*The Passionate State of Mind and Other Aphorisms*》(이다미디어, 2014)에 실린 아포리즘 70번에서 이를 가장 잘 표현하고 있다. "우리는 자신에게 거짓말할 때 가장 큰 소리를 낸다."

3장_정체에서 벗어나는 법

제명: 롤프 페이스트가 좋아하는 이 격언은 행동 혹은 행동방식을 완전히 뒤집어 생각한 덕분에 만들어졌다. 이는 대답을 질문으로 오인했을 때 고집스럽게 밀어붙이지 말 것을 경고하는 완벽한 표현인 듯하다.

1) POV의 정의에는 여러 가지 변형이 있다. 그중에서 매우 흔히 사용되는 형태에는 구체적인 사용자를 묘사하는 구와 그 뒤를 이어 필요를 구체적으로 명시하는 구, 마지막으로 그 해결책이 무엇을 (어떻게가 아니라) 성취해야 하는지에 대한 통찰력을 제시하는 구가 잇달아 필요하다. POV 서술문의 예를 하나 들면 다음과 같다. 가난한 싱글맘에겐 자신의 돈을 효율적으로 활용하는 법을 배울 수 있도록 재정적인 노하우가 필요하다.

2) 예를 들어, 비제이 쿠마Vijay Kumar의 《혁신 모델의 탄생*101 Design Methods*》(틔움, 2014)을 참고하라.

3) 해밀턴은 나중에 아들에게 보낸 편지에서 자신이 발견한 내용의 역사를 이렇게 설명한다. "네 엄마랑 같이 로열 운하를 따라 걷고 있었단다. 엄마가 그쪽 방향으로 이끌었던 것 같아. 비록 엄마가 이따금 말을 걸어오기는 했지만 나의 마음속에는 어떤 생각의 저류가 흐르고 있었고 마침내 한 가지 결론에 도달했지. 내가 그 결론의 중요성을 즉시 감지했다고 말해도 과언은 아니란다." 1865년 8월 5일자 편지에서 인용한 이 구절은 로버트 P. 그레이브스Robert P. Graves가 저술한 해밀턴 전기에 다시 실렸다.

4) 솔리테어 점검 사항 대조표는 MIT와 스탠퍼드의 교수인 존 E. 아놀드가 떠올린 발상으로 보인다. 그는 각각의 변화를 표현한 그래픽 삽화들을 가지고 실제로 카드 한 벌을 제작했다. 손으로 그려진 이 삽화들은 그의 강의시간과 컨설팅 업무에 활용되었다. 그러나 이것들이 상업적인 제품으로는 만들어지지 않은 것 같다.

5) S. I. 하야가와와 A. R. 하야가와A. R. Hayakawa의 《삶을 위한 생활 의미론 Language in Thought and Action》, 박이정, 2006년.

5장_행동이 전부다

1) 그 결과가 기존 패러다임에 꼭 들어맞지 않는 경우에는 실험적 검증이 어렵다. 예를 들면, 해리 콜린스Henry M. Collins와 트레버 펀치Trevor Pinch의 《골렘 The Golem: What You Should Know About Science》(새물결, 2005)을 참고하라. 이 책에 제시된 몇 가지 사례 연구에 따르면, 실험 연구들의 지각된 효능성Perceived efficacy 혹은 자기 효능감은 그 연구가 기존 패러다

임과 일치하는지 여부에 크게 좌우된다. 콜린스와 핀치는 당시 통용되는 신념들에 부합하기 때문에 받아들여진 주장들과, 당시 통용되는 신념 체계에 들어맞지 않아서 거부당한 주장들을 입증하기에는 부족한 몇 가지 유명한 실험들에 대해 논의한다.

6장_말을 조심하라

1) 원래의 의미는 '확인'이 아니라 '시험'의 의미였음을 입증하는 사실에 따랐다. 그러므로 사실상 이 말에는 한 가지 예외만으로도 (즉, 한 가지 반례만으로도) 그 규칙의 오류를 입증하기에 충분하다는 뜻이 담겨 있다. 나는 '확인'의 의미임을 입증하는 해석을 사용하기로 결정했다.

2) 행동가들은 자신들이 한 말뿐만 아니라 어떻게 행동하는지도 (즉, 보디랭귀지도) 대단히 중요하다는 사실을 알고 있다. PBS의 〈찰리 Charlie Rose〉라는 프로그램의 인터뷰에서, 아카데미 영화상 수상자인 더스틴 호프만Dustin Hoffman은 〈미드나잇 카우보이 Midnight Cowboy〉의 절름발이 사기꾼, 〈레인맨Rain Man〉의 자폐증 환자, 〈투씨Tootsie〉의 여장 남자 배우 같은 어려운 역할들을 맡아 그 인물의 성격을 자신의 것으로 소화하는 과정에서 겪은 좌절을 묘사했다. 그는 매번 맡은 배역에서 물러나고 싶은 기분이 들 정도로 막막해졌다가 자신이 묘사하고 싶은 행동을 떠올릴 수 있도록 영감을 주는 사람을 만난 덕분에 돌파구를 찾아냈다.

3) 토머스 고든은 미국의 임상 심리학자이자 칼 로저스Carl Rogers의 동료

였다. 그는 의사소통 기술과 갈등해결 방법을 가르치는 분야의 선구자로 널리 인정받고 있다. 그가 개발한 모델은 효율적인 관계를 형성하고 유지하기 위한 의사소통방식인 고든 모형 혹은 고든 방법으로 알려지게 되었다.

7장_함께하는 습관의 힘

제명: 내가 실제로 친구 해롤드와 나눈 대화에서 인용한 구절이다. 우리가 이 대화를 나눈 때는 페이스북이나 트위터를 비롯해 여타 소셜 미디어가 존재하기 훨씬 이전이었다. 해롤드의 태도와 현재 소셜 미디어에 중독된 세대의 태도 사이에는 분명한 모순이 존재한다. 나는 해롤드와 같은 생각이다. 사실상 낯선 사람들이 (그리고 대부분의 친구들이) '나의 사생활'을 몰랐으면 좋겠다.

1) 동료인 더그 와일드 교수는 팀을 구성하는 데 성격 유형을 활용하는 것을 옹호한다. 그는 자신의 방법론을 설명하는 세 권의 책을 저술했으며 그 가운데 가장 최근 작품은 다음과 같다. *Teamology: The Construction and Organization of Effective Teams*(London: Springer-Verlag, 2009).

2) 시넥틱스에 관해 보다 자세한 정보를 얻고 싶다면 다음 책을 참고하라. William Gordon, *Synectics*(New York: Harper, 1961). George M. Prince, The Practice of Creativity(New York: Collier, 1970).

3) 2005년경, 기계공학과의 분과는 세 개에서 다섯 개로 늘어났다. 그러자 학과장은 부Division라는 단어가 분열을 조장한다는 이유로 기계공학

과의 모든 분과 이름을 부에서 그룹으로 교체하기로 결정했다. 그래서 디자인 부는 현재 디자인 그룹이라고 불린다.

4) 경쟁을 동기요인으로 이용하는 것의 부정적인 측면은 알피 콘Alfie Kohn의 《경쟁에 반대한다No Contest: The Case Against Competition》(산눈, 2009)에서 세밀하게 논의한다.

8장_자아상을 디자인하라

제명: 이 표현은 여러 출처에서 다양하게 변형되어 나타난다. 여기서는 위험을 무릅쓰고 실수를 저지르는 것을 말리려는 의미로 사용된 것이 아니다. 대신 오만함의 죄에 대해 다시 한 번 생각해보도록 만들려는 의도다.

1) 결국 결혼으로 이어지게 하는 사회적 영향력과 관련된 인생의 단계들에 대한 자세한 분석은 다음 책에서 찾아볼 수 있다. Gail Putney Fullerton, *Survival in Marriage*(New York: Holt, Rinehart and Winston, 1972).

2) 아기리스는 하버드 경영대학원과 교육대학원의 제임스 B. 코넌트 교수로 재직 중이며 인용문은 그의 논문에서 발췌했다. "Teaching Smart People How to Learn," *Harvard Business Review*, May 1991, p. 103.

3) 창의적 자신감을 북돋아주는 것에 관해서는 톰 켈리Tom Kelley와 데이비드 켈리가 공저한 〈유쾌한 크리에이티브Creative Confidence: Unleashing the Creative Potential Within Us All〉(청림출판, 2014)를 참고하라.

4) 진실 과정은 심상 유도를 이용하며, 게슈탈트 심리 요법과 프라이멀 스크림 요법, 정신 역학, 실바 마인드 콘트롤, 사이언톨로지의 오디팅 Auditing에서 사용된 방법들을 비롯한 다른 자기 인식 방법들과도 관련이 있다.

9장_큰 그림 그리기

1) 커트 보네거트, 《자동 피아노》(금문, 2001).

2) Harry Braverman, *Labor and Monopoly Capital*(New York: Monthly Review Press, 1974).

3) 마하데브 데자이Mahadev DeSai에 의하면, 여기서 인용한 문장은 1924년 델리에서 간디가 한 말이라 한다. 이 내용은 다음 책의 서문에 인용되었다. Mahatma Gandhi, *Hind Swaraj or Indian Home Rule* (Ahmedabad, India: Jitendra T. Desai/Navajivan, 1938), pp. 5~6.

4) E. F. 슈마허의 《작은 것이 아름답다*Small Is Beautiful: Economics as if People Mattered*》(문예출판사, 2002).

5) 위와 동일한 책, pp. 55~56.

6) Lawrence Weschler, *Seeing Is Forgetting the Name of the Thing One Sees* (Berkeley: University of California Press, 1982).

7) 조립 라인이라는 힘든 환경 속에서 개인의 자율성을 추구하는 것은 다음 단편소설에 날카롭게 묘사되어 있다. 〈*Harvey Swados, Joe, the Vanishing American*〉(1957). 이 작품을 비롯해, 인간과 기계의 관계를 다루는 다른 54편의 고전 작품들은 다음의 선집으로 재출간되

었다. Arthur O. Lewis Jr., *Of Men and Machines* (New York: E. P. Dutton, 1963).

8) 루이스 워스가 다음 책의 서문으로 쓴 글에서 발췌했다. Karl Mannheim, *Ideology and Utopia* (New York: Harcourt Brace, 1936), p. xxiv.

10장_성취를 습관화하라

제명: 롤프 페이스트는 이 표현을 변형해서 사용했는데, 나는 그의 표현이 더 마음에 든다. "범주의 구분이 굳어지면 예술의 실패로 이어진다."

성취란 인생을 제대로 살아내는 것이다.
행운을 빈다!

옮긴이 | 신예경
성균관 대학교 영문과를 졸업하고 같은 대학에서 셰익스피어 연구로 석사학위를 받았다. 미국 미시건 주
립대학교 영문과에서 르네상스 · 초기 모던 문학을 전공하며 박사과정을 수학하던 중 우연한 기회에 접하
게 된 번역 일에 매혹되어 전문 번역가의 길로 들어섰다. 옮긴 책으로는 《왜 나는 항상 결심만 할까》 《3초
간》 《클릭 모먼트》 《3개월 안에 유창해지기》 《스트레스의 힘》 등이 있다.

| 스탠퍼드 대표 교육 '디 스쿨'의 핵심 |

성취 습관

2016년 1월 10일 초판 1쇄 발행
2020년 2월 28일 초판 5쇄 발행

지은이 | 버나드 로스
옮긴이 | 신예경
발행인 | 윤호권

발행처 | (주)시공사
출판등록 | 1989년 5월 10일(제3-248호)
브랜드 | 알키

주소 | 서울시 서초구 사임당로 82(우편번호 06641)
전화 | 편집 (02) 2046-2850 · 마케팅 (02) 2046-2894
팩스 | 편집 · 마케팅 (02) 585-1755
홈페이지 | www.sigongsa.com

ISBN 978-89-527-7547-4 03320